Franz Severin Berger
Christiane Holler

VON DER WASCHFRAU ZUM FRÄULEIN VOM AMT

Frauenarbeit durch drei Jahrhunderte

Ueberreuter

Die Deutsche Bibliothek – CIP-Einheitsaufnahme

Von der Waschfrau zum Fräulein vom Amt : Frauenarbeit durch
drei Jahrhunderte / Franz Severin Berger/Christiane Holler. – Wien :
Ueberreuter, 1997
ISBN 3-8000-3661-4

Gefördert durch die Abteilung für
Stadtentwicklung und Stadtplanung Wien

AU 0349/1

Umschlagfotos: Albert Insam/AZ Foto- und Bildarchiv, Verein für Geschichte der Arbeiterbewegung

Printed in Austria
Druck und Bindung: Druckerei Theiss GmbH, A-9400 Wolfsberg
1 3 5 7 6 4 2

Inhalt

Mehr Geduld für kleine Hände oder: Können Frauen führen?
7

...und schauet den fleißigen Wäscherinnen zu!
9

Von den klugen und ehrbaren Frauen – die Hebammen
33

Im Dienst
61

Fabrikmädel
87

Die Köchin, die muß kochen
109

Die Kerntragerweiber von Hallstatt
139

Vom Leben auf dem Lande
153

Von Stenotypistinnen, Tippmamsellen und Klingelfeen
181

Literatur und Quellen
206

Bildnachweis
207

MEHR GEDULD UND KLEINE HÄNDE oder: KÖNNEN FRAUEN FÜHREN?

Vorwort

Das Führungskräfte-Seminar stand sozusagen in den Startlöchern. »Flexibles Führen und Mitarbeitermotivation« – unter diesem Titel sollte eine Gruppe von rund dreißigjährigen zukünftigen Karriereaufsteigern in den folgenden drei Tagen eine Ausbildung zum modernen Vorgesetzten erhalten. Die Vorstellungsrunde war durchgezogen, die erste Kaffeepause in der Lobby des Seminarhotels mit vorsichtigem Smalltalk vergangen, und der seminarleitende Personaltrainer wollte als nächstes der Arbeitsgruppe eine erste Fallstudie zur Beurteilung und Entscheidung vorlegen. Aber da fiel ihm noch eine persönliche Bemerkung ein.
»Ich freue mich sehr, daß in diesem Seminar auch viele Damen vertreten sind. Das sollte uns allen Hoffnung für die Zukunft geben.«
Die Trainees zeigten sich überrascht bis leicht amüsiert. Wahrscheinlich so eine der üblichen Trainer-Anbiederungen. Man hatte ja schon Seminarerfahrung.
»Nein«, setzte der Seminarleiter fort. »Ich meine das ganz anders, als Sie denken. Wir stehen am Ende eines Jahrhunderts, in dem, darüber läßt sich kaum diskutieren, in allen wichtigen Bereichen von Wirtschaft, Politik, auch Kunst die Männer das Sagen hatten. Und was hat uns die Männerwirtschaft des zwanzigsten Jahrhunderts gebracht? Zwei globale Kriege, über fünfzig regionale Kriege, von denen wir viele nicht einmal richtig registriert haben, Atomwaffen in Overkillstärke, weltweite Flüchtlingsströme, Hungerkatastrophen, Öko-Desaster und das Gen-Engineering. Wäre es nicht höchste Zeit, im kommenden Jahrhundert einmal Kompetenz und Verantwortung in allen Bereichen in Frauenhände zu legen? Wenn es auch keine Garantie auf bessere Zeiten gibt, aber den Versuch wäre es wohl wert?«
Der soeben angeregte Gedanke stieß nach einigen Sekunden des überraschten Schweigens zuerst einmal auf ein fast unhörbares Murren.
»Ich weiß nicht, ob man das so einfach sehen kann.« Der Endzwanziger in der Runde sah vom Typus und vom Outfit jetzt fast schon so aus, wie er in fünfzehn Jahren in der Vorstandsebene eines großen Konzerns sein würde. Und ihm behagte der Vergleich überhaupt nicht.
»Sie wollen uns doch hier indirekt provozieren, ob Frauen nicht die besseren Führungskräfte sind. Als wären in all dem, was Sie hier aus der Geschichte zitiert haben, nicht Frauen überall mit beteiligt gewesen.«
»Beteiligt waren und sind wir Frauen immer, es fragt sich nur, in welcher Position. Und ob wir auch die Verantwortung übernehmen konnten. Zum Schuttwegräumen im unmittelbaren, aber auch im übertragenen Sinne des Wortes waren Frauen den Männern ja immer gut genug.« Die Sprecherin – mo-

dische Kurzhaarfrisur, funkelnde Brillengläser, schicker Hosenanzug – würde es, so dachte der Trainer, nur schwer in eine Vorstandsetage schaffen. Denn sie war nicht nur intelligent, sondern auch selbstbewußt und konfrontationsfähig. Davor haben die Bosse bis heute einen gewissen Respekt und achten daher auf Distanz nach unten. Aber, wie ja die ganze Runde wußte, würde sie eines Tages tatsächlich eine Top-Führungskraft sein. Allerdings im eigenen Unternehmen.

»Ich weiß nicht, ob man das jetzt schon so diskutieren kann«, meinte ein tennisgebräunter Yuppie-Jüngling und wetzte auf dem Konferenzsessel nervös herum. Als wäre es aus einem Cartoon, stand seine Sporttasche mit aufgeschnalltem Tennisracket auffällig unauffällig hinter ihm an die Wand gestellt.

»Also ich seh da überhaupt keine Probleme, was das Geschlecht betrifft. Das ist doch lächerlich. Außerdem arbeite ich gerne unter männlicher Führung. Da weiß man, wie man dran ist und daß auch etwas weitergeht. Ich fühl' mich da weder behindert noch irgendwie zurückgesetzt oder männlich dominiert. Es gibt halt gewisse Ordnungen, nach denen man sich richten muß.« Die junge Projektmanagerin war schon am Sprachklang sowie auch im Auftreten und in der dezenten Eleganz der Kleidung als jungakademische Tochter aus bestem Patrizierhaus erkennbar.

»Wenn man schon über Unterschiede reden soll, dann muß man auch wissen, über welche. Denn daß Frauen eben in anderen Berufen tätig waren als Männer, das hat doch einfach auch physiologische Gründe! Frauen haben kleinere Hände ...«

»... und mehr Duldsamkeit! Aber ich glaube, daß HHP-Syndrom – Heilen, Helfen, Pflegen – ist eine männliche Erfindung, um den Frauen ihre historische Rolle zuzuweisen.«

»Aber ich bitte Sie, das Thema ist doch überholt. Gibt es denn überhaupt noch Frauenberufe? Ich meine, die klassischen, die wirklich kein Mann ausüben könnte ...«

Die Vorlage der ersten zu bearbeitenden Fallstudie durch den Trainer mußte noch etwas verzögert werden. Denn die Diskussion war ins Rollen gekommen. Und Thema und Emotionen begannen recht rasch heiß zu werden. Jedenfalls waren die Pausen- und die Tischgespräche der nächsten drei Tage immer wieder mit diesen Fragen gefüllt.

Was können Frauen besonders gut, was Männer besser? Oder waren die Thesen von Erziehung, Sozialisation, von sozialer Kompetenz, Führerprinzipien und anderem nicht schon alle obsolet geworden? Würde eine globalisierte, elektronisch vernetzte und pluralistische Gesellschaft nicht alte Traditionen einfach aufheben?

Fragen, die in *einem* Buch sicher nicht umfassend untersucht und beantwortet werden können. Verständnis über sich wandelnde Situationen und Kritikfähigkeit über die Veränderungen lassen sich aber am besten durch einen interessierten Blick in die Geschichte wecken und stärken. Was waren diese sogenannten typischen Frauenberufe wirklich? Waren sie vielleicht nicht einfach nur Berufe, die Männer nicht ausüben wollten? Welchen Stellenwert hatte die Arbeitskraft der Frau in den vergangenen Jahrhunderten in wechselnden Rollen? Warum wurden aus ursprünglich klassischen Männerberufen – z. B. Koch, Sekretär – im Laufe der Zeit weibliche Rollenbilder und Klischees? Was waren und was sind heute »Frauensachen« für die »Weiberleut'«, wie es im bäuerlichen Leben noch immer so gesagt wird? Mit den historischen Bilderbögen von Hebammen, Dienstmädchen, Fabriksarbeiterinnen, Kerntragerweibern, Herrschaftsköchinnen, Bürofräulein, Landarbeiterinnen und Wäscherinnen könnte eine aktuelle Diskussion wie oben beschrieben zumindest unterstützt werden.

… UND SCHAUET DEN FLEISSIGEN WÄSCHERINNEN ZU!

Von den Waschburgen des Barock zu den Zentralwaschküchen im Gemeindebau

Zwei Wäschermädel mit dem Trog vor der Haustür. Mit der Gießkanne wurde die trockene Wäsche besprengt.

Von süßen Wäschermädeln und wahren Waschfrauen

Wenn mittags vor dem Kaiserschloß die Wachablöse vollzogen wird, dann zieht auch die Burgmusik auf. Ein Musikkorps, das von der Klangqualität bis zum superfeschen Outfit der Regimentskapelle der Deutschmeister zumindest gleichkommt. Da blitzen die Blechblasinstrumente, da wirbeln die Trommelstöcke über dem Kalbsleder, ein exakter Gleichschritt dröhnt aufs Pflaster, der Tamburmajor läßt den Taktstock tanzen. Dieses geballte Auftreten von schneidiger Musikalität, strammem Mannestum und imperialer Lebenslust ist ein Spektakel, das alle Passanten mitreißt. Aus biederen Bürgerkehlen ertönen vereinzelte »Hoch«-Rufe, zart behandschuhte Damenhände winken mit feinen Spitzentüchlein, auch das eine oder andere verstohlene Kußhändchen kann schon einmal geworfen werden. Aber unverzichtbar für die Szene sind die mit der Musik und dem auf- oder abrückenden Wachbataillon ein Stück des Weges mitmarschierenden und mitlaufenden Jugendlichen. Das sind freche Buben mit umgehängtem Werkzeugkoffer und keck aufgesetzter Arbeitermütze und ganz besonders fesche junge Mädchen in weiß-blauer Aufmachung. Vor den kurzen, gestreiften Rock eine Schürze gebunden, um das Haar ein getupftes Kopftuch mit flatternden Zipfeln, tanzen sie trotz fester Stiefel leichtfüßig und fröhlich auf dem harten Straßenpflaster der Kaiserstadt neben der Musik her. Wenn es der Regisseur genau nimmt, tragen die liebreizenden jungen Frauen auch einen Korb auf dem Rücken, in dem sie gebügelte Wäsche transportieren, die sie wahrscheinlich irgendwohin liefern. Über allem leuchtet der Frühlingshimmel, die Sonne lacht, und – wenn die Schusterbuben und die Wäschermädel mit der Musik marschieren – die Welt ist heil und schön.

So adjustiert, trugen die Wäschermädl die Wäsche aus

Für den rührenden Nostalgiefilm, der die längst vergangene gute alte Zeit als Hintergrundsklischee zeigt, könnte dies genausogut in Berlin wie in Wien gedreht worden sein. Nicht nur aus historischen Gründen, sondern weil es eben eine tiefe Verbindung zwischen sauberen Verhältnissen und sauberer Wäsche zu geben scheint. Und saubere Wäsche wird ja wohl überall nur von den »saubersten Mädeln«, also hübschen jungen Frauen, voll schlichter Lebenslust und herzlicher Fröhlichkeit gewaschen. Zumindest im Film.

Die Wäschermädelromantik, die mit der Wirklichkeit und der Geschichte dieser hart arbeitenden Frauen wenig zu tun hat, ist vor allem in Wien besonders ausgeprägt. Seit dem Biedermeier dürfen Wäschermädel in keinem volkstümlichen Genrebild fehlen. Man könnte sie ironisch als die Lipizzaner oder die Sängerknaben des 19. Jahrhunderts bezeichnen, so unverzichtbar waren sie in der Selbstdarstellung wienerischer Originalität. Seit dieser Zeit werden sie in der darstellenden und bildenden Kunst »Volkstypen« genannt. Wäschermädel sind drall, rund- und rotbackig und ausgesprochen musikalisch. Sie singen und dudeln – eine wienerische Abart des alpenländischen Jodelns –, sie sind fröhlich und gesellig, tratschfreudig und schlagfertig. »Fesch und resch, harb und fidel« nennen das die Wiener. Und Wäschermädel verbringen einen Großteil ihres Lebens auf dem Wäschermädelball. Man fragt sich, wann sie eigentlich zum Wäschewaschen kommen.

Die wahren Waschfrauen hingegen sahen anders aus. Ihr Haar war unter einem Tuch versteckt, um es vor der ständigen Nässe und dem ewigen Dunst zu schützen. Wenn sie Glück hatten, steckten ihre Füße in derben Stiefeln. Oft trugen sie aber nur einfache Holzpantoffeln. Ihre ärmliche Kleidung war durch eine grobe Leinenschürze nur notdürftig geschützt, die Arme waren bis zu den Schultern nackt. Die Hände der Waschfrauen waren rot und rissig und rauh, ihre Füße wiesen die Spuren von Erfrierungen auf. Der Unterschied zwischen einem möglichen, idealisierten Wäschermädel und einer realen Waschfrau betrug längstens fünfzehn Jahre. Spätestens dann war aus einem noch so jungen Mädchen eine abgearbeitete, oft auch kranke Frau geworden.

Die Geschichte der Wäscherinnen, der Wäschermädel und der Waschfrauen ist eine Geschichte der schweren körperlichen Arbeit. Eine Geschichte von arthritischen Gelenken, quälenden Kreuzschmerzen, Rheuma und Frostbeulen. Dies alles kam vom stundenlangen Stehen und Arbeiten im eiskalten, fließenden Wasser – vom Wäschebürsten, -rumpeln,

Das Wäschermädel und der Soldat. So verklärt sah man einen der schwersten Frauenberufe

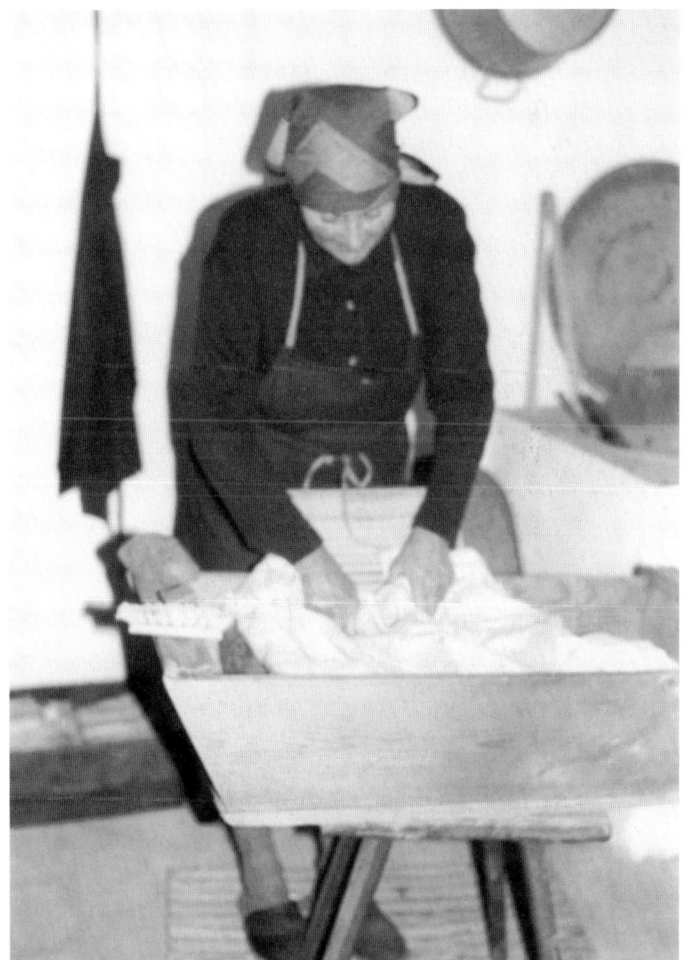

Unsere Großmütter haben noch so gewaschen: mit Waschtrog und Rumpel

Diese Wäscherin aus dem Salzkammergut hat den Waschtrog in der Stube aufgestellt

-winden und immer wieder -schwemmen. Das Leben der Wäscherinnen fand zwischen mit warmem Dunst erfüllten Räumen und ungeschützten Flußufern, zwischen katastrophalen Unterkünften und sozialen Mißständen statt. Und dazwischen immer wieder: Schleppen. Nasse Wäsche, trockene Wäsche, Brennmaterial, alles mußte selbst transportiert werden. »Das kann sich heute niemand vorstellen, wie wir uns geplagt haben«, erinnert sich eine alte Wäscherin und staunt heute im nachhinein selbst über das damals erledigte Arbeitspensum. Und bis heute kann die nun schon über Neunzigjährige, die fünfzig Jahre ihres Lebens die Wäsche anderer Leute mit ihren Händen gewaschen hat, den Fortschritt der Technik nicht nachvollziehen: Wasser aufdrehen, Programm wählen, Waschmittel einfüllen, Türchen zu – und schon funktioniert die Waschmaschine. Die Arbeitsmethoden der ehemaligen Wäscherinnen sahen da ganz anders aus.

Vom Wäschewaschen

Eine der ältesten Methoden des Wäschewaschens ist es, im Wasser stehend den Schmutz mit den Füßen aus der Wäsche zu treten. Waschmethoden, die von fast allen Kulturen angewendet wurden. Schon die ägyptische Hieroglyphe für das Wort »waschen« zeigt zwei Füße im Wasser, und auch in der Odyssee ist zu lesen, daß die Sklaven der Königstochter Nausikaa auf diese Art gewaschen haben. Die Säuberung der Wäsche erfolgte hauptsächlich an den Ufern von Bächen und Flüssen, dort konnte man die Wäschestücke auch, anstatt sie zu treten, auf glatte Steine schlagen. Flüsse und Bäche als »Großwaschküche« wurden jedem Weiher vorgezogen. Das fließende Wasser war zwar kälter und reißender und damit für die Wäscherinnen – fast immer haben hier die Frauen gearbeitet – gefährlicher, aber es hatte durch seine Strömung auch eine verstärkt reinigende Kraft. Erstaunlich früh wurden bereits Reinigungsmittel verwendet. Seife, das älteste Chemieprodukt des Menschen, gibt es bereits seit rund 4 500 Jahren. Auf ägyptischen Papyrusrollen wurden Rezepte zur Herstellung von Seife gefunden, und sumerische Tontafeln aus dem 3. Jahrtausend v. Chr. beweisen, daß auch im alten Babylon bereits mit seifenähnlichen Reinigungsmitteln gewaschen wurde. Die »Seife des Altertums« war unserer Schmierseife ähnlich – eine zähflüssige, pastenartige Masse. Ein anderes, ebenfalls jahrtausendealtes Waschmittel, verblüfft heute: Ägypter, Griechen und Römer verwendeten zur Reinigung ihrer Wäsche gefaulten Urin. Tüchtige Geschäftsleute übernahmen die Sammlung dieses speziellen Waschmittels. Das Geschäft muß einträglich gewesen sein, denn Kaiser Vespasian erhob im ersten Jahrhundert darauf eine Steuer. Angeblich, so die Anekdote, fragte ihn sein Sohn Titus, ob derlei auch moralisch gerechtfertigt

Seife ist eines der ältesten Chemieprodukte. Sie wurde schon vor 4500 Jahren hergestellt

Bis in unser Jahrhundert wurde Wäsche noch im Fluß oder Bach geschwemmt, Goisern, Oberösterreich, 1955

sei, worauf der Kaiser geantwortet haben soll: »Pecunia non olet!« – »Geld stinkt nicht!«
Noch Jahrhunderte später wurde mit Urin gewaschen, an der Themse wie am Rhein. Selbstverständlich wurden die Wäschestücke abschließend lange und gründlich geschwemmt, auch das am besten im fließenden Wasser. Sicher haben viele Wäscherinnen die Strömung der Flüsse mit ihrer reinigenden Kraft auch gefürchtet, denn wer die Wäsche im eiskalten Wasser nicht gut im Griff hatte, konnte zusehen, wie das eine oder andere Stück plötzlich stromabwärts trieb. Die Folgen waren unangenehm bis schmerzhaft und abhängig vom sozialen Status der Wäscherin: Geschimpfe der Hausfrau für die Magd, Abzug vom Waschlohn für die Lohnwäscherin oder Prügel der Herrin für die Sklavin.
Es ist erstaunlich, daß Tausende Jahre lang Methoden, Hilfsmittel, bevorzugte Waschplätze und spezielle Arbeitskräfte für das Wäschewaschen im wesentlichen gleich geblieben sind. In ganz Mitteleuropa zum Beispiel wurde bis ins zwanzigste Jahrhundert hinein vorzugsweise mit einer Lauge gewaschen, die aus Holzasche bereitet wurde. Aschenmänner oder Aschenfrauen gingen von Haus zu Haus und sammelten Holzasche. Wichtig war, daß es eine möglichst reine Holzasche war, die nicht mit der Asche von Kohle oder anderen Brennstoffen vermengt war. Und das beste Holz für die begehrte Asche war Buche. Es wird also vor allem die Asche aus den Kochherden gewesen sein, die die Aschenmänner manchmal sogar zu einem kleinen Preis eingekauft haben. Aber meist bekamen sie die Asche von den ihnen vertrauten Köchinnen umsonst, die

Dieses Waschhaus war bis 1962 in Betrieb, hatte einen mit Holz beheizbaren Waschkessel und gemauerten Trog. Geschwemmt wurde im 4° C kühlen Bach.

Wäschewaschen im – sauberen – Fluß, Aufnahme um 1900

ja froh genug waren, diese loszuwerden. Und da bis ins zwanzigste Jahrhundert hinein ja der Hauptbrennstoff der Küchenherde tatsächlich Holz war, konnte die Asche das ganze Jahr über gesammelt werden. Die Aschensammler verkauften die Holzasche wiederum an die Seifensieder oder direkt an die Wäschereien, die daraus die sehr scharfen Waschlaugen selbst zubereiteten. Die Waschlauge wurde immer in ausreichender Menge für genügenden Vorrat angesetzt und in Fässern, Tonkrügen oder dickwandigen Glasballons, sogenannten Plutzern, bis zur Verwendung gelagert.

Die Aschenmänner gehörten wie Lumpen- oder Knochensammler zu den Ärmsten der Armen. Ihr Sammel- oder Ankündigungsruf »'n Aschen!« wurde im Wiener Volksstück zum berühmten Musikzitat. In Raimunds »Der Bauer als Millionär« , wo die Titelfigur wegen Hoch- und Übermuts strafweise ins Elend eines Aschenmannes gestürzt wird, wurde damit der Aschenmann zur bekanntesten Volksfigur. Das ihm vom Dichter zugeschriebene, berühmt gewordene Couplet endet bezeichnenderweise in allen Strophen mit dem Ruf »an Aschen!«

Mit dem Erstarken der chemischen Industrie wurde die Aschenlauge von Soda abgelöst, Soda und Schichtseife waren bis vor wenigen Jahrzehnten die gängigsten Waschmittel. In den Zeiten der Weltkriege mußten die Wäscherinnen allerdings oft wieder Asche mit heißem Wasser übergießen, durch ein Tuch seihen und die scharfe Aschenlauge zum Wäschewaschen verwenden. Wer jemals so waschen mußte, der ging mit Wäsche und Textilien auch anders um. Heute, in der Zeit der allgegenwärtigen Waschmaschinen, ist ein Schmutzfleck am Kleidungsstück kein Grund für langes Bemühen, alles geht sofort »in die Wäsche«. Die auf wenige Waschtage fixierten und strapazierten Frauen, ob vor fünfhundert oder vor fünfzig Jahren, bürsteten zuerst einmal trocken oder naß, um einen Fleck herauszubekommen, damit das gute Stück noch ein Weilchen getragen werden konnte. Noch in den fünfziger Jahren war es in den meisten Haushalten selbstverständlich, die Kleidung regelmäßig zu bürsten. Am Vormittag bürsteten Hausfrauen oder Dienstmädchen Mäntel, Kleider und Röcke, daß es nur so staubte.

Waschküche der Arbeiterkolonie in Mühlhausen, Elsaß, 1858

Die Waschburgen

Wäschewaschen war eine unangenehme, kräfte- und nervenraubende Plage. Und jede Hausfrau, die es sich leisten konnte, ließ die Wäsche waschen. Nur die Frauen aus wirklich armen Familien wuschen ihre Wäsche selbst, und der erste Luxus, den sich eine Hausfrau gönnen durfte, wenn es finanziell ein bißchen besser ging, war, das Wäschewaschen von anderen erledigen zu lassen.
Sie konnte die Wäsche einfach außer Haus geben.

Am besten in eine der Wäschereien, die schon Ende des siebzehnten Jahrhunderts an den Ufern von Flüssen und Bächen angesiedelt waren. Dort arbeiteten, unter der Leitung von »Waschfrauen« oder »Waschherren«, die Wäscherleute – hauptsächlich Wäschermädel, aber auch einige Wäscherknechte. Die Arbeit der Wäscherknechte war vor allem der Transport und die Zurichtung des Heizmaterials, das Feuern der großen Waschkessel, das Spannen der Wäscheleinen und das Montieren der Trockengerüste. Das Waschen selbst war – zumindest im europäischen Raum – fast ausschließlich Frauenarbeit. Viele Wäscherinnen mußten auch in diesen Wäschereien schlafen. In zumeist elenden, menschenunwürdigen Quartieren fanden sie ihr Nachtlager. Und, wie bei der Arbeit, waren sie auch nachts nie allein. Privatsphäre, ein Plätzchen für sich, das war für die Wäscherinnen ein unvorstellbarer Luxus.

Die Wäschereien waren große Unternehmen, oft mehrere in einem großen Wohnhaus mit Innenhof. In Wien berichten Zeitzeugen des achtzehnten und neunzehnten Jahrhunderts von ganzen »Wäscherburgen« am Wienfluß, am Alserbach und an der Donau, aber in diesem Zusammenhang auch von »Ratzenstadeln«, was wiederum einiges über die Lebens- und Arbeitsbedingungen der Wäscherinnen erahnen läßt. Die feucht-warmen, dunstigen, ungelüfteten Arbeitsräume waren Brutstätten für Ungeziefer. Es war grundsätzlich notwendig, daß die Besitzer der Wäschereien auch die Hausbesitzer waren, denn als eingemieteter Betrieb hatten sie mit den Anrainern, den Hausmitbewohnern und natürlich mit dem Hausherrn nichts als Schwierigkeiten. Erstens war der Lärm groß, vor allem aber zogen ständig Dunst und Nässe nach und nach in die Mauern der Häuser. Bei schlechtem Wetter wurde die Wäsche im Haus zum Trocknen aufgehängt, ein weiterer Grund dafür, daß die Häuser langsam feucht wurden. Fast regelmäßig führte dies zu einer Kündigung des Wäschereibetriebs. Konnte sich dann endlich ein Waschherr oder eine Waschfrau ein möglichst billiges Altgebäude in günstiger Flußnähe als Betriebsstätte kaufen, war dieses aus vorigen Gründen bereits zu einem Elendsquartier für die dort arbeitenden und wohnenden Frauen bestimmt. Die Wäscherinnen litten unter der beständigen Feuchtigkeit. Die dadurch verursachten Erkrankungen, vor allem der Gelenke, der Lunge und der Atemorgane, waren unausbleiblich. Der bereits zitierten Wäschermädelromantik ist daher die Wirklichkeit entgegenzuhalten: Die als Wäscherinnen arbeitenden Frauen waren meist alt, krank und abgearbeitet, bevor sie noch das dreißigste Lebensjahr erreicht hatten.

»... und trotzdem laß i kaa Traurigkeit g'spürn!«

Wäschewaschen war eine geräuschvolle Arbeit. Holztröge und -bottiche wurden polternd hin- und hertransportiert, in Trögen wurde gebürstet und gerumpelt, Wäschestücke schlug man mit Wucht an Steine, daß es nur so klatschte. Wenn die Wäscherinnen einander etwas zu sagen hatten, mußten sie schreien. Und die meisten hatten einander viel zu sagen: Scherzworte flogen hin und her, Neuigkeiten wurden ausgetauscht, viele sangen bei der Arbeit, um den Arbeitstakt zu halten. Aber auch Zwistigkeiten und handfeste Streitereien waren keine Seltenheit, vor allem beim Wasserschöpfen am Brunnen kam es immer wieder zu Auseinandersetzungen. Wenn nämlich mehrere Betriebe eine gemeinsame Wasserstelle benutzen mußten, kam es zu Drängeleien, Rempeleien und Handgreiflichkeiten. Vom frühen Morgen bis in den späten Abend hinein gab es keine stille Minute. Abends wurde Wäsche eingeweicht, früh am Morgen wurden die Kessel beheizt, und wenn die Zeit knapp war, wurde oft auch eine Nacht durchgearbeitet. Waschfrau und Waschherr waren nicht bereit, auf ihr Personal Rücksicht zu nehmen. Aufträge mußten erledigt werden, die Kunden wollten ihre Wäsche pünktlich geliefert bekommen. Wer liefern gehen durfte, war privilegiert, mußte kassieren und konnte sicherlich auch hin und wieder ein wenig Trinkgeld einstecken. Zur Lieferung zogen sich die Wäscherinnen um – in der nassen, schmutzigen Arbeitskleidung konnten und wollten sie nicht auf die Straße. Die Wäscherin sollte wie ihre Wäsche sein – blitzsauber, eine Wer-

Das Wäschermädl bringt adrett gekleidet die saubere Wäsche zur Kundschaft

bung für das Unternehmen. Das vom Dunst verklebte Haar wurde unter einem Tuch versteckt, ein sauberer Rock, das Spenzerl – ein Gilet – angezogen, die Wäsche kam in einen Korb oder eine Butte, an deren Außenseite wurden gestärkte Röcke befestigt, und so ging es hinaus auf die Straße. Vielleicht kommt daher das Bild des sauberen, hübschen, fröhlichen Wäschermädels, an dessen Anblick man sich erfreuen konnte und nicht zur Kenntnis nehmen mußte, wie schwer der Alltag der Frauen wirklich war. Ein Wiener Lied, aufgezeichnet in der Zeit des Biedermeier, beschreibt die Wäscherin und ihre Lebensumstände. Einerseits gibt der Text ein typisch kitschiges Lebensgefühl vor, andererseits beschreibt er die harten Lebensumstände der Wäscherin sehr präzise. Die Wäschertonerl – also eine Antonia – lebt und arbeitet am Wiener Himmelpfortgrund am Alserbach, ist fröhlich, tanzt gerne, hat einen Freund, den Schorschl. Und wenn sie mit ihm ausgeht, will sie lustig sein: »I laß halt mein Lebtag kaa Traurigkeit g'spürn.« Soweit das Klischee. Über die Arbeit singt sie:

»Bald waschen, bald trückern, bald wieder auf d' Roll,
Glei drauf wieder bügeln, na, das is zu toll.
Da glaub i, i möcht meine Finger verlier'n …«

Und damit blitzt auch in diesem pseudoromantischen Genrebild ganz ungeschminkt die Wahrheit dieses Arbeitslebens durch. Denn wenn die Tonerl fürchten muß, ihre Finger zu verlieren, wirkt der wiederholte Trostrefrain »Deswegen laß' i halt do no kaa Traurigkeit g'spüren« ja geradezu wie ein Verzweiflungsschrei. Die soziale Not, die Arbeitslast und der trotzige Selbstbehauptungswille der Wäscherfrauen des frühen Biedermeier geht aus dem Lied beklemmend hervor.

Die Waschfrau kommt

Sich nicht unterkriegen zu lassen, sein Leben tapfer in die Hand zu nehmen und selbst in wirtschaftlich schwierigsten Zeiten eine Möglichkeit zu finden, Geld zu verdienen – das scheint grundsätzlich das Motiv vieler Wäschermädel und Waschfrauen gewesen zu sein. Immer wieder haben alleinstehende Frauen sich und ihre Kinder durchgebracht, indem sie für andere Leute die Wäsche gewaschen haben. Ein Überlebenswille und -mut, der die Frau des Mittelalters mit der des zwanzigsten Jahrhunderts scheinbar verbindet. In allen Zeiten großer Arbeitslosigkeit haben Frauen, deren Männer keine Beschäftigung und somit auch keinen Verdienst hatten, das Familienbudget mit Wäscherinnenarbeit gesichert. Auch die Mutter des Dichters und Schriftstellers Erich Kästner hat die Wäsche anderer Leute gewaschen. Das Thema Wäsche blieb übrigens in allen Kinderbüchern Kästners ein wichtiges Motiv und Detail. Denn Erich Kästners Mutter ließ es sich bis ins hohe Alter nicht nehmen, den schon längst berühmt gewordenen Sohn auf dem Postweg zwischen seinen Aufenthaltsorten und der Heimatstadt Dresden stets mit frischer Wäsche zu versorgen.

So schlecht konnten die Zeiten gar nicht sein, daß Frauen, die keinen Posten in einer Fabrik oder im Gewerbe bekommen hatten, nicht als selbständige Wäscherinnen für wohlhabendere Haushalte doch Arbeit fanden. Natürlich war diese Arbeit ohne jede Sozialversicherung, also »Schwarzarbeit«, und das hatte böse Folgen für die meisten Wäscherinnen, wenn sie krank oder alt wurden. Den Frauen selbst wird diese fehlende Kranken- und Altersversorgung durchaus bewußt gewesen sein. Was aber hätten sie sonst tun können, als in Notzeiten jede Arbeit, die sich ihnen bot, anzunehmen, wenn sie das Geld für sich und ihre Familie zum Überleben brauchten?

Wäschewaschen war für viele Frauen, manchmal auch für ganze Familien eine Möglichkeit, in Notzeiten ein wenig Geld oder, wie es hieß, »Zubrot« zu verdienen. In Wien hat einer der renommiertesten Heurigenbetriebe, die Weinbauernfamilie Mayer vom Grinzinger Pfarrplatz, Krisenzeiten überbrückt, indem er für Wiener Bürgerfamilien die Wäsche wusch. Als um das Jahr 1890 die Reblaus in den Wiener Rieden Weinstöcke vernichtete und somit der Weinbau auf Jahre hinaus keine oder nur wenig Erträge brachte, übernahm die Familie Mayer ganzjährig die Reinigung der Wäsche ihrer Sommerfrischler. Mit einem Schubkarren wurde die saubere Wäsche im Wiener Bezirk Landstraße abgeliefert, schmutzige abgeholt und wieder hinaus in den neunzehnten Bezirk gebracht. An die Benutzung von öffentlichen Verkehrsmitteln dachte niemand, denn der Betrag für die Fahrscheine hätte den Verdienst beträchtlich gemindert.

Diese Frauen übten also sozusagen »im freien Gewerbe« ihre Arbeit aus, sie hatten ihre fixen Häuser, in denen sie regelmäßig wuschen. Sie waren eine Art »Hausangestellte auf Zeit«, wurden während der Arbeitstage im Haus verpflegt und nach der Arbeit entlohnt. Die Wäscherin sprach von »ihren Häusern«, die Hausfrau von »ihrer Wäscherin«. Für Hausfrau und Wäscherin war es wichtig, einander zu kennen. Da mußte nicht lange erklärt und verhandelt werden, beide wußten, was sie voneinander wollten und erwarten konnten. Die meisten Hausfrauen behandelten ihre Wäscherin daher mit Respekt. Wenn die ihr Handwerk verstand, wenn sie die Wäsche in Ordnung hielt, wollte keine Frau ihre Wäscherin verlieren. Es ist also auffallend, daß hier starke soziale Bindungen und persönliche Vertrauensebenen im krassen Widerspruch zur kargen finanziellen Entlohnung standen. Schon ab dem 18. Jahrhundert wurden in den Höfen bürgerlicher Wohnhäuser Waschküchen eingebaut, meist als freistehendes, eigenes Gebäude. In den Mietskasernen und Zinshäusern der Gründerzeit des neunzehnten Jahrhunderts wurden die Waschküchen meist auf den Dachböden der Häuser eingerichtet. Dies hatte zwar den Vorteil, daß die frisch gewaschene Wäsche auf kurzem Weg zu den Trockenböden gebracht werden konnte, aber dafür wieder den Nachteil, daß die gesamte Schmutzwäsche, das Brennmaterial und was sonst alles für den Waschgang benötigt wurde, über viele Stockwerke hochgeschleppt werden mußte. Von glühender Hitze im Sommer oder klirrender Kälte im Winter unter einem einfachen Ziegeldach ohne jede Isolation gar nicht zu reden. Aber grundsätzlich war, gleichgültig ob im Waschhaus oder auf dem Dachboden, die Arbeit der Wäscherinnen auch eine ständige Mühsal und Plage im Kampf gegen die baulichen Behinderungen und Erschwernisse.

Frau Käthe hat in den zwanziger Jahren in mehreren Wiener Haushalten gewaschen. In einem Haus, erinnert sie sich, mußte die Wäsche von zwei Dienstmädchen und ihr selbst in Körben aus der Wohnung vom dritten Stock hinunter in den Hof getragen werden. Von dort gingen sie durch drei weitere Höfe bis zur Waschküche. Dort wurde die Wäsche von Frau Käthe gewaschen. Anschließend kamen wieder die

Mädchen und halfen, die Körbe mit der nassen, schweren Wäsche zurück ins Haus zu tragen, vier Stockwerke hoch auf den Dachboden. Dort wurde sie zum Trocknen aufgehängt. »Die ewige und endlose Schlepperei«, erinnert sich Frau Käthe an diese Zeit, »war schlimmer als die eigentliche Wascharbeit«. In einem anderen Haus war der Wasserabfluß, der Gully, der Waschküche nicht im Fußboden. Jedes Schaff, jeder Bottich und jeder Wassertrog mußte drei hohe Stufen hinaufgetragen werden, wo sich ein Abfluß in der Mauer befand. Um das Wasser auszugießen, mußte man vorsichtig und langsam kippen. Geklappt hat dies bei den großen und schweren Behältern nie, und am Abend war die Wäscherin von der Hüfte abwärts bis auf die Haut durchnäßt.

Meist kam die Wäscherin schon am Vorabend des großen Waschtages ins Haus und sortierte die Wäsche. Feine, grobe, fleckige und völlig verschmutzte Stücke wie Taschentücher, Socken und Küchenschürzen kamen je auf einen Haufen, wurden eingeseift und – jeder Haufen für sich – über Nacht eingeweicht. Zeitig am Morgen kam die Wäscherin wieder, beheizte den Waschkessel, nahm die Wäsche aus dem Wasser und übergoß sie mit frischer heißer Lauge. Nun begann sie Stück für Stück im Waschtrog zu reinigen. Noch heute ist oft vom »Runterbürsten« die Rede, wenn alte Frauen über den Waschtag berichten. »Runterbürsten«, das bedeutete, daß die Wäschestücke auf einen Stoß gelegt wurden. Mit einer Waschbürste wurde gebürstet, beginnend mit dem obersten Stück. Die tüchtige, gut organisierte Wäscherin hatte die Stücke so übereinandergelegt, daß das schmutzigste Stück unten lag und so die meisten Bürstenstriche abbekam. In der heißen Lauge wurden die Stücke hin und her bewegt und geschwemmt, auch gerumpelt. Die Rumpel – auch Waschriffel – richtig zu benutzen, das war eine Kunst. »Man rumpelt mit den Ballen, nicht mit den Fingern!« lautete einer der Merksätze. Wer falsch rumpelte, bekam schon nach einer Viertelstunde erbsengroße offene Stellen auf allen Fingern. Trotzdem mußten die Hände weiter in die Lauge getaucht werden, und das tat dann höllisch weh. Nun wurde die Wäsche »ausgekocht«, das hieß, im großen Kessel wurde Wasser zum Sieden gebracht,

Nicht nur das Waschen, auch das Hantieren mit Wasserschaff, Trog und Bottich erforderte viel Kraft

hinein kam, so vorhanden, Seife, Soda und die Wäsche. Ständiges Umrühren mit großen Holzpaddeln, sogenannten Prackern, sollte den Schmutz noch besser lösen. Nach ausgiebigem Kochen kam die Wäsche aus dem Kessel, wurde nochmals auf Flecken überprüft und gründlichst in reinem Wasser geschwemmt. Erleichterung brachte das Waschmittel Persil, das 1907 auf den Markt kam. Die Abfolge der Arbeitsschritte konnte manchmal auch anders sein. Es oblag der Erfahrung und Kunstfertigkeit der Wäscherin, je nach Zustand und Verschmutzungsgrad der Wäsche und auch nach dem zur Verfügung stehenden Waschmittel die geeignetste Prozedur zu wählen. Frau Käthe beschreibt ihre Arbeitsmethode so: »Bürsten, Schwemmen, dann in den Kessel, auskochen, rausholen. Jetzt erst ist gerumpelt worden,

WÄSCHE, DIE VERGILBT IST, WIEDER WEISS ZU WASCHEN

Man lasse Buttermilch mehrere Tage stehen und völlig sauer werden, weiche die vergilbte Wäsche darin ein und lasse sie eine Zeitlang darin liegen; gröbere länger als feinere, arbeite sie gut durch, wasche sie mit Seife in lauwarmem Wasser, spüle sie in kaltem Wasser nach, wringe sie aus und trockne sie. Hat das Verfahren noch nicht genugsam geholfen, so wiederhole man es. Bei sehr feiner Wäsche braucht man die Milche nicht so lange sauern zu lassen.

Die bürgerliche Küche. Mit einem nützlichen Allerlei für die Wirthschaft und das Haus. Elisabeth Stöckl, 1857.

schwemmen in warmem Wasser, dann mit siedendem Wasser übergießen, so richtig abbrennen.« Der letzte Arbeitsgang war für alle Wäscherinnen gleich mühsam. Jedes Stück mußte ausgewrungen werden. Eine mühselige, kraftraubende Arbeit, »wirklich eine Plage«.

Frau Käthe wusch mit Seife und Soda, in den sogenannten besseren Haushalten konnte sie schon in den zwanziger Jahren das Waschmittel »Frauenlob« verwenden. Denn die Waschmittel wurden selbstverständlich von den Haushalten gekauft und waren daher vorgegeben. In das letzte Schwemmwasser gab Frau Käthe gerne etwas Waschblau, das gab der Wäsche ein strahlendes Weiß. Gestärkt wurde mit Reisstärke, die gab es beim Kaufmann, oder, in sparsamen Haushalten, mit dem Kochwasser des Tagesgerichts: Nudeln. Die Wäschestücke, die so gestärkt waren, standen meist von allein. »Wie Soldaten«, erinnert sich die Wäscherin. Und nun kam die Wäsche zum Trocknen. Wer Platz hatte, konnte zumindest in der schönen Jahreszeit die Wäsche im Freien aufhängen. Quer durch den Hof wurden Schnüre gespannt, von langen Stangen gestützt. Die Lohnwäscherin benötigte mit allen Vor- und Nachbereitungen an die drei Tage für ihre Arbeit. Da in den meisten Haushalten nur einmal im Monat gewaschen wurde, war die Menge an Wäsche, die zusammenkam, beträchtlich. Für die Haushalte bedeutete das, daß reichlich Wäsche vorhanden sein mußte. Für Adels- und reiche Bürgerfamilien war das kein Problem, auch große Bauern legten Wert auf reichen Wäschevorrat. So wurde zum Beispiel eine Tochter aus gutem Haus für die Heirat mit vierundzwanzig Nachthemden – »zwei Dutzend« – ausgestattet. Selbstverständlich kam niemand auf die Idee, jeden Tag ein frisches Hemd anzuziehen, aber es mußte zumindest möglich sein. Die ärmeren Bevölkerungsschichten mußten ihre Wäsche eben länger tragen oder schnell zwischendurch waschen. Ein Waschvorgang, der mit der »Zwischendurch-Wäsche im Waschbecken« nicht verwechselt werden darf! In diesem Fall wurde nicht ausgekocht, aber dafür ausgiebig gebürstet, gerumpelt, geschwemmt und ausgewunden.

Im bäuerlichen Bereich wurde noch im 17. und 18. Jahrhundert nur zwei bis sechs Mal im Jahr großer Waschtag gehalten. In welchem Zustand die Wäschestücke dann der Wäscherin vorgesetzt wurden, kann man sich nur sehr schwer vorstellen. Dazu muß man auch beachten, daß eine morgendliche Dusche, ein abendliches Bad damals undenkbar waren. Bis weit in das 18. Jahrhundert hinein verband man das Gefühl von Sauberkeit nicht mit gründlicher Reinigung des Körpers, sondern mit dem Anlegen frischer, blütenweißer Wäsche. Wenn nun die Wäscherin den Berg an schmutzigen Kleidungsstücken zum Sortieren vor sich liegen hatte, wird ihr wohl der Körpergeruch der ganzen Familie heftig in die Nase gedrungen sein. An das Hantieren mit den schmierigen, verschwitzten, verdreckten Wäschestücken werden sich die jungen Wäschermädel wohl rasch haben gewöhnen müssen. Auch das Arbeiten mit gefaultem Urin, der einen beißenden Amoniakgeruch hatte – im bäuerlichen Bereich hat man dieses kostengünstige Waschmittel bis ins späte 19. Jahrhundert verwendet – war ganz sicher gewöhnungsbedürftig. Gummihandschuhe gab es keine, also mußten sie jedes Stück anfassen, in die immer grauer und schmutziger werdende Lauge greifen und bürsten und rumpeln, bis auch die letzten Flecke verschwunden waren. Jede noch so kleine Verletzung an der Hand brannte bei der

Berührung mit der Lauge. Außerdem galt es, Wanzen, Flöhe und Läuse, die in der Kleidung einen ständigen Wohnsitz gefunden hatten, durch gründliche Behandlung mit heißem Wasser unschädlich zu machen. Alles in allem brauchte man zu dieser Arbeit neben fleißigen Händen, die kräftig zupacken konnten, eine rauhe Schale, derben Humor und »einen guten Magen«.

Familienwaschtag

In den proletarischen Familien des 19. und 20. Jahrhunderts war der monatliche Waschtag ein Großkampftag, an dem die ganze Familie teilnehmen mußte. Alle zur Verfügung stehenden Familienmitglieder wurden zur Arbeit eingeteilt. Vom Großvater bis zur Jüngsten, die schon Wäschekluppen reichen konnte, waren alle Hilfskräfte zur Stelle. Unter strenger Aufsicht der Frau – nur der Waschtag war der Tag ihrer absoluten Autorität in der Familie –

Die »Gnädige« inspiziert die Waschfrauen am Fluß, 1903

wurde die Wäsche und das Brennmaterial transportiert. Kinder brachten Wasser vom Brunnen, Männer beheizten den Kessel, spannten die Stricke zum Aufhängen der Wäsche und trugen die nasse Wäsche zum Trocknen, die Mädchen und Frauen übernahmen das Wäschewaschen. Waren in einer Familie zu wenig Arbeitskräfte, halfen die Nachbarn aus, deren Arbeit wurde wiederum als »Gegenhilfe« rückvergütet. Der proletarische Familienwaschtag war also gekennzeichnet von großem Teamwork, von zentraler Koordination und Lenkung und von ganz spezieller Arbeitsteilung. Die Erfahrung für eine solche Selbstorganisation war für die arbeitende Bevölkerung sicherlich in den Fabriken und Manufakturen entstanden.

Die Zentralwaschküchen – Waschen unter Aufsicht

Als in den zwanziger Jahren dieses Jahrhunderts in den Großstädten die kommunalen Wohnbauten errichtet wurden, welche die Zinskasernen mit ihrer speziellen Lebensweise und den beengten und schlechten Wohnverhältnissen ersetzen sollten, achteten Architekten natürlich auch auf eine vorbildliche Einrichtung der Waschküchen. In den Vorzeigebauten der Wiener Sozialdemokratie wurden Zentralwaschküchen mit gasbeheiztem oder ölbefeuertem Kessel installiert, mit großen Waschmaschinen, Zentrifugen, Bügelständen und dampfbeheizten Bügelmaschinen. Das zentrale Kesselhaus wurde von einem Maschinenmeister betrieben, der auch alle anderen Maschinen zu betreuen hatte. Alles in allem perfekt durchdacht und gut organisiert. Von der sozialistischen Grundidee her war vorgesehen gewesen, daß in den Zentralwaschküchen professionelle Wäscherinnen die Wäsche aller Mieter waschen sollten. Dieser Gedanke mußte aber aus finanziellen Gründen wieder aufgegeben werden. Daher mußten die Frauen der Arbeiterfamilien in den großen Zentralwaschküchen selbst waschen. Der Waschtag war aber nun trotz technischer Hilfen viel unangenehmer geworden. Zum ersten gab es pro

Daß Waschen in erster Linie Frauenarbeit war, bestätigen Zeitzeugenberichte. In der Zeit des Vormärz, wenige Monate vor der Revolution des Jahres 1848, begeistert sich ein Leipziger Akademiker an den Wiener Wäschereibetrieben, die von Frauen geführt werden. Daß hier »Weiber, die noch dazu den unteren Volksständen angehören«, zusammenleben und -arbeiten, die wenigen Männer des Betriebes kommandieren, sie für schwere Hilfsarbeiten einsetzen, schien ihm ein Zeichen von Frauenemanzipation. »Sie führen hier«, so schreibt der Herr Dr. Franz Wiest, »stark geworden durch die Gesinnung, ein mächtiges Regiment über alles, was vom männlichen Geschlechte in näherer Beziehung zu ihnen steht, und wenn man sieht, wie die Anbeter, Bräutigame oder Männer dieser Wäscherinnen vor der dampfenden Waschtonne hantieren oder etwa gar an den Karren gespannt, im Schweiße ihres Angesichts das weiße Linnenzeug nach der Stadt fördern, da wird man auch zugleich der Überzeugung sein, daß sich diese Frauen schon früher emanzipiert hatten, noch ehe das junge Deutschland geboren wurde.« Und er spricht von einer »kleinen Frauenrepublik«, die die Wäscherinnen in den Wiener Vorstädten in »höchster Eintracht« gegründet haben. Bedenkt man die Lebensumstände der Frauen in diesen Arbeitsstätten, fällt es schwer, dem schön gezeichneten Bild des autonomen, emanzipierten Frauenbetriebs zu glauben. Hier hat sich wohl eher ein vor-revolutionärer Bürger ein romantisches Bild von der einfachen, aber selbstbewußten Frau ausgemalt. Mit nüchternen Augen betrachtet, waren das, was er gesehen hat, wahrscheinlich gut funktionierende Wäschereibetriebe, in denen Frauen aufgrund ihrer Erfahrung ausnahmsweise in besserer Position waren als die wenigen Männer.

Frauenarbeit in einer Großwäscherei. Nur begüterte Schichten konnten es sich leisten, die Wäsche waschen zu lassen.

Mietwohnung nur einen Waschtag im Monat, es kam also ein großes Arbeitspensum zusammen, diese Arbeit aber mußte in einem Tag erledigt werden. Zusätzliche Waschtage konnte man zwar bekommen, aber man mußte sie »kaufen«, also bezahlen, und das kam bei dem knappen Einkommen der Familien nicht in Frage. Zum zweiten aber, und das war sicher noch schwerwiegender, war den Männern und allen Kindern unter vierzehn Jahren der Zutritt zur Zentralwaschküche untersagt. Bei Kindern waren diese Vorsichtsmaßnahmen wegen der beständigen Verletzungs- und vor allem Verbrennungs- und Verbrühungsgefahr verständlich. Der Grund für den Ausschluß der Männer ist skurril und typisch für die Zeit – der Anblick der nur spärlich bekleideten Frauen in den Waschküchen sollte den Männern aus moralischen Gründen verwehrt sein. Nur dem Maschinenmeister, dem »Herrn Maschinisten«, war es vergönnt, die verschwitzten Frauen mit ihren hochroten Gesichtern, mit verklebtem Haar und nackten Armen in den ärmellosen Kitteln zu beaufsichtigen. Hinter dieser aufgesetzten Moralität verbirgt sich die Einstellung der damaligen männlichen Funktionärsschichte in der Sozialdemokratie zu Haushalt und Kindererziehung. Für sie war es so gut wie unvorstellbar, daß auch Männer in den Waschküchen rumpelten, bürsteten und bügelten. Der Mann sollte das Oberhaupt der Familie sein und

Früher war es üblich, heute ist es fast ein Luxus: das Trocknen der Wäsche im Freien

– finanziell – für ihr Wohl sorgen. Um das leibliche Wohl, vor allem aber um die Ordnung hatte sich die Frau zu kümmern. Auch der intellektuelle Ideologe der österreichischen Sozialdemokratie, Otto Bauer, hatte stets das Wohl des Arbeitermannes im Auge. Daß berufstätige Arbeiterfrauen mit der Dreifachbelastung Arbeit/Haushalt/Familie allein fertig werden mußten, nahm er offenbar nicht wahr.

Grundsätzlich waren alle Familien, die aus den Zinskasernen in die Gemeindebauwohnungen übersiedeln durften, privilegiert und wechselten in ein für sie luxuriöses Leben. In den kleinen Wohnungen gab es einen Vorraum, Wohnküche, Zimmer, manchmal ein Kabinett, vor allem aber Fließwasser und eine Toilette. Es gab Höfe mit Blumen und Sitzbänken und Spielplätze für die Kinder. Und es herrschte Ordnung. Beim Waschtag sah diese Ordnung so aus: Am Vortag gab es eine Einweichzeit. Die Männer durften also die Körbe mit der schmutzigen Wäsche bis zur Tür der Zentralwaschküche tragen. Den Weg von der Tür bis zum Trog mußten die Frauen die Körbe selbst schleppen. In einem Raum gab es Waschtröge aus Stein – z. B. standen 22 Stück davon in einer Zentralwaschküche mittlerer Größe im 12. Wiener Gemeindebezirk –, jeder dieser Tröge hatte Zulauf von warmem und kaltem Wasser. Die Waschtröge waren ziemlich hoch, so daß die Frauen etwas geschützt dahinter standen und sich nicht so rasch mit Wasser bespritzten. Dort wurde am eigentlichen Waschtag die Buntwäsche gewaschen, Waschmaschinen wurden nur für weiße, kochfeste Wäsche verwendet. Und schon das war, so erinnern sich viele Frauen, eine große Arbeitserleichterung. Die Seifenflocken für die Waschmaschine brachten die Frauen selbst mit, füllten Seifenflocken und Wäsche in eine der Maschinen – sechs Stück standen in einer mittleren Waschküche –, und dann »kochten die Maschinen, daß es wetterte«. In der Zwischenzeit wurde die Buntwäsche im Trog gebürstet, gerumpelt, geschwemmt und in einer der sechs großen Zentrifugen geschleudert. Zum Trocknen wurde die Wäsche in Kabinen aufgehängt, die mit Warmluft durchströmt wurden. Jeder Frau stand nur eine gewisse Zeit für die Benutzung von Zentrifuge, Wasch- und Bügelmaschine zur Verfügung. Um Streit zu vermeiden, wachte der Maschinenmeister, auch Waschmeister genannt, genau über die Einhaltung der vorgeschriebenen Zeiten. Doch das verursachte den meisten Frauen derartigen Streß, daß sie die Zentralwaschküche mit ihrer praktischen Arbeitseinrichtung gerne mit dem alten Waschtag in der Zinskaserne vertauscht hätten. Jeder Handgriff mußte von der Frau allein durchgeführt werden, jedes Wäschestück reinigte und bügelte sie allein. Und das alles unter den strengen Augen des einzigen Mannes in der Waschküche. Bald bekamen viele Frauen am Tag vor dem Waschtag psychosomatische Störungen, klagten über Kopf- und Magenschmerzen. Der Druck, in der vorgeschriebenen Zeit ohne familiäre Hilfe fertig zu werden, war so groß, daß die Frauen jedwede nachbarschaftliche Hilfe ablehnten. Im Trubel der Zentralwaschküchen kam es bald zu Streitigkeiten und kleinen Bosheiten. Wenn eine Frau z. B. die Zentrifuge nicht mehr brauchte, stellte sie sie nicht ab, sondern ließ sie weiterlaufen, um zu verhindern, daß diese in der Zwischenzeit von anderen benutzt wurde. Sie selbst aber konnte die Zentrifuge für ihren nächsten Arbeitsgang ohne Wartezeit benutzen. Die Bügelmaschinen waren so konzipiert, daß die Arbeit leichter gewesen wäre, wenn zwei Frauen an der Maschine gearbeitet hätten. Kaum jemals, so erinnern sich viele Zeitzeuginnen, kam es zu einer Zusammenarbeit, jede Frau mühte sich allein. Zum Zeitdruck kam das ständige Bewußtsein, »unter Aufsicht« zu stehen

ERSTE WIENER DAMPFWÄSCHEREI
A. WEINER

Größte und älteste Dampfwäscherei u. Mietwäsche-Unternehmung Österreichs
Gegründet 1872

Garantier chlorfreies Waschen mit gereinigtem und enthärtetem Hochquellwasser

Unter ständiger Kontrolle des gerichtlich beeideten Sachverständigen Prof. Ing. Dr. Viktor Gärtner von der Bundes-Lehr- und Versuchsanstalt für chemische Industrie in Wien XVII

Wien XX, Dammstraße 27—31
Telephon Nr. A 40-0-67 und A 46-5-66

Nur „bessere" Kreise konnten es sich leisten, ihre Wäsche einem professionellen Unternehmen anzuvertrauen

und vom Maschinisten, der das Recht dazu hatte, kommandiert und gemaßregelt zu werden. Zusätzlich sorgten sich die Frauen um ihre Kleinkinder, die während des ganzen Waschtags ohne ihre Aufsicht waren. Nur wenige hatten die Möglichkeit, eine Verwandte für diesen Tag zur Kinderbetreuung in die Wohnung zu holen. Oft wurden »die Großen« angehalten, auf »die Kleinen« aufzupassen, und so gaben Siebenjährige auf Fünfjährige acht. Viele heute Erwachsene erinnern sich an den Vorabend

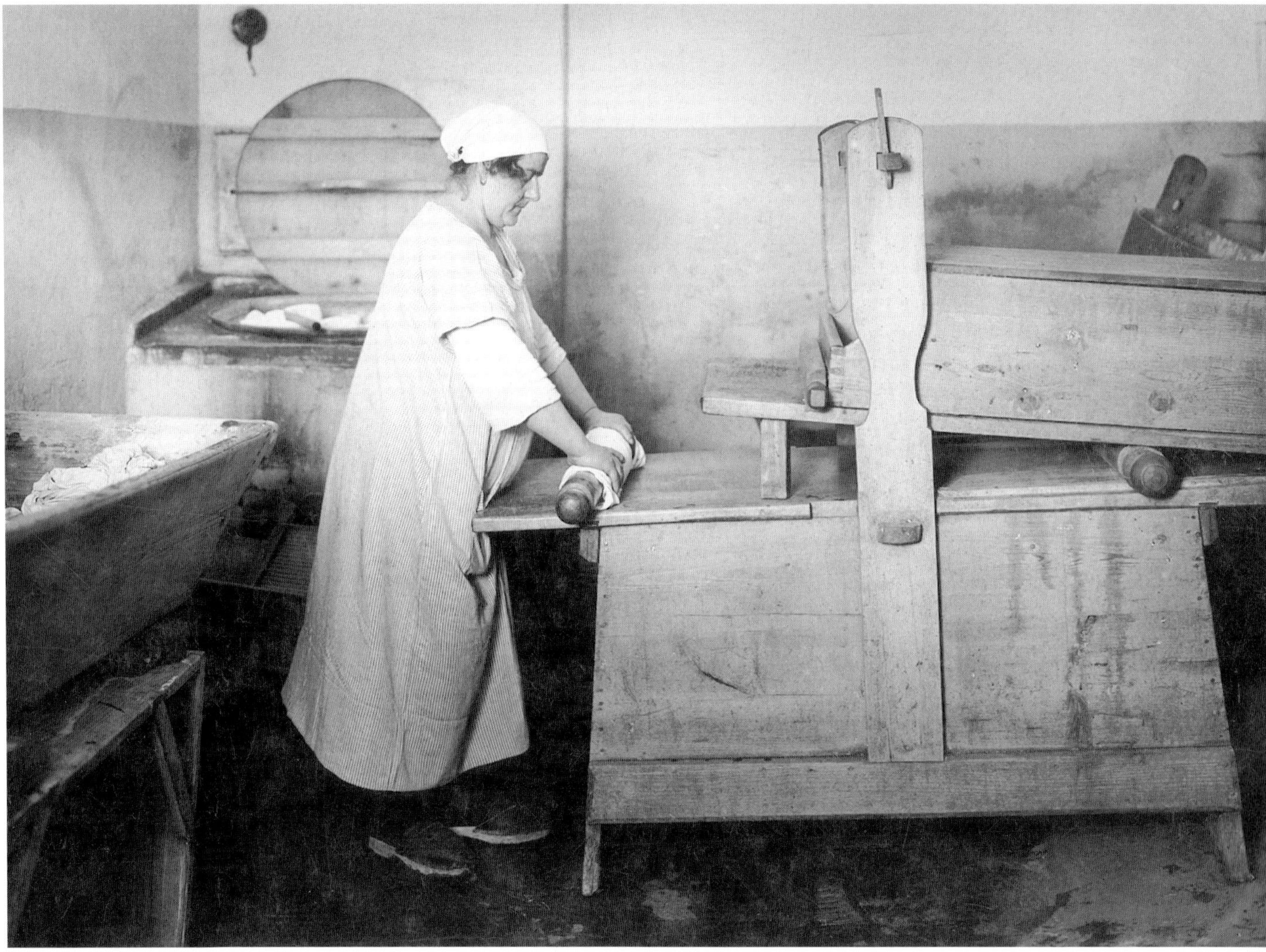

Wäsche wird gemangelt. Trotz mancher Behelfe – wie diese Mangelmaschine – war Waschen Schwerstarbeit.

des damaligen Waschtags als eine Zeit, in der man die gereizte Mutter am besten gar nicht anredete. Die Frauen waren am Waschtag so großer psychischer und physischer Belastung ausgesetzt, daß bereits der Tag davor von großer Hektik geprägt war. Die straffe, aber im Sinne der Frauen nicht wirklich durchdachte Organisation der neuen Zentralwaschküchen hatte also den Benützerinnen nicht die beabsichtigte Erleichterung gebracht. Der neue Streß hatte sogar jeden Ansatz von nachbarlicher Hilfe und gemeinsamer Arbeit im Keim erstickt.

Die Frau eines Maschinisten in einer der mittleren Zentralwaschküchen, Frau Marie, erinnert sich an heftige Auseinandersetzungen. Sie hatte oft Mitleid – mit ihrem Mann: »Die Maschinisten waren sehr arm. Unsere Waschküche war nicht eine der größten, da war ein ständiges Treiben, sehr viel Wirbel. Und viele Frauen waren grob und hatten einen rauhen Umgangston. Oft mußten sie warten – an Waschmaschine, Zentrifuge, Bügelmaschine – da haben viele versucht, sich vorzudrängen. Manche Frauen, die berufstätig waren, haben eine Wäscherin aufgenommen, die in unserer Waschküche am Waschtag für sie gewaschen hat. Diese Wäscherinnen hatten schon eine ganz besondere Art, die haben sich mit Ellbogentechnik durchgesetzt. Ja, und

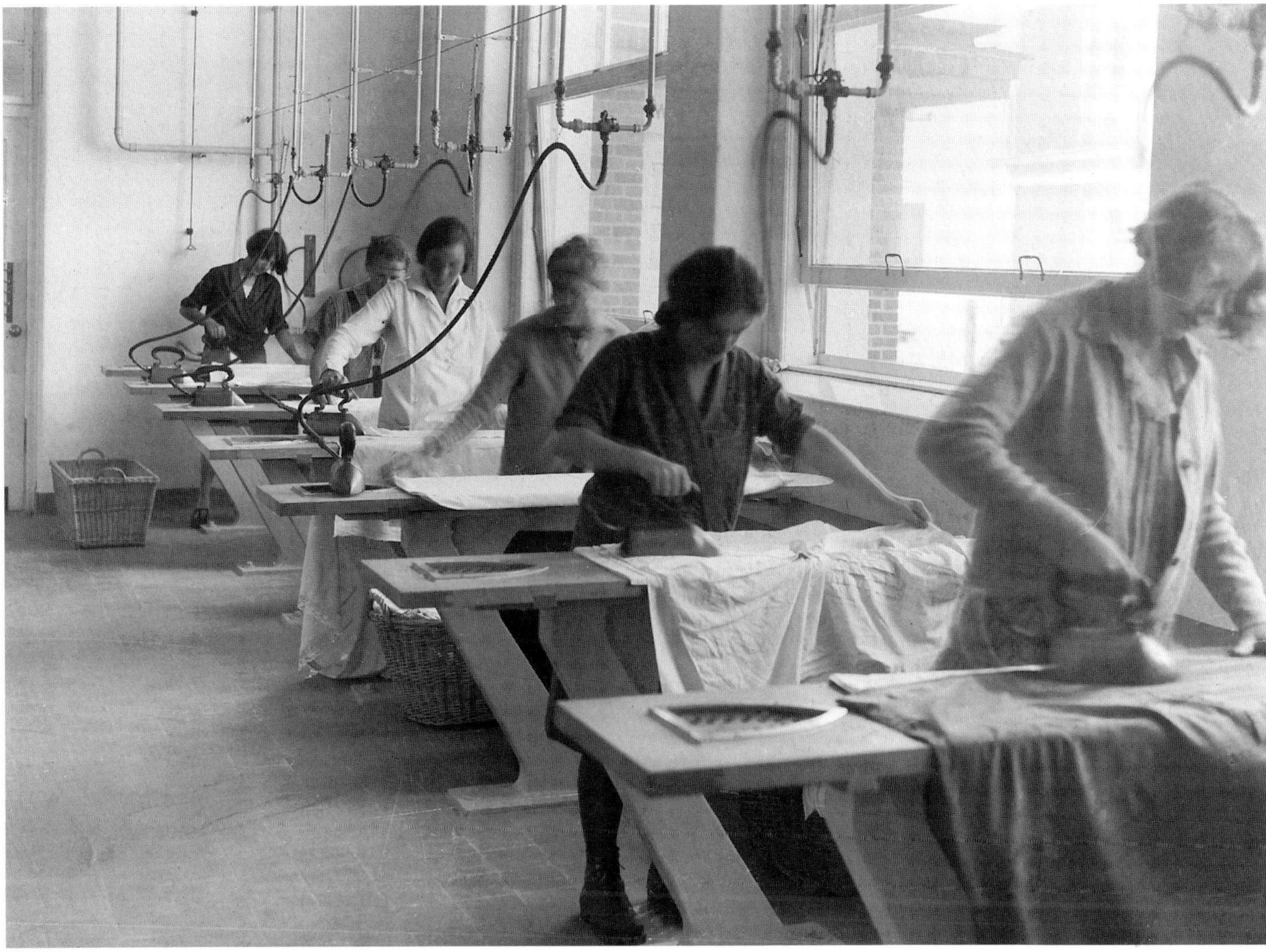

Mit dem Waschen allein ist es nicht getan. Wäsche gehört auch gebügelt. Büglerinnen einer Waschanstalt.

die Maschinisten mußten eben immer Streit schlichten ...« Die Zeitzeugin zeigt damit, daß offensichtlich auch Arbeiterfamilien Waschfrauen beschäftigten, so sehr war die Streßbelastung der Zentralwaschkuchen für die Arbeiterfrauen gestiegen. Denn trotz wahrscheinlich geringer Bezahlung war dies sicher eine starke Belastung im Familienbudget. Jede der waschenden Frauen mußte an diesem einen Tag mit der Arbeit fertig werden, und die eingesetzten professionellen Wäscherinnen hatten im Durchsetzen ihrer Interessen, im Vordrängen und Austricksen sicherlich die meiste Übung.

Zeigt her eure Füße,
zeigt her eure Schuh'
und schauet den fleißigen Wäscherinnen zu.
Sie waschen, sie waschen den ganzen lieben Tag...
Sie bürsten, sie bürsten...
Sie schwemmen, sie schwemmen...
Sie hängen, sie hängen...
Sie legen, sie legen...
Sie bügeln, sie bügeln...
Sie tanzen, sie tanzen...
Sie schlafen, sie schlafen...

Ein Tanzlied für Kinder

Kriegswäsche

Auf jeden Fall hatten viele Hausfrauen während der beiden Weltkriege lernen müssen, ihre Wäsche selbst zu waschen. Die Männer waren Soldaten geworden, die Frauen mußten die Arbeitsplätze der Männer übernehmen – als Fabriksarbeiterinnen, Straßenbahnschaffnerinnen, Briefträgerinnen. Zugehfrauen für die große Wäsche waren also rar geworden. Während des Zweiten Weltkriegs wurde diese Situation sogar noch durch gezielte »völkische« Propagandaarbeit verbrämt und ideologisiert. Das NS-Regime, perfekt darin, aus jeder Not eine heldische Tugend zu machen, animierte die »Deutschen Frauen« zum Wäschewaschen. In einem Wirtschaftskundebuch aus dem Jahr 1941 heißt es:
»Waschen? Selbst waschen? – Dahinter steht ein großes Fragezeichen. Die Frau von heute hat viel gelernt. Sie kann vielleicht kochen, auch nähen – waschen aber kann sie nicht. Das konnte sie auch der Waschfrau nicht absehen, denn diese befand sich stets in der Waschküche, die Hausfrau aber war in der Wohnung und hielt der Familie den Waschtag fern. Das ist anders geworden.«
Und, um den Hausfrauen das neue, unerhörte Glück, Waschen erlernen zu dürfen, auch schmackhaft zu machen, sparte man auch nicht mit markigen Sinnsprüchen:

»Neue Zeit ruft aus der Asche.
Alte Ahnentugend – Darum wasche!«

Die mechanische Waschrumpel, ein Stadium der Waschmaschinen-Entwicklung, 1880

Dabei wäre es längst nicht mehr nötig gewesen, die fragwürdige »alte Ahnentugend« des Wäschewaschens weiter händisch zu betreiben. Unter besseren finanziellen Bedingungen hätten die Hausfrauen ihre Wäsche längst von einer Maschine waschen lassen können. Schon 1691 wurde in Großbritannien das erste Patent für eine Waschmaschine angemeldet, das Maschinenmodell und die Anleitung sind leider verlorengegangen. Ab 1880 war in – wenigen – Haushalten eine mechanische Waschrumpel in Gebrauch, die der Wäscherin viel Arbeit ersparen sollte, sie erwies sich aber leider als nicht sehr vorteilhaft für die Haltbarkeit der Wäsche. Aber die Erfindergeister ließen nicht locker, sie wußten, daß eine funktionierende Waschmaschine zum Verkaufshit werden würde. Bereits zu Beginn des zwanzigsten Jahrhunderts kamen Waschmaschinen auf den Markt. 1913 entwickelte die Firma Miele eine »Kraftwaschmaschine« mit Elektromotor, in der die Wäsche mit Hilfe einer Pleuelstange bewegt und durch einen Walzenwringer ausgedrückt wurde. 1915 kam der »Sprudelwascher« auf den Markt, ein zuerst mit Holz, Kohle oder Gas, später »elektrisch beheizter Waschtopf mit Sprudeleinrichtung zum langzeitigen Durchfluten der Wäsche«. Beworben

Vorstadium einer Waschmaschine

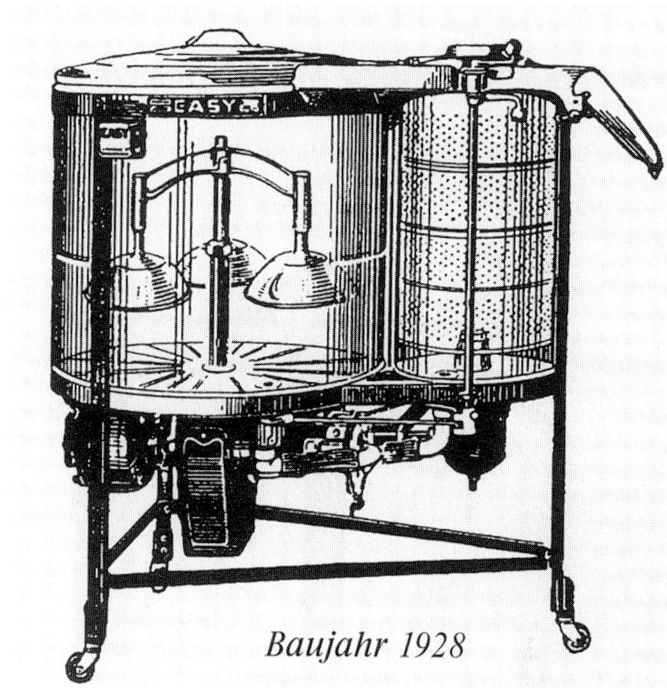

Die Saugglocken-Waschmaschine

wurde die Maschine mit dem Versprechen, die Wäsche würde »nebenbei über Nacht« sauber. Die ständige Zirkulation sollte den Schmutz aus dem Gewebe lösen. Leider war der Sprudelwascher noch nicht in der Lage, das Versprechen einzulösen. Techniker und Entwickler planten weiter. 1928 brachte Miele eine »Saugglockenwaschmaschine« heraus, 1930 eine »Taumelscheiben-Waschmaschine«. Parallel dazu entwickelte die Firma Siemens 1928 den »Turbowascher«, der aber noch nicht wirklich haushaltsgerecht war und vor allem zu groß, zu schwer und zu teuer. Erst der »Kraftwascher« aus dem Jahr 1932 erzielte ein gutes Waschergebnis, ihm folgte 1939 der »Umlaufwascher«. Danach aber begann die vorhin zitierte Aschentugend wieder aufzublühen. Der Elektrokonzern hatte wahrhaft andere Aufgaben, als sich um die Entwicklung von Waschmaschinen zur Arbeitserleichterung für die Hausfrauen zu kümmern.
Nach Kriegsende gab es die versprochene Asche, aber kaum einen Haushalt mit Waschmaschine. Die Frauen waren froh, wenn sie Waschtrog und -bottich hatten, warmes Wasser war Luxus und Waschmittel praktisch nicht vorhanden. Selbst Schichtseife war Schwarzmarktgut, und viele Hausfrauen erzeugten, wie schon ihre Großmütter, die scharfe Holzaschenlauge, um die wenige ihnen verbliebene Wäsche sauber zu bekommen. Die Nazis hatten gar nicht geahnt, wie prophetisch ihre Waschparole gewesen war. Wer damals am Waschtag den Luxus heißen Wassers hatte, nutzte es mehrfach. Oft wurden die Kinder ins letzte Schwemmwasser gesetzt, um ein selten gewordenes warmes Bad zu nehmen. Wenn die Wasserqualität das nicht mehr zuließ, wurden die letzten verwendbaren Reste von Waschlauge zumindest zum Aufwaschen der Fußböden genutzt. Wäscherinnen gab es in den Nachkriegsjahren wieder reichlich, für viele Trümmerfrauen war diese Art der Dienstleistung die einzige Möglichkeit, ihre Familie zu erhalten. Auch die Wäscherin Frau Käthe hat in diesen Jahren ihr Kind allein großziehen müssen, denn ihr

Mann war in russischer Gefangenschaft und kam erst Jahre nach dem Krieg wieder. Als das Kind mitten im Krieg auf die Welt drängte, war Frau Käthe im vierten Stock eines Wohnhauses in der Waschküche am Waschtrog gestanden und hatte gerumpelt und gebürstet. Im letzten möglichen Augenblick unterbrach sie die Arbeit, ging hinunter zur Hausfrau, meldete sich ab, eilte einige Gassen weiter ins Krankenhaus und bekam wenig später ihre Tochter. Diese Hausfrau und Frau Käthe blieben einander bis ins hohe Alter verbunden. Und manchmal, wenn Jahrzehnte später von Kriegs- und Nachkriegszeiten erzählt wurde, gab die Wäscherin die Geschichte der Geburt ihrer Tochter zum besten. Die Hausfrau saß daneben, nickte, nahm einen Schluck Kaffee und ergänzte: »Die Wäsche hat mir dann die Frau F. aus dem Nachbarhaus fertig gewaschen. Da war ich sehr froh.«

Wirtschaftswunder – Waschmaschinen

Die Waschmaschine war die erste Maschine, die im aufkommenden Wirtschaftswunder in die Haushalte Einzug hielt, zumindest haben die Frauen das so in Erinnerung. Kühlschrank, Staubsauger, Fernseher – kein Gerät war ihnen so wichtig wie eine Waschmaschine. Der Besitz dieser Maschine war ein unglaublicher Fortschritt, denn die Arbeitserleichterung war enorm. Und selbst Frauen, die ansonsten technischen Neuerungen skeptisch gegenüberstanden, konnten sich mit einer Waschmaschine problemlos anfreunden. »Meine letzten Groschen habe ich zusammengekratzt«, erinnert sich eine Hausfrau. »Ich war eine der ersten, die eine Waschmaschine hatten, denn für mich ist der Waschtag immer schon ein Horror gewesen.« Die Maschine nahm dem Waschtag seine Bedrohung. Nun konnte man waschen lassen, so oft es nötig war.

Finanziell weniger Begünstigte konnten die »amerikanischen Waschsalons« benützen, die ab 1950 in

Waschtrog und Rumpel wurden von der Waschmaschine abgelöst

den Großstädten eingerichtet wurden. Sieben Kilo Trockenwäsche faßte eine der Münzwaschmaschinen, die zum Waschen nötige Seife spendete der Waschsalon. In Wien betrug der Preis für eine Maschinenfüllung damals sieben Schilling. Ab 1951 wurden nach und nach auch die kommunalen Wohnbauten mit Waschmaschinen ausgestattet, für vierzig Mieter wurde je eine Waschmaschine, eine Zentrifuge und ein Wäschetrockner zur Verfügung gestellt.

Und dennoch gab es weiterhin zahlreiche Haus-

Vor dem Waschtag zu lesen

Beherzigen Sie, was Ihnen die Verkäuferin sagte, als Sie das zu waschende Kleidungsstück gekauft haben. Hat sie geraten, es putzen zu lassen, so hatte das sicher seinen Grund.

Prüfen Sie, (am besten mit Hilfe eines kleinen Stoffrestes), ob ein Kleid, das Sie waschen wollen, farbecht ist und — besonders bei billigen oder selbstgemachten Kleidern — ob auch die Nähte öfteres Waschen aushalten ohne auszufransen.

Achten Sie auf die Nähseide. Oft läßt sich zwar der Stoff waschen, aber die Nähseide färbt ab.

halte, in denen bis weit in die sechziger Jahre händisch gewaschen wurde – aus Armut oder aus Tradition.
Sogenannte »richtige« Waschmittel kamen nach der Kriegskatastrophe etwa um 1948 wieder auf den Markt, alteingesessene Marken, deren Verkauf mit Bildern von jubelnden, lachenden und tanzenden Hausfrauen beworben wurde. Allein in Österreich werden heute pro Jahr rund 50 000 Tonnen Waschmittel verbraucht. Da das Wäschewaschen heute so problemlos, ohne Anstrengung, ohne psychischen Druck zu erledigen ist, werden die Wäschestücke auch ohne Zögern nach ein- oder zweimaliger Verwendung in die Maschine gestopft: An die 3,4 Kilo Schmutzwäsche erzeugen die Menschen in unseren Breiten pro Kopf und Woche. Unsere Ururgroßmutter, die Wäschertonerl, könnte über diese Mengen nur staunen.
Frau Käthe, die alt gewordene Wäscherin, hat noch mit fünfundachtzig Jahren ihre Wäsche händisch gewaschen. Allerdings besaß sie seit Jahren eine Zentrifuge, die ihr die schwere Arbeit des Auswringens abnahm. Und sie war leidenschaftliche Verwenderin von Waschmitteln, die sie als »wirklich ausgezeichnet« beurteilte. Erst seit sie bei ihrer Tochter lebt, hat sie sich mit der Bedienung einer Waschmaschine vertraut gemacht. Und jedesmal, wenn sie in Hauskleid und weichen Hausschuhen in der Küche steht und die Maschine durch einfachen Knopfdruck in Bewegung setzt, wundert sie sich darüber, wie sich Arbeitsgänge verändern können. Und sieht sich selbst in der Erinnerung in Gummistiefeln und Gummischürze gebückt in der Waschküche stehen, fühlt das Wäschestück in den Händen, das sie an der Innenwand des hölzernen Waschtrogs bürstet. »Ich hab viel gewaschen«, sagt sie dann oft. »Und ich hab gern gearbeitet. Und die Wäsche hat früher auch viel länger gehalten als heute.« Frau Käthe riecht den frischen Duft der sauberen, gebügelten Wäsche, die sie am Ende ihrer Arbeit in die großen Körbe geschlichtet hat. Dann schaut sie auf das Sichtfenster der Waschmaschine und sieht, wie sich die Wäsche im leicht schäumenden Wasser dreht. Und sie staunt, wie sich die Welt verändert hat.

VON DEN KLUGEN UND EHRBAREN FRAUEN – DIE HEBAMMEN

Mehr als zweitausend Jahre Konkurrenz zwischen weiblicher Kunst und männlicher Medizin

Wie sie Margareth Rutherford spielte, und wie sich Frau Bertha erinnert

Die stämmige ältere Frau auf dem Fahrrad tritt so energisch in die Pedale, als würde sie ein Bataillon königlicher Gardereiter anführen. Aber tatsächlich hat sie auf der schmalen Schotterstraße, die durch die sonnige, grüne Hügellandschaft führt, keinerlei Begleitung. Sie trägt einen weiten Radmantel aus grobem Tweed, und auf ihrer weißen Löckchenfrisur thront ein verbeulter Hut, der wahrscheinlich ein Erbstück ihrer Großmutter ist. Beim ärmlichen Farmhaus angekommen, lehnt sie den Drahtesel an die Wand, schnallt eine unförmige, riesige Handtasche vom Gepäckträger ab, klemmt sie sich mit beiden Händen unter die Brust und stapft mit ihren derben Schuhen direkt in die gute Stube. Energisch scheucht sie einige barfüßige Kinder, einen Hund, zwei Katzen und mehrere Hühner durch Türe und Fenster ins Freie. Einen ratlos im Zimmer stehenden Mann in Hemd und Hosenträgern kommandiert sie mit dem Charme eines Unteroffiziers in die Küche, damit er sofort heißes Wasser bereite. Dann wendet sie ihr grimmiges Bullterrier-Gesicht mit den scharfen Äuglein der Frau zu, die leise ächzend unter dem Tuchentberg des Bettes liegt. »Na, dann wär's ja wieder einmal so weit, meine Liebe«, tönt sie mit energischer Stimme, aus der eine Flut von kaum zu bremsender Mütterlichkeit hervordringt. »Aber mit einer guten Tasse heißen Tees und etwas Geduld werden wir das schon wieder hinkriegen. Meinen Sie nicht? Ich hoffe, Ihr Mann hat das Teewasser bald fertig.« Damit hat sie sich ans Bett der Gebärenden gesetzt und zieht nun aus den unergründlichen Tiefen ihrer Tasche ein abgegriffenes, aber vollständiges Paket Spielkarten heraus. »Also, meine Liebe, fangen wir an«, brummt sie herzlich und beginnt, die Karten zu mischen.

So hätte oder hat eine der großen alten Damen des englischen Films, Margareth Rutherford, eine jener Frauen verkörpert, die im Zeitlauf der Jahrtausende der Menschheitsgeschichte wohl viele unterschiedliche Klischeebilder durchlaufen haben, die Hebamme. Von den weisen, heilenden Frauen bis zu Zauberinnen und Hexen reichte ihr Ruf. Doch hinter noch so vielfältigen gesellschaftlichen Vorstellungen steckt immer eine soziale Wirklichkeit. Beim Besuch der pensionierten Hebamme Bertha im ländlichen Umfeld der Großstadt Wien, in Süßenbrunn, stellt sie sich anders dar:

Zwischen Müllverbrennungsanlage, Tankstellen und häßlichen Wohnsilos aus den siebziger Jahren stehen vereinzelt, fast verloren noch ein paar kleine Bauernhäuser. Ehemalige Bauernkaten, die Höfe von Kleinhäuslern, Tagelöhnern, Nebenerwerbsbauern. In einem der grundfeuchten Häuschen lebt die alte Hebamme. Sie ist siebzig Jahre alt. Seit vier Jahren, seit einem Herzinfarkt, ist sie in Pension. »Wenn ich den nicht gehabt hätte, wenn ich gesund wär«, sagt sie, »ich tät heute noch arbeiten.« Die Hebamme sieht aus wie eine Bauersfrau, über ihrem einfachen Hauskleid trägt sie eine handgestrickte Weste, ihr Haar ist unter einem Kopftuch versteckt. Es ist Anfang April, der Tag ist eisig, es hat nur wenige Grade über null. In der winzigen Küche des Zwei-Zimmer-Hauses ist trotzdem nicht geheizt. Frau Bertha lebt von der Mindestpension. Sie war, wie sie selbst sagt, »Hebamm' mit Leib und Seele«. Obwohl ihr immer klar war, daß sie in diesem Beruf nicht wohlhabend werden konnte: »Ich hab immer gesagt: A Klofrau wird besser bezahlt als wir!«

1950 hat sie als frei praktizierende Hebamme zu arbeiten begonnen. Damals war dieser Teil der Großstadt noch dörfliche Gegend. Hochhäuser gab es keine, dafür lebten noch mehr Bauern hier. Und: »Viel arme Leute. Da hat es wirklich viel arme Leute gegeben. Oft habe ich eine Geburt gemacht, also betreut, und dann ist mir die Familie das Geld lange schuldig geblieben. Die konnten einfach nicht bezahlen. Ich bin trotzdem hingegangen. Aber in ein paar Fällen hab ich bis heute kein Geld gesehen. Da sag ich immer: Die Kinder gehören noch mir!«

Frau Bertha, die immer alleinstehend war, mußte das nötige Geld für ihren Lebensunterhalt also selbst auftreiben. Mit Stricken und Sticken in Heimarbeit hat sie sich mehr schlecht als recht durchgebracht. »Ich hab fast Tag und Nacht gearbeitet, damit ich leben hab können«, erinnert sie sich. Und an die Nachtfahrten bei Regen und Schnee, wenn sie ihren Frauen zu Hilfe eilte: »Die ersten drei Jahr' mit dem Fahrrad, die nächsten sieben mit dem Motorroller, dann mit dem Auto. Aber leider hält auch ein Auto nicht ewig, und irgendwann brauchst du ein neues. Na ja, in meinem Leben hat es keinen Komfort gegeben.«

Wenn sich erfahrene Hebammen an frühere Zeiten erinnern, ist immer auch von langen, anstrengenden Wegen die Rede, von Kälte, Regen und Schnee, von Menschen in bitterer Armut, von unvorstellbaren Geburtsbedingungen und schwierigen Situationen, mit denen die Hebamme allein fertig werden mußte. In ländlichen Gegenden war es meist nicht möglich, in kritischen Situationen einen Arzt zu holen. Denn es blieb keine Zeit, so lange zu warten, bis der Mediziner den Weg auf einen entlegenen Hof gefunden hätte. Die Hebamme mußte selbst entscheiden und handeln. In den Städten wiederum hatte die Hebamme zwar für den Notfall ein Krankenhaus in näherer Umgebung, aber in kaum einem Haushalt stand ein Telefon zur Verfügung, um den nötigen Krankenwagen anzufordern. Außerdem war der Weg ins Spital wirklich die letzte Lösung. Die Frauen wollten ja schließlich daheim entbinden. Der Grund dafür war oft ein finanzieller, denn viele waren nicht oder nicht ausreichend sozialversichert und hätten die Spitalskosten nicht aufbringen können. Andere wiederum hatten panische Angst vor dem Krankenhaus und zogen deshalb die

Ich hab zuerst eine Ausbildung zur Kinderschwester gemacht, dann bin ich Krankenschwester geworden, und erst nach dem Krieg konnte ich mich endlich zur Hebamme ausbilden lassen. Aber der Grund, warum ich Hebamme werden wollte, war ein schreckliches Erlebnis: Als junge Kinderschwesternschülerin mußte ich auch in den Kreißsaal. Dort ist eine junge Frau in den Wehen gelegen, sie war ledig, das war damals überhaupt etwas Schreckliches. Die Frau hat gestöhnt und gejammert, aber die Hebamme hat sie überhaupt nicht beachtet. Die ist an ihrem Schreibtisch gesessen und hat mit dem Arzt geredet. Ich bin dort ganz betroffen und verloren gestanden, weil ich keine Ahnung hatte, was ich tun hätte können, um zu helfen. Schließlich hat die junge Frau um Hilfe geschrien. Und da sagt doch die Hebamme: »Gib Ruh! Ich weiß schon, wann ich zu dir kommen muß. Schrei net! Wie du dir's machen hast lassen, hast auch net geschrien!«

Für mich war das so schrecklich. Ich konnte gar nicht verstehen, daß diese Hebamme so mit einer Gebärenden redet. Und damals hab ich mir gesagt: Du wirst auch Hebamme, aber nicht so eine, sondern eine gute, eine, die wirklich hilft!

Hanna S., geboren 1913, Stadthebamme

Wichtig für Geburtsfrauen!

Als **Specialität** bestens zu empfehlen.

Äußerst praktische, von Herrn Hofrath k. k. Prof. Schauta warm empfohlene und auf der Klinik desselben erprobte, patentierte

Wochenbettbinden

sind stets vorräthig und werden in drei Größen angefertigt. Preis **3 fl. 50 kr.** Mitglieder des Unterstützungsvereines für Hebammen, erhalten als Wiederverkäuferinnen einen entsprechenden Procentnachlass. — Außerdem zu empfehlen: Patentierte

Monatsbinden

zu den billigsten Preisen aus dem Hauptdepot **„Zur Luna"**, **Wien, IX., Porzellangasse 37.**

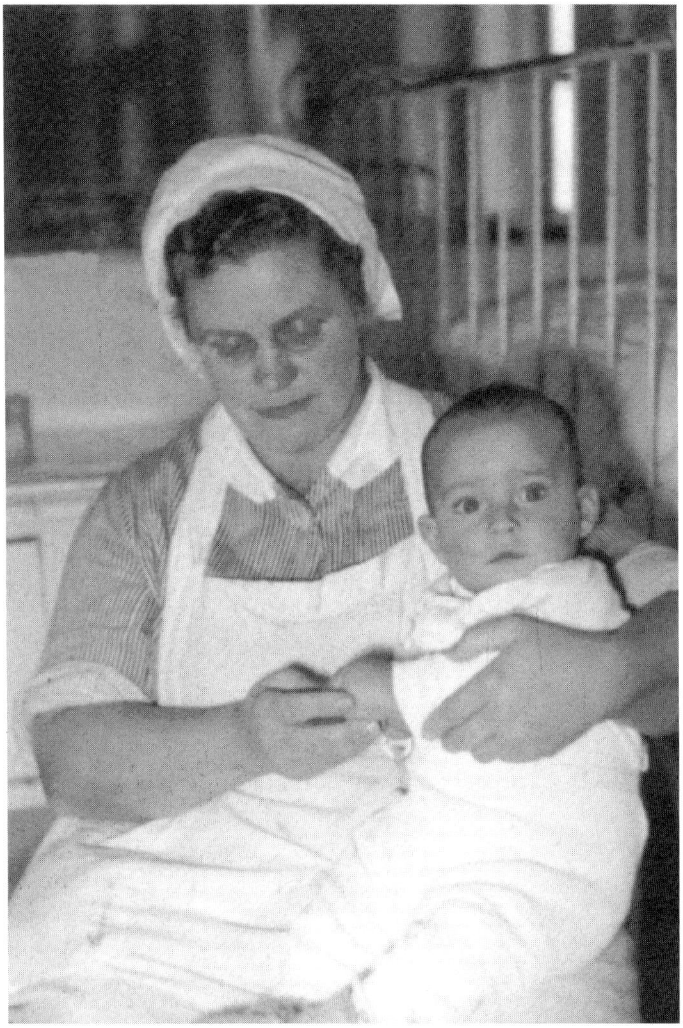

Die Geburt eines gesunden Kindes ist auch für die Hebamme der schönste Lohn

Aviso für die P. T. Geburtsfrauen!

Beste und billigste Bezugsquelle

für **Irrigateure, Selbstclystiere, Saugflaschen, Warzenhütchen, Leibschüsseln, Mutterkränze, Maximal-Thermometer, Betteinlagen,** nur garantirt vorzügliche Qualität. **Catheter, Mutterrohre,** echt englische **Krampfaderstrümpfe** in Wolle, Zwirn oder Seide, **Eisbeutel, Kühlapparate aus Patentgummi,** besonders **beliebt** und von den Herren Aerzten in Folge ihrer **Leichtigkeit vielfach verordnet,** ferner: **Neueste Apparate von Professor Dr. Soxhlet,** zur **Abkochung, Haltbarmachung** und **Verabreichung der Milch für die Ernährung der Säuglinge. Hygienische Gürtel für Menstruation.**

Reich assortirtes Lager

in **Leibbinden** aller Art und **Wochenbettbinden, Nabelbinden,** sowie **Bandagen aller Art, Verbandstoffe und Artikel zur Krankenpflege.**

HEINRICH STÖSSLER,

I., Teinfaltstrasse Nr. 1, Ecke der Freiung

Provinz-Aufträge werden umgehend gegen Postnachnahme effectuirt.

Hausgeburt vor. Denn damals standen die Entbindungsabteilungen der Krankenhäuser in keinem guten Ruf. Besonders wegen des oft zitierten rauhen Umgangstons der dort tätigen Hebammen. Lautes Klagen und Wehschreien der Kreißenden soll mit dem stereotypen Standardsatz: »Warum schreist du jetzt, beim Machen (des Kindes) hat es dir ja auch gefallen!« begegnet worden sein. Über diese Erniedrigung hinaus beklagten sich auch viele Frauen damals, in den langen Wehenzeiten ohne Betreuung allein gelassen worden zu sein. Tatsächlich berichten noch heute einige Hebammen, daß es diese rauhen Sitten in den Spitälern der damaligen Zeit gewesen seien, die sie motiviert haben, selbst Hebamme zu werden, um so etwas nicht mehr zu erleiden bzw. nicht mehr zulassen zu müssen. Die Hausgeburt mit einer Hebamme versprach eine intime, das heißt vertraute Umgebung und die ganz persönliche Betreuung und Aufmerksamkeit durch die frei praktizierende Hebamme. Die Beziehungen zwischen Hebamme und Gebärender waren tatsächlich eng. Viele Frauen vertrauten der Geburtshelferin auch intimste seelische Nöte an, über die sie sonst mit niemandem sprechen konnten. »Ich war oft eine Art Ersatzmutter«, erinnert sich Frau Bertha und weiß von schönen, aber auch von traurigen Geschichten. Von lang ersehntem, aber auch von unerwünschtem Kindersegen, von trinkenden und brutalen Ehemännern, von Armut, Not und Kinderelend. Die Erwartungen, die die Frauen in die Hebamme setzten, sind immer die gleichen gewesen. Eine Frau, die ein Kind erwartete, suchte Hilfe. Sie begab sich nicht gerne in die Obhut des Arztes. Sie suchte lieber den Rat und die Unterstützung der kundigen Frau, der »Frau Hebamme«, wie sie auf dem Land oft genannt wurde. Die Gebärende wollte den Beistand einer Frau, die nicht ängstlich war, die ihr Mut gab, die zupacken konnte, wenn es darauf ankam. Und die im Notfall auch mit hinderlichen Ehemännern fertig wurde.

Erfahrene Frauen und theoretisierende Männer – die Hebammen der Antike

Frauen, die Gebärenden in den »schweren Stunden« beistanden, wurden schon im Alten Testament »kluge und weise« genannt. Jochebed, die Mutter des Moses, war so eine Kluge und Erfahrene. Sie ist den Frauen des hebräischen Volks in der sogenannten ägyptischen Gefangenschaft im Lande Gosen als Hebamme beigestanden. Ihr Wissen, so erzählt die Bibel, hat sie an ihre Tochter weitergegeben. Und diese Art der Hebammen-Ausbildung war wahrscheinlich Tausende Jahre lang und bei den meisten Völkern die gebräuchlichste: »learning by doing«, würde man heute sagen, also ein Lernen in der Praxis. Wer Hebamme werden wollte, mußte von einer erfahrenen Frau in der Entbindungskunst unterwiesen werden, durfte zuerst helfen, dann selbst mit anfassen und konnte so von ihr lernen. Oft waren Hebammen ältere, lebenserfahrene Frauen. Zum Beispiel ist das russische Wort für »Hebamme« ident mit dem Wort für »Großmutter«: Babuschka. Und die Herkunft des deutschen Wortes Hebamme aus dem Althochdeutschen beweist dies noch deutlicher. Das Wort hieß ursprünglich hevianna, und das bedeutet »Hebe-Ahnin«. Das althochdeutsche Wort ana für Ahnin ist aber selbst wieder eine Umdeutung für die Bezeichnung Großmutter. Daß aus der Heb-Ahnin später eine Hebamme wurde, ist ganz bestimmt eine volkstümliche Verballhornung des ursprünglichen Wortes. Denn eine Amme, eine Zieh- oder Pflegemutter, ist natürlich vom Prinzip her mit der Tätigkeit einer Hebamme keineswegs zu verbinden.

Der Vollständigkeit halber muß erwähnt werden, daß in den alten Kulturen Geburtshilfe zwar vorwiegend, aber nicht ausschließlich Sache der Frauen war. Vor allem den Viehhirten wurde große Geschicklichkeit bei der Geburtshilfe nachgesagt. Es waren die Frauen aus den ärmsten Schichten der ländlichen Bevölkerung, die die Hilfe der Hirten und Schäfer in Anspruch nahmen, eine Hilfe, die in den entlegenen Gebieten Europas noch im 16. Jahrhundert üblich war. Wer Schafen und Ziegen bei der Entbindung helfen konnte, so die Überlegung, mußte auch mit der menschlichen Geburt vertraut sein. Die Lämmernabelschere der Hirten hat auch bei den menschlichen Geburten gute Dienste geleistet.

Aber grundsätzlich war es nicht üblich, daß Männer an der Geburt teilnahmen. Eine Ausnahme bildeten hier die Hebräer, von ihnen wird berichtet, daß manche ihrer Frauen »auf dem Schoß des Ehemannes« niederkamen. Im alten Ägypten hingegen, wo das hebräische Volk ja in Gefangenschaft gelebt hatte, war es nicht einmal den mächtigen Priestern gestattet, an der Geburt teilzunehmen.

Im antiken Griechenland gab es etwa 300 v. Chr. eine Zeit, in der es sowohl Frauen als auch Sklaven verboten war, die Heilkunst auszuüben. Das schloß auch ein Verbot der Geburtshilfe ein. Es war aber keineswegs so, daß die männlichen Ärzte nun allen gebärenden Frauen beigestanden wären, die Frauen des einfachen Volkes mußten großteils ohne jede Hilfe niederkommen oder heimlich die nun verbotene Hilfe einer Frau in Anspruch nehmen. Ob in diesem Fall wieder einmal die Hirten hilfreich eingesprungen sind, ist nicht überliefert. Nur, daß es ein junges Mädchen namens Agnodike war, die diesen Zustand schließlich beendet hat. Als Mann verkleidet, schlich sie sich in die Vorlesungen des Arztes Herophilos aus Chalcedon. Sie lernte rasch und begann heimlich mit der Geburtshilfe. Als die Kollegen entdeckten, daß sie eine Frau war, wurde sie angezeigt und verurteilt. Aber nach einer Demonstration der Frauen, denen sie Geburtshilfe geleistet hatte, wurde das Urteil aufgehoben und die Geburtshilfe durch Frauen wieder gestattet. Das Skurrile daran: Das Wissen der männlichen Mediziner über die Geburtshilfe, das die junge Agnodike in den Vorlesungen vermittelt bekommen hat, stammt mit größter Wahrscheinlichkeit ohnehin von den »heilenden Frauen«, die schon Homer fünfhundert Jahre vorher besingt und denen auch Sokrates (um 400 v. Chr.) das Wort redet. Weshalb diese Frauen, den Worten des Sokrates nach sind es Hebammen gewesen, kaum hundert Jahre später nicht mehr tätig sein durften, ist nicht überliefert. Mit etwas Phantasie lassen sich aber einige Gründe vermuten: männlicher Neid, Mißgunst, Standesdünkel und schlichte Eifersucht auf ein Wissen, das die scheinbar ungebildeten Frauen erworben hatten und das den Ärzten nicht zur Verfügung stand. Der Arzt Dr. Wolfgang Gubalke erklärt in seiner Geschichte des Hebammenwesens sehr anschaulich, daß die antiken Ärzte schamlose Anleihe bei den »heilenden Frauen« genommen haben. Nur so war es ihnen möglich, kluge Bücher über Frauenmedizin zu schreiben. Bei den Hebammen ihres Vertrauens holten sie die nötigen Informationen, faßten sie in Texte und veröffentlichten sie. Einer von ihnen, der Arzt Theodorus Priscianus, schrieb um 350 n. Chr. ein Buch über Frauenkrankheiten. Er widmete es seiner Hebamme Victoria mit den Worten (unter anderem): »Ich will Dich nun zwar mit meinen Kenntnissen unterstützen, Du aber, die den Vorteil der Geschlechtsgleichheit hast und die Du leicht zur Mitwisserin geheimer Dinge gemacht wirst, mögest fleißig die Behandlung der Frauenleiden ausüben.« Nach dem Satz »Ich will Dich nun zwar mit meinen Kenntnissen unterstützen« hat Wolfgang Gubalke dankenswerterweise ein Ausrufungszeichen in Klammer gesetzt. Denn Tatsache war wohl, daß die Hebamme Victoria, von der wir nicht wissen, ob sie überhaupt des Lesens oder Schreibens kundig war, Herrn Dr. Priscianus ihr Wissen um die Frauenleiden anvertraut hat.

Erstaunlich ist, daß Hippokrates und andere antike griechische Ärzte, denen große Weisheit nachgesagt wird, über Zeugung und Geburt höchst diffuse Vorstellungen hatten. Erst die Beobachtungen und Kenntnisse der Hebammen verhalfen ihnen zu mehr Verständnis für den weiblichen Körper. Die praktische Geburtshilfe lag also von Urzeiten an vor allem in Frauenhänden. Männer der reichen Oberschichte waren wiederum zur akademischen Ausbildung zugelassen und hatten Zeit und Muße, kluge Bücher zu veröffentlichen. Aber sogar das theoretische Wissen, das sie ihren Schreibsklaven diktierten, stammte aus der praktischen Erfahrung der medizinisch tätigen Frauen, der Hebammen.

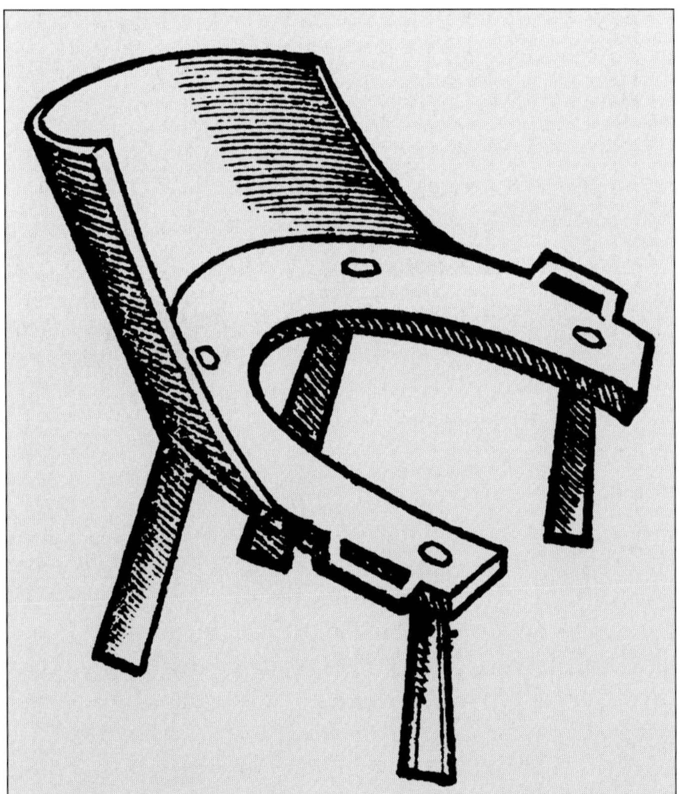

Kreißsessel oder Gebärstuhl, Holzschnitt aus „Der Schwangeren Frauen und Hebammen Kosegarten"

Magie und Aberglaube – die Hebammen im Mittelalter

Für die Frauen war Gebären zu allen Zeiten riskant und gefährlich. Es gibt keine Statistiken über Sterberaten von Frauen bei einer Geburt in der Antike. Aber daß Frauen und Säuglinge bei oder an der Geburt starben, gehörte zum traurigen Alltag. Der Grund dafür, daß die Menschenfrauen so schwer gebären, hängt nicht unbedingt mit dem biblischen Fluch nach der Vertreibung aus dem Paradies (»sie soll unter Schmerzen gebären«) zusammen, sondern mit der Tatsache, daß die menschliche Spezies aufgrund von Umweltveränderungen und der Evolution schon in frühester Vorzeit dazu gedrängt wurde, aufrecht auf den Hinterbeinen durchs Leben zu gehen. Soweit der anthropologische Befund.

Um die Angst vor den Gefahren der Geburt zu mildern, war jahrtausendelang die Magie ständiger Begleiter bei Entbindung und Wochenbett. Amulette und Schmuckstücke als Abwehrzeichen sollten die Gebärende vor Dämonen schützen und vor Schmerz

6/28 Wehenkreuz

Silber mit Malachit und Granaten, Amulettkreuz, 18. Jahrhundert, H 6, B 4,6cm.

Amulettkreuz aus Malachit, an den drei Balkenenden sind zackig gefaßte Granaten kreisförmig angeordnet. Die Rückseite zeigt eine geschlossene Silberfassung und ist mit eingraviertem Jesusmonogramm, Herz, Nägeln und stilisiertem Blattwerk verziert. Sogenannte „Wehenkreuze“ sind Amulette, die man der Gebärenden um den Hals hängte oder auf den Leib band. Der Glaube an die Wirksamkeit des Malachits wird schon bei Plinius († 79 n. Chr.) als Schutzmittel für kleine Kinder bezeugt, im Mittelalter sollte er Schutz gegen böse Geister gewähren. Die bayerisch-österreichische Volksmedizin vertraut vor allem auf seine geburtenfördernden Kräfte, die er entfaltet, wenn er Kreißenden auf den Nabel gebunden wird.

Lit.: H. O. Münsterer, Amulettkreuz und Kreuzamulette. Regensburg 1983, 18-20; L. Schmidt, Die Grotte vom grünen Malachit, in: Die Presse, 1952.

Graz, Johanneum, Abt. f. Kunstgewerbe, Inv.-Nr. 11.486.

und Tod bewahren. Im Raum, wo die Geburt stattfand, wurden magische Formeln und Gebete gemurmelt. Viele Hebammen arbeiteten auch mit besonderen Kräutermischungen, sie bereiteten nicht nur Tees, sondern verbrannten Kräuter und Harze und führten rituelle Räucherungen durch. Psychisch wurde die Gebärende dadurch sicherlich gestärkt, denn die rituellen Handlungen, Formeln und Düfte hatten auf jeden Fall beruhigende oder gar betäubende Wirkung. Auch der Schutz der jeweiligen Göttinnen wurde erbeten, sie sollten für eine leichte Geburt sorgen. Im mitteleuropäischen Raum übernahm mit dem sich im Frühmittelalter ausbreitenden Christentum die große Schar der Heiligen diese Funktion, allen voran Mutter Maria, die selbst geboren hatte. Daß diese trotz Geburt des Kindes Jesus ihre Jungfräulichkeit erhalten habe, haben Hebammen übrigens schon im Mittelalter angezweifelt. Nicht nur deswegen hat die erstarkende christliche Kirche die Hebammen bald in ein strenges Korsett von Vorschriften und Verordnungen gepreßt. Im Mittelalter, einer Zeit der Mystik, in der das Hauptaugenmerk auf das Bannen und Vertreiben von Dämonen gelegt wurde, galt es in den Augen der

Der Frauwen

Jll mã zů hilff kõmẽ in schwärer myßlicher harw ter geburt/die mit grossen sorgen /angstẽ vñ nötẽ beschicht/wie dañ da von gemeldet ist/in. xviij. stuckẽ nacheinander/So můß man merckẽ solichs so hie nach geschriben stadt.

Eine Gebärende auf dem Gebärstuhl mit Geburtshelferinnen, Holzschnitt

Kirche keineswegs als wichtigster Punkt, Leben und Gesundheit der Mutter und des neugeborenen Kindes sicherzustellen. Wichtiger als alles andere war es, das Neugeborene zu taufen, um es so vor ewiger Verdammnis und dem Teufel zu bewahren. Es hat den Anschein, als hätten die magischen Beschwörungsformeln, die von der Antike her den Zweck hatten, die werdende Mutter und ihr Kind zu beschützen, jetzt eine andere Funktion bekommen. Wichtig war nicht mehr das Überleben, wichtig war, daß Mutter und Kind nicht dem Teufel anheimfallen

Besuch der Hebamme, Ölgemälde von R. Brakenburger, 1701

sollten. Und, da die Mutter ja bereits getauft war und so reinen Gewissens in die ewige Seligkeit gehen konnte, konzentrierten sich die Vorschriften auf den zu erwartenden Säugling, das Heidenkind. In heute abstrus wirkenden Vorschriften wird die Hebamme belehrt, in welchen Situationen sie das Kind nottaufen muß, um es für die ewige Seligkeit zu erhalten. Selbst wenn das Kind schon mit dem Kopf geboren ist, die Geburt aber nicht beendet werden kann, muß die Hebamme die Nottaufe spenden. Hebammen waren auch verpflichtet, einer sterbenden oder auch toten Frau den Bauch aufzuschneiden, also einen Kaiserschnitt durchzuführen, und das Kind, so möglich, lebend ans Licht der Welt zu holen und es zu taufen. Es ist zu vermuten, daß im Sinne der Mütter die Hebammen innerlich frei von Höllen-Spintisiereien waren und im Krisenfall handfest und praktisch ihrer Arbeit nachgegangen sind. Wie sich eine Gebärende fühlt, der man das noch im Leib steckende Kind nottauft, ist schwer vorzustellen. Fest steht, daß die Hebammen unter Dämonengläubigkeit, Teufelsfurcht und Bigotterie der in der Gesellschaft amtsgewaltigen Geistlichkeit gelitten haben, durch sie in ihrer Arbeit beeinträchtigt worden sind und zumindest innerlich massiven Widerstand aufgebaut haben.

Eine Gebärende mit Hebamme und Helferin, im Hintergrund ein Sterndeuter, Holzschnitt, 1580

Schon im ersten deutschen Hebammenlehrbuch von Rueff (um 1500) werden nicht nur rein geburtshilfreiche Fragen behandelt. Die Hebamme hatte auch Schwangere zu beraten, nicht zuletzt auch über Ernährung. Man erkennt auf dem Tisch ein leichtes Brathühnchen und eine Kanne für einen guten Trunk.

Die Berichte über die Hebammen des Mittelalters lassen nämlich das Bild von starken, autonomen, selbständig medizinisch arbeitenden Frauen entstehen. Die Hebamme war eine angesehene Frau, deren Rat auch in anderen Belangen gerne eingeholt wurde. In medizinischen Fragen suchten Frauen oft und gerne den Rat der Hebammen, selbst bei Kinderkrankheiten wurden in erster Linie die Hebammen konsultiert.

Je größer die Macht der Kirche wurde, um so schwieriger wurde die Situation für die Hebammen. Einerseits waren sie angehalten, eine Reihe von kirchlichen Anordnungen zu befolgen. Selbstverständlich mußten sie katholisch sein und ein gottgefälliges Leben führen. Die Verpflichtung zur Nottaufe war strikt zu befolgen. Einer unverheirateten Frau, der sie Geburtshilfe leisten sollte, mußte die Hebamme den Namen des Kindesvaters entlocken und sich vergewissern, daß die Gebärende ein christliches Leben führte. Sogar zum Gebet mit der Gebärenden wurde die Hebamme verpflichtet. Verglichen mit der eigentlichen Arbeit der Geburtshilfe war die Zahl der Anordnungen groß und eine Bürde. Den kirchlichen Vorschriften wurde mehr Bedeutung zugeschrieben als der medizinischen und seelischen Betreuung der Frau. Wieweit es den Hebammen gelungen ist, sich von den strengen Regeln der Kirche zu distanzieren und sich zumindest während der Geburt auf ihre ursprüngliche Tätigkeit zu konzentrieren, kann nicht mehr festgestellt werden. Grundsätzlich muß man, bei allem Wunsch nach einer funktionierenden autonomen Frauenwelt, immer bedenken, daß auch die Hebammen des Mittelalters Menschen ihrer Zeit waren. Sie waren wohl bei aller medizinischen Kenntnis, beruflicher Selbständigkeit und psychischer Stärke denselben gesellschaftlichen Normen unterworfen, den gleichen Ängsten ausgesetzt wie alle anderen Menschen ihrer Zeit. Ein zunftähnlich organisiertes Hebammenwesen, dem Ober-Hebammen, sogenannte »ehrbare Frauen«, aus besten Familien vorstanden, kontrollierte sich zum Teil auch selbst. Einer Hebamme, der vorgeworfen wurde, sie käme ihren kirchlich vorgeschriebenen Pflichten nicht nach, drohten unangenehme, bittere Strafen. Denn wer sich der Kirche widersetzte, fiel in den Verdacht der Ketzerei und spielte mit seinem Leben. Je weiter sich die mittelalterliche Gesellschaft in Richtung Inquisition bewegte, umso gefährlicher wurde das. Gerade die Hebamme, die mit dem neugeborenen, ungetauften Leben in Berührung kam, galt aus der Sicht der Theologen als besonders anfällig für die Versuchungen des Teufels. Aus kranken Gehirnen wurden Vorstellungen und Geschichten vom sogenannten »Wechselbalg« entwickelt, einem Kind des Satans, das einer gerade entbundenen Mutter unterschoben würde, während das ungetaufte Neugeborene ermordet oder bei schauerlichen Riten von Hexen geopfert würde. Solche Vorstellungen haben sich interessanterweise auch in unserer Zeit zumindest in den Horrorfilmen der siebziger Jahre nachweislich noch erhalten. Was aber heute als konsumable Schauergeschichte angeboten wird, war für die in-

›Kindmahl‹ und ›Kindbettvisiten‹ bei einer einfachen Bürgersfrau (oberes Bild) und einer vornehmen Dame (unteres Bild). Anonyme Kupferstiche aus: »Bildergalerie weltlicher Misbräuche – ein Gegenstück zur Bildergalerie katholischer und klösterlicher Misbräuche« von Pater Hilarion, Frankfurt und Leipzig 1785.

doktrinierten Menschen des Mittelalters so etwas wie Realität. Die Hebamme stand also bereits deswegen im Brennpunkt kurioser Beschuldigungen. Auch mit ihrer Arzneitätigkeit machte sich die Hebamme verdächtig, sie verstand sich auf Kräuter, bereitete Tees und Salben. Ob jemand darin Magie sah oder medizinisches Wissen, war nicht eine Frage der Persönlichkeit, sondern eine Frage der jeweiligen Verhetzung und des hochgeputschten Aberglaubens. Vor allem aber kam die Hebamme elementar mit einem Wesen in Berührung, vor dem sich die hysterischen Inquisitoren ganz besonders ängstigten: mit der Frau, dem Quell des Bösen, dem Unreinen, dem Ursprung der Sünde, durch deren Körperöffnungen – wie sie, die Inquisitoren, behaupteten und niederschrieben – der Teufel mühelos ein- und austreten konnte. Daher wurden alle weisen, heilkundigen, kräutersammelnden Frauen und insbesondere die Hebammen automatisch verdächtigt und beschuldigt, Hexen zu sein. Zur Zeit der großen Hexenverfolgungen am Ende des Mittelalters, dem Höhepunkt des Hexenwahns, wurden Tausende dieser Frauen unter furchtbaren Qualen gefoltert, am Scheiterhaufen verbrannt.

Nun, die finsteren Zeiten des Hexenglaubens scheinen ja heute in einer rationalen und aufgeklärten Gesellschaft endgültig überwunden zu sein. Tatsächlich aber gibt es – wenn auch nur scherzhaft oder verstohlen geäußert – bezüglich der Hebammen noch immer ähnlich übersinnliche Vorstellungen. Die Hebamme Maria, geboren 1921, erzählt aus ihrer Praxis, daß noch in den sechziger Jahren die Tatsache, daß eine Kuh plötzlich Blut in der Milch hatte, auf ihren am selben Tag stattgefundenen Besuch auf diesem Bauernhof zurückgeführt wurde. Oder daß es auch unter den modernen Frauen im ländlichen Raum noch immer tabu ist, der Hebamme die Hand zu geben. Wenn man nicht, wie der Aberglaube sagt, nächstes Jahr wieder ein Kind bekommen möchte. So erhielt Frau Maria noch vor kurzem das Dankschreiben einer Frau aus einer entfernten Landeshauptstadt mit den Worten: »Herzlichen Dank. Ihre Handreichung hat geholfen!« Wenn letzteres auch liebenswürdig und humorig klingt und zu sein scheint, steckt dahinter doch ein ungebrochener Volksglaube an bestimmte magische und übernatürliche Fähigkeiten der Hebammen.

Hebammen und Ärzte – eine Rivalität

Interessant sind die Informationen über die medizinischen Kenntnisse der Hebammen des Mittelalters. Sie wußten über die wehenfördernde Wirkung von Mutterkorn, auch Kornzapfen genannt, Bescheid. Sie konnten einen Nabelschnurvorfall behandeln und führten chirurgische Eingriffe und Versorgungen durch. Einen Dammriß nähten sie mit seidenem Faden in mehreren Stichen. Die Schnittentbindung dürfte im Mittelalter jede geschickte Hebamme beherrscht haben. In einer Hebammenordnung aus Württemberg aus dem 15. Jahrhundert wird detailliert beschrieben, wie die Hebamme den unteren Bauch der Mutter über eine Handbreit aufschneiden soll. Hernach soll sie sich mit ihrer geölten Hand durch die Gedärme bis zur Gebärmutter durcharbeiten, sie eröffnen, um an das Kind zu kommen. Die Wunde wird mit drei oder vier Stichen vernäht und mit einem selbstgemachten Pflaster versehen. Viele Frauen dürften diesen Eingriff auch tatsächlich überlebt haben, denn in Frankreich nannte man die Hebammen auch »Bauchaufschneiderinnen«. Hätten sie die Mütter ins Jenseits befördert, wäre den Franzosen bestimmt ein anderer bezeichnender Name eingefallen.

Für viele der männlichen Ärzte war die Arbeit der Hebammen keine medizinische Kunst, sondern nur Handwerk. Die Kenntnisse und Maßnahmen der Hebammen beruhten auf Tastbefunden, eine Methode, die den Ärzten im Bereich der Frauenheilkunde sowohl fremd als auch verboten war. Der Ärzteschaft wurde es nun aber immer wichtiger, auch den Bereich der Geburtshilfe zu kontrollieren – wahrscheinlich vor allem aus finanziellen Gründen. Es kam daher zu großen Spannungen und heftiger Konkurrenz zwischen Medizinern und Hebammen. Chirurgen und Stadtärzte drängten darauf, die Ausbildung der »unwissenden«

Hebammen zu übernehmen. Ab dem 16. Jahrhundert wurden immer strengere Hebammen-Verordnungen erlassen. Schritt für Schritt wurde die Tätigkeit der Hebammen eingeschränkt. Sie wurden verpflichtet, bei Komplikationen den Arzt zu Rate zu ziehen. Chirurgische Arbeiten sollten ausschließlich diesem vorbehalten bleiben. Die bis dahin autonome Verabreichung von Medikamenten durch Hebammen wurde eingeschänkt und zum Teil völlig verboten. Noch im 17. Jahrhundert arbeiteten einige wenige berühmte und hochangesehene Hebammen-Meisterinnen, wie in Frankreich zum Beispiel Marie Louise Bourgeois, die Hebamme der Königin, und in Deutschland Justine Siegemund als »Chur-Brandenburgische-Hofwehmutter« ziemlich unangefochten. Aber langsam und sicher ging die Zeit der großen Hebammen zu Ende. Stück für Stück wurden ihre Rechte beschnitten, Schritt für Schritt ihr Alltag zugepflastert von Verordnungen und Anweisungen. Aber nicht mehr ausschließlich durch die Kirche, sondern hauptsächlich durch die männliche Autorität der Ärzteschaft.

Bis zum Ende des 18. Jahrhunderts war es mit der Selbständigkeit der Hebammen endgültig vorbei, die Kontrolle über die Geburtshilfe hatten die Mediziner übernommen.

Den Ärzten wurde es – wahrscheinlich auch aus finanziellen Gründen – immer wichtiger, den Bereich der Geburtshilfe zu kontrollieren und die Ausbildung der Hebammen zu übernehmen.

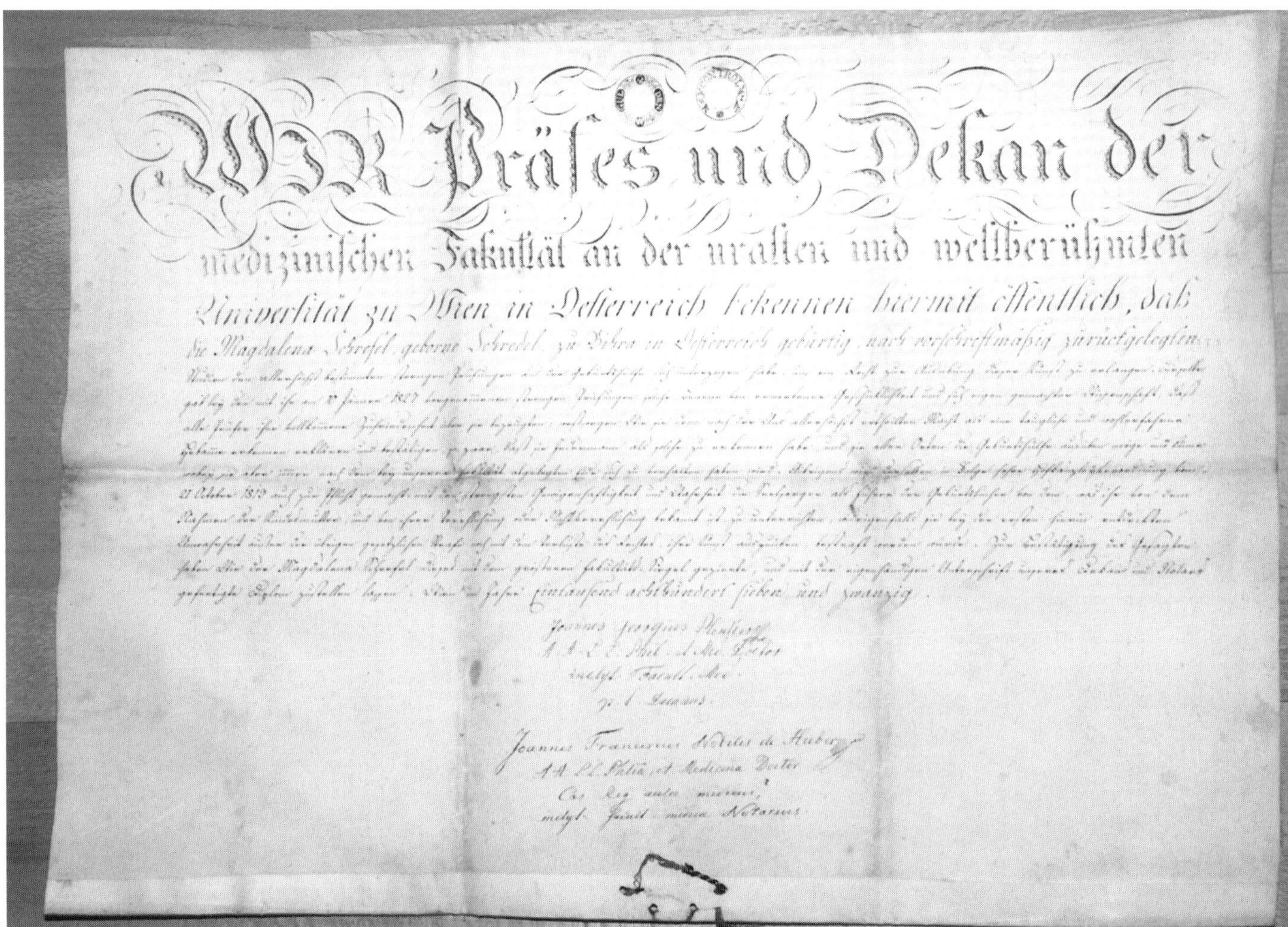
Wir Präses und Dekan der medizinischen Fakultät an der uralten und weltberühmten Universität zu Wien in Oesterreich bekennen hiermit öffentlich, daß die Magdalena Schrefel geborne Schredel zu Bibra in Oesterreich gebürtig nach vorschriftmäßig zurückgelegten

… eintausend achthundert sieben und zwanzig.

Am Beispiel Wien – die männliche Medizin erobert das Ausbildungsprivileg

In Wien war es schon um 1650 soweit, daß Hebammen an der medizinischen Fakultät der Universität eine Prüfung ablegen konnten. Die Initiative dazu ging übrigens von den Hebammen selbst aus, die sich dadurch Vorteile erhofften, denn nach Absolvierung der Prüfung waren sie Mitglieder der »civitates academica« und hatten somit einen offiziellen Status. Der entscheidendste Effekt aber, den die Frauen wohl nicht bedacht haben dürften, war der, daß die Hebammen in der Folge durch die medizinische Fakultät kontrolliert wurden. Für die Prüfungen an der Wiener Universität wurden nur katholische Hebammen zugelassen. Unter den ersten Hebammen, die zur Prüfung antraten, war eine Frau mit großer Berufserfahrung namens Anna Schadin, sie war aber nicht katholisch. Von der Prüfungskommission wurde daher der Beschluß gefaßt, daß sie ihr Zeugnis erst dann erhalten sollte, wenn sie katholisch geworden sei. Auch aus dem Jahr 1711 ist ein Fall bekannt, wo eine Hebamme aus Lignitz in Nordschlesien das Ansuchen stellte, zum Examen antreten zu dürfen. Trotz Empfehlungsschreiben von Ärzten und der Bestätigung des Stadtrats über eine lange und erfolgreiche Tätigkeit in ihrer Heimat wurde ihr die Zulassung zur Prüfung nicht gestattet, denn auch sie war nicht katholisch. Aus vielen Teilen der Monarchie kamen Frauen in die Hauptstadt, um sich von einer universitär geprüften Hebamme ausbilden und auf die Prüfung vorbereiten zu lassen. Denn die an der Universität geprüften Hebammen hatten einen besonders guten Ruf. Diese Schülerinnen lebten im Haushalt der Lehrhebamme, gingen ihr nicht nur bei Geburten zur Hand, sondern übernahmen auch Dienstmädchenverpflichtungen. Die Ausbildung dauerte vier Jahre, die Schülerin bezahlte ein geringes Kostgeld.

Immer stärker protestierten die Ärzte gegen diese Art der Ausbildung, aber erst Mitte des 18. Jahrhunderts kam es zu einer grundlegenden Änderung. Es war Gerhard van Swieten, der Leibarzt der Kaiserin Maria Theresia, der im Zuge einer großen Reform des Gesundheitswesens auch die Hebammen-Ausbildung neu regelte. Von da an wurden die Wiener Hebammen-Schülerinnen vom kaiserlichen Leibchirurgen Molinari, dann von anderen Ärzten unterrichtet. Den Wiener Hebammen war es nun verboten, Schülerinnen auszubilden. Die zwölf dienstältesten Hebammen durften zwar Helferinnen aufnehmen. Diese mußten aber bereits geprüfte Hebammen sein. Dem Reformer van Swieten war es also gelungen, das Ausbildungssystem der Hebammen voll in männlich-medizinische Hände zu ziehen. Die Schulung der Hebammen war nun mit mehr theoretischen Kenntnissen untermauert. Von dem Wissen aber, das die »klugen und heilkundigen Frauen« seit Jahrhunderten an ihre Schülerinnen weitergegeben hatten, ist sicherlich viel verlorengegangen.

Als ich eine ganz junge Hebamme war, in der Zeit zwischen 1947 und 1951, da sind noch Ärzte zur Geburt gekommen, praktische wie Fachärzte. Damals gab es noch viele Hausgeburten, die Ärzte waren gewohnt, daß die Hebamme ruft. Später hat sich eingebürgert, daß die Leute ins Spital gehen. Und viele junge Ärzte sind so erzogen, daß die Hausgeburt für sie etwas Gefährliches ist. Ich erinnere mich, ich sollte eine Frau entbinden, die das fünfte Kind erwartet hat. Die Frau hat dem Arzt gesagt, sie will daheim entbinden, darauf hat er ihr ins Gewissen geredet: »Um Gottes willen, das ist unverantwortlich! Wie können Sie das machen? Das ist genauso, als ob Sie in den fünften Stock hinaufgehen und runterspringen!« Aber die Frau wollte nicht ins Krankenhaus, sie hat mich gerufen, als es soweit war. Das Kind ist ein bisserl zu früh gekommen, aber die Geburt ist ohne Probleme verlaufen.

Hanna S., Hebamme, geboren 1913

Die Hebamme braucht den Arzt nur für eine Zangengeburt und einen Kaiserschnitt, mit allem anderen muß sie selbst fertig werden. Ich habe auch fast nie geschnitten, denn da schneidet man Nerven und Muskeln durch, das dauert länger, bis das verheilt. Das Gewebe reißt von selbst so schön ein, zwischen den Muskeln, das heilt wunderbar. Die Natur ist weise…

Hanna S., Stadthebamme (von 1947 bis 1993 in Wien)

Die Hebamme hat dem herbeigerufenen Arzte alles, was sie über den vorliegenden Falle bisher in Erfahrung gebracht hat, genau und wahrheitsgemäß mitzuteilen, demselben so lange, als er es verlangt, als Gehilfin zur Verfügung zu bleiben, dessen Anordnungen gewissenhaft zu vollziehen und sich ihm gegenüber jederzeit eines höflichen und bescheidenen Betragens zu befleißigen.

Aus der »Instruktion für Hebammen von 1881«

Geprüfte Hebammen und »Pfuscherinnen« – gesetzliche Vorschriften und soziale Wirklichkeit

Durch die Hebammenausbildung an Universitätsinstituten und später an Hebammen-Schulen kam es bald zu einer strengen Unterscheidung zwischen der behördlich geprüften Hebamme und den nun so bezeichneten Pfuscherinnen. Diese ungeprüften Hebammen praktizierten meist auf dem Land, waren einfache Frauen, die ihr »Handwerk« von Mutter oder Großmutter gelernt hatten. In ihrem kleinen Bereich waren sie angesehene Frauen. Nun aber wurde ihnen behördlich verboten, Geburtshilfe gegen Entgelt zu leisten. Nur wenn sie kostenlos halfen, kamen sie nicht mit dem Gesetz in Konflikt. Diese ungeprüften Hebammen hatten aber meist jahrelange Erfahrung, die Geburtshilfe war ihr Beruf, den sie ohne theoretische Ausbildung ausübten. Viele von ihnen hatten großes volksmedizinisches Wissen, das ihnen ihre Mütter oder Großmütter mit auf den Weg gegeben hatten. Die Kenntnisse dieser Hebammen waren also zwar nicht amtlich überprüft, aber deshalb nicht weniger wertvoll. Von der Obrigkeit wurden sie als Kurpfuscherin, Afterhebamme oder Winkelhebamme verächtlich gemacht. Und obwohl den »Pfuscherinnen« die gewerbliche Ausübung der Geburtshilfe nun verboten war, konnten sie keineswegs durch diplomierte Hebammen ersetzt werden. Gerade in ländlichen Gebieten war eine diplomierte Hebamme für ein derart riesiges Gebiet zuständig, daß sie es unmöglich allein hätte betreuen können. In Großstädten war die Versorgung gesichert. So war im Jahr 1895 in Städten wie Wien, Prag oder Triest eine Hebamme für etwa 950 Einwohner zuständig. In der Steiermark waren es bereits 1635 Menschen, in Galizien 4 265, in Bosnien und Herzegowina 17 423. Einer Hebamme allein wäre es also in den Provinzen unmöglich gewesen, die anfallenden Geburten zu betreuen. Die nicht diplomierten Hebammen, die nun illegitim Geburtshilfe leisteten, waren daher dringend notwendig.

Österreichischer Hebammen-Kalender

pro 1898

mit theilweiser Benützung des „Lehrbuches der Geburtshilfe für Hebammen" des Herrn Prof. Dr. Gustav Braun, bearbeitet und herausgegeben von **Dr. Emil Ekstein**, Operateur und Frauenarzt in Teplitz i. B.

IV. Jahrgang.

Mit 16 Abbildungen, darunter Porträt des Herrn Prof. Valenta.

Preis fl. —.80.

Bei Einsendung des Betrages incl. 10 kr. für Porto erfolgt Francozusendung.

Moritz Perles, Buchhandlung

Wien, I., Seilergasse 4 (Graben).

Hebammen-Ausrüstung

complet oder einzelne Geräthschaften zu derselben nach der Verordnung des k. k. Ministeriums des Innern vom 10. September 1897 (R. G. Bl. 216)
offerirt

J. Odelga, k. u. k. Hoflieferant,

WIEN, VI 2, Schmalzhofgasse 18.

Filiale: I., Operngasse 4.

Fabrik chirurgischer Instrumente, Bandagen etc.

Preiscourante auf Verlangen.

In den Gegenden, wo diplomierte Hebammen ihren Arbeitsplatz hatten, kam es immer wieder zu Klagen der Berufshebamme über die »Pfuscherin«. Sie, die ungeprüfte Landhebamme, war alteingesessen, hatte bis dahin fast allen Kindern der Gemeinde auf die Welt geholfen, die Frauen kannten sie und vertrauten ihr. Nur wenige fanden den Weg zur fremden diplomierten Hebamme. Diese wiederum arbeitete, wie fast alle Hebammen, freiberuflich und war auf eine hohe Anzahl von Geburten angewiesen, um ihren Lebensunterhalt finanzieren zu können. Die »Brünner Hebammenzeitung« schrieb zu Beginn des zwanzigsten Jahrhunderts regelmäßig und in drastischen Beispielen über die Konkurrenz der Pfuscherinnen, die sich »schon nach ein bis zwei Entbindungen als erfahrene Geburtshelferin erachten«. Immer wieder wurden in Zeitschriften und Witzblättern Karikaturen von Hebammen veröffentlicht, sie zeigten derbe Landfrauen, die am frühen Morgen bei schlechtem Wetter mit Stallaterne und Schnapsflasche zu einer Wöchnerin unterwegs waren. Um die Jahrhundertwende finden sich in der Wiener Hebammen-Zeitung Situationsberichte über die Versorgung ländlicher Provinzen mit Geburtshelferinnen. Und – dem damaligen Zeitgeist entsprechend – beruft sich die Kritik an der überwiegenden Anzahl von ungeprüften Hebammen nicht nur auf fachliche Motive, sondern ist auch stark mit nationalistischen, fast schon rassistischen Vorurteilen durchsetzt.
Es gab aber auch diplomierte Hebammen, die sich mit der traditionellen Hebamme arrangierten – und es gab andererseits auch unter den diplomierten Hebammen Frauen, die heftig miteinander konkurrierten. Junge Frauen mit anderer, moderner Ausbildung hatten oft gänzlich unterschiedliche Ansichten als ihre Jahrzehnte älteren, ebenfalls diplomierten Kolleginnen. Die wiederum verstanden sich wesentlich besser mit einer traditionellen Hebamme ihres Alters als mit den jungen, frisch von der Hebammenschule kommenden. Tatsache ist, daß trotz aller Verordnungen die Tätigkeit der traditionellen, ungeprüften Hebamme nicht zu Ende war. Eine Zahl aus der Zeit um 1900 besagt, daß damals auf dem Land fast alle Geburten – eine Zählung spricht von 88 Prozent – offiziell »ohne geburtshilflichen Beistand« stattfanden. Und da die anderen zwölf Prozent der Geburten, bei denen geburtshilflicher Beistand gezählt wurde, sich ausschließlich auf die Hilfe geprüfter Hebammen bezog, muß also daraus zu schließen sein, daß diese 88 Prozent der Geburten hauptsächlich von den ungeprüften Hebammen betreut worden sind.

Zubrot und Nebenarbeit – vom bescheidenen Einkommen der Hebammen

Hebammen, geprüfte oder ungeprüfte, trugen entweder mit ihrem Einkommen zum ärmlichen Familienbudget bei – in alten Aufzeichnungen finden sich Bezeichnungen wie Nachtwächtersgattin, Häuslerin, Maurersgattin – oder sie versuchten sich mit ihrem Einkommen hauptberuflich und allein durchzuschlagen. Selten sind es Bauersfrauen, die genannt wurden. Offenkundig deshalb, weil es im Jahresablauf der bäuerlichen Arbeit immer wieder Zeiten gibt, wo Bäuerinnen auf dem Hof unabkömmlich sind. Hebammen aber mußten stets auf Abruf bereit sein. Wenn sie nicht zu Hause waren, gab es immer einen Nachbarn, der wußte, wo man sie finden konnte.

Beim Herannahen der warmen Jahreszeit, wo die Städter theilweise das Bedürfnis fühlen, theilweise oft zur Erholung nach Krankheiten gezwungen sind, eine Zeit in einer frischen Landluft zuzubringen, ist man besonders bei Kindern und Reconvalescenten oft in Verlegenheit, dieselben nicht nur in gute Landluft, sondern auch in Pflege zu bringen. Die nachbenannten Kolleginnen stellen an ihre Wiener Kolleginnen das Ansuchen, ihnen über die Sommermonate entweder Kinder oder Reconvalescente in treue, gewissenhafte, liebevolle Pflege zuzuweisen.
Frau Barbara Meixner, Hebamme in Heiligenkreuz bei Baden hat 2 schöne Zimmer in prachtvoller Gegend, ist eine ältere Frau und würde jede Pflege gewissenhaft vollziehen.
Frau Anna Strobl, Hebamme in Königstätten Nr. 45, Nied.Österreich, würde allenfalls auch ein kleines Kind gerne in Pflege nehmen; hat gesunde Wohnung und die Gegend ist auch sehr gesund.
Frau Anna Artacker, Hebamme in Schönbüchl bei Mölk a.d.Donau, in einer romantischen Ortschaft an der der Donau, trockene, gesunde Wohnung uns sehr schöne Umgebung.

Verlautbarung in der Hebammenzeitung 16. Juni 1888, II. Jahrgang, Nr. 11, S. 85/86

Viele geprüfte Hebammen konnten ihre Existenz nicht durch ihre eigentliche Arbeit fristen, sondern mußten einer Nebenbeschäftigung nachgehen. Sogar in allerhöchsten Kreisen – am Beispiel des Wiener Kaiserhofes – war Hebamme keine existenzsichernde Tätigkeit. Die Leibhebammen allerhöchster Frauen wurden daher zwischen den anfallenden Entbindungen zu Hofdamen bestellt und bezahlt.
Eine Auflistung der Stadt Wien aus den Jahren zwischen 1720 und 1750 gibt über die finanzielle Lage der Hebammen Auskunft: Im Vergleich zu den Chirurgen dieser Zeit lebten die Wiener Hebammen in bescheidenen Verhältnissen. Während die Ärzte in den teuren Stadtwohnungen residierten, waren die Hebammen in den schlechtesten Stadtwohnungen oder gleich in den Vorstädten zu finden. Und während die Chirurgen ihren Nachfahren doch immer wieder einiges an Vermögen vererben konnten, gab es bei den Hebammen wenig Erbgut. In den Erbschaftsdokumenten finden sich zum Beispiel eine Apotecula – eine Tasche mit hölzernem Einbau für Medikamente, die zum Teil aus der Apotheke besorgt, zum Teil selbst zubereitet wurden – und manchmal eine kleine Waage. Bei einer einzigen Hebamme, einer Frau, die aus Linz nach Wien gekommen war, um sich approbieren zu lassen, fand sich nach ihrem Tod zwar keinerlei Besitz, aber die Kostbarkeit von »2 hebam bücher«. In den Büchern des Wiener Kaiserhofs wird eine Hebamme namens Sophia Binderin erwähnt, die ab 1752 als Hebamme am Hof gearbeitet hat. Sie erhielt als Jahresgehalt 200 Gulden, das entsprach der Jahresmiete einer teuren, gut gelegenen Herrschaftswohnung. Zum Vergleich: der kaiserliche Leib-Medicus erhielt 2 500 Gulden pro Jahr. Ob die Kaiserin Maria Theresia einige ihrer 16 Kinder mit Hilfe der Sophia Binderin zur Welt gebracht hat, ist nicht bekannt. Aber es darf angenommen werden, daß die sittenstrenge Maria Theresia nicht einmal ihrem hochgeschätzten Leibarzt gestattet hätte, ihr bei der Entbindung beizustehen. Es ist also sehr

Aviso für die P. T. Geburtsfrauen der Leopoldstadt!

I. Leopoldstädter

Droguerie- & Verbandstoff-Fabriks-Niederlage „zum rothen Kreuz“

OTTO ZIMMERMANN,

Wien, II., Grosse Sperlgasse Nr. 2 (Carmelitermarkt).

Auszug aus der Vorzugs-Preisliste.

Unter Hebamme versteht man dasjenige Individuum im medizinischen Staate, welches die kleinsten Rechte und die größten Pflichten hat. Nicht nur das Gesetz, sondern auch die Observanz trägt die Hauptschuld an diesem Mißverständnis, die Macht der Mode, welche diese unentbehrlichsten aller Medizinalpersonen allmählich aus den Gemächern der vornehmen Welt heraus- und in die Hütten der Armen hineinkomplimentiert hat. Man nennt dieses Verfahren an einigen Orten: »Höhere Geburtshilfe«.

Hebammenzeitung, Jänner 1907

wahrscheinlich, daß die Kaiserin die Hilfe der Hebamme in Anspruch genommen hat. Bekannt ist der Name der Hebamme, die der Kaiserin selbst auf die Welt half: es war Barbara Petrascherin, genannt Frau Baberl.

Vom Barock bis zum Fin de Siècle verändert sich nichts Wesentliches. Bei einer Befragung um 1900 gibt nur ein Viertel aller Hebammen an, ausschließlich vom Beruf leben zu können. Die anderen sind auf den Verdienst des Ehemannes oder auf ein zusätzliches Einkommen aus anderen Tätigkeiten angewiesen. Sind sie alleinstehend, so stehen sie meist im Alter vor riesigen Problemen. Denn um die Jahrhundertwende war der Beruf der Hebamme ein extrem schlecht bezahlter.

Die Ärzte hingegen verdienten gut und gewannen an Einfluß. Frauen waren ja bis 1900 vom Medizinstudium ausgeschlossen. Gaben sich in den Städten gutsituierte Frauen der sogenannten besseren Gesellschaft bei einer Geburt bereits in die Obhut der Ärzte, so blieben die Frauen aus den ärmsten Bevölkerungsschichten, dem Industrie- und Landproletariat, noch jahrzehntelang treue Kundschaften der Hebammen. Kundschaften, die die Hebamme reichlich in Anspruch nahmen, denn die ärmsten Familien waren auch die kinderreichsten. Und Kundschaften, die der Hebamme fast nichts bezahlen konnten oder aus Not das Honorar überhaupt schuldig geblieben sind. Außerdem war es bis weit in die sechziger Jahre in bäuerlichen Regionen noch Brauch, die Dienstleistungen der Hebamme mit Naturalien abzugelten. Für die Hebamme oft ein problematisches Geschäft. Wenn sie das Fleisch, die Eier, das Schmalz etc. mangels Kühleinrichtung nicht für sich selber aufbewahren konnte, mußte sie es im weiteren Familienkreise oder bei Bekannten auch weiterverkaufen, um wenigstens zu etwas Geld zu kommen. Auf jeden Fall bedeutete es einen Honorarverlust.

Viele Hebammen, die heute pensioniert sind, waren fassungslos, als sie zum erstenmal erfuhren, von welchen Summen sie im Alter leben sollten. Die meisten von ihnen erhalten bestenfalls die Mindestpension, ein beschämender Dank für lebenslange harte und hochqualifizierte Arbeit.

»Wenn man's einmal macht, ist man erpreßbar...« Hebammen und die Engelmacherei

Frau Bertha, die Hebamme, erinnert sich noch heute an die vielen eindringlichen Warnungen vor Abtreibungen, die sie auf der Hebammenschule gehört hatte. »Laßt die Finger davon. Tut das nie! Wer es einmal macht, ist erpreßbar. Wer einmal damit anfängt, kann nicht aufhören!« Später, in der Zeit ihrer Praxis, hat Frau Bertha dann erlebt, wie gefährlich nahe auch sie als Hebamme diesem Problem gekommen ist: »Ich hab das nie gemacht, aber mir ist einmal sogar folgendes passiert: Eine Frau hat bei einer Engelmacherin eine Abtreibung durchführen lassen. Danach ist es ihr sehr schlecht gegangen. In der Nacht hat mich ihr Ehemann aus dem Bett geholt und zur Rede gestellt: ›Schauen Sie, was Sie angerichtet haben!‹ Dabei hatte ich damit gar nichts zu tun. Nach langen Debatten hat sich herausgestellt, daß sich die Engelmacherin als Hebamm' von Süßenbrunn ausgegeben hat. Die hat sozusagen in meinem Namen gearbeitet. Das war ein starkes Stück, das hätte mich die Existenz kosten können. Zum Glück hab ich das dann aufklären können.«

Die Geschichte der Hebammenkunst und die Geschichte der sogenannten Engelmacherei sind grundsätzlich nicht kongruent. Aber sie laufen parallel und haben mehrfache Querverbindungen. Von alters her waren es selbstverständlich die oft zitierten weisen Frauen, die neben der Hebammenkunst auch das Wissen über Empfängnisverhütung und Abtreibung besaßen. Die Methoden scheinen aus heutiger Sicht recht einfach zu sein, aber sie waren probat. Vor allem der kundige Umgang mit Kräuterdrogen und -essenzen war diesen Frauen ein bestgehütetes Geheimnis. Sie wußten, wie man mit solchen Medikamenten Wehen auslöst, und konnten dies auch für eine Abtreibung nutzen. Nachweislich sind manche der alten Rezepturen bis heute überliefert und finden sich in einigen Büchern über alternative Frauenheilkunde. Ein volkskundliches Detail aus dem bäuerlichen Lebensraum deutet ebenfalls

auf vergangene geheime Methoden hin. In der näheren Umgebung fast aller Bauernhöfe befand sich – lange bevor sie zum Modezierstrauch der Gartenkulturen wurde – eine Thuja, im Volksmund Lebensbaum genannt. Die Bezeichnung Lebensbaum, so erklärte der Verhaltensforscher Otto Koenig einmal, war aber nicht nur von ihrer ganzjährig immergrünen Präsenz her abgeleitet, sondern auch – doppelsinnig – von einer anderen Tatsache. Die Früchte der Thuja sind giftig. Und mit dem nötigen Wissen und der richtigen Dosierung konnte daraus ein Abtreibungsmittel hergestellt werden. Und so wurde das Leben der Bäuerin geschützt, denn, hätte sie dem ständigen Kindersegen neben ihrer schweren Arbeit nachgeben müssen, wäre sie, wie es oft genug geschehen ist, sicher schon sehr jung verstorben. Der weiblich-kundige Umgang mit dem Lebensbaum gab der Bäuerin eher die Chance, ein reifes Alter zu erreichen und vielleicht sogar den Hofbauern zu überleben.
Auch an Königshöfen und bei Stammesfürsten war zu allen Zeiten die Geburt von Nachfolgern, die Legitimation von Kindern sowie Reihenfolge und Zeitpunkt ihrer Geburt von rechtlich und genealogisch höchster Bedeutung. Nun hatten Frauen offenbar die Möglichkeit, dies zu beeinflussen. Das Wissen selbst war geheim, die Männerwelt wußte aber, daß es dieses gibt, und das mußte als gefährlich erscheinen. Überall dort, wo die Macht männlich und absolut war, wie in Kirche und Staat, kam es logischerweise zu den schrecklichsten Gegenexzessen. Die Autoren des Hexenhammers gaben in ihrem Verfolgungswahn die Vorstellungswelt über die geheimen Künste der Hebammen natürlich sofort weiter. Da Hexen nach Ansicht der Mönche ungeborene, das heißt ungetaufte, Kinderleichen für die Zubereitung von Zaubermitteln, wie zum Beispiel der Hexensalbe, benötigten, wurden die Hebammen, denen man ja unterstellte, Abtreibungen vorzunehmen, ins Visier der Inquisition genommen.
Im »Hexenhammer« der Inquisitoren Institoris und Sprenger heißt es, *»daß die Hexen-Hebammen die Empfängnis im Mutterleibe auf verschiedene Weise verhindern, auch Fehlgeburten bewirken und, wenn sie es nicht tun, die Neugeborenen den Dämonen opfern … Niemand schadet dem katholischen Glauben mehr als die Hebammen. Denn wenn sie die Kinder nicht töten, dann tragen sie, gleich, als wollten sie etwas besorgen, die Kinder aus der Kammer hinaus, und – sie in die Luft hebend – opfern sie dieselben den Dämonen.«*
Solcher Wahnsinn hat nicht nur Tausenden Frauen direkt das Leben gekostet, sondern in der geschichtlichen Folge unzähligen anderen indirekt. Die Hebammen standen ab dem Spätmittelalter nämlich nicht nur unter dem Stigma des Verdachts der Abtreiberei, sondern auch zunehmend unter dem striktesten Verbot, dies bei einer Indikation zu tun. Und damit war die Entwicklung für die sogenannte Engelmacherei wirklich erst freigegeben. Der Höhepunkt dieses Unwesens entwickelte sich selbstverständlich aus der sozialen Not des Industrieproletariats ab Ende des 18. Jahrhunderts weg ganz besonders. Die Engelmacherinnen waren nämlich Frauen, die wirklich völlig unkundig mit den absurdesten und blutigsten Methoden, selbstverständlich für Geld, vor allem dem der Ärmsten, Abtreibungen vornahmen und damit oft genug nicht nur aus dem ungeborenen Kind ein »Engerl« machten, sondern die Mutter auch gleich in den Himmel hinterher schickten. Wäre es den Hebammen erlaubt gewesen, Abtreibungen vorzunehmen, wäre es den betroffenen Frauen wesentlich besser gegangen. Kein Zweifel, daß oft genug auch Hebammen dies taten. Entweder aus Mitleid mit der sozialen Not der schwangeren Frauen, weil sie das Elend und das Stigma der unehelichen Kinder kannten, oder auch des Geldes wegen. Statistisch gesehen war die Abtreibung durch die Hebamme aber sicher die Ausnahme. Die Hebammen scheuten oft auch davor zurück, Engelmachereien anzuzeigen, da ja auch die betroffenen Frauen gerichtlich verfolgt wurden.

Alte Bräuche – Lebendige Tradition

Schon mancher ehrlicher Mann wurde in mißliche Umständ' versetzt durch die Kindbettvisiten, wobei die geschwätzigen Besucherinnen ungeheure Mengen von Kaffee, Schokolade und süßen Wein verzehren.

Briefe des Eipeldauer an seinen Vetter in Kagran

Sechs Wochen lang sei, so führt der Wiener Chronist des 18. Jahrhunderts weiter aus, bei so einer Festivität anläßlich einer glücklichen Geburt Kaffee und Schokolade nicht vom Feuer gekommen.

»Kind anschauen gehen« ist sowohl in der Stadt als auch auf dem Lande heute noch üblich, aber damit verbundene wochenlange Schmausereien wird es wohl nicht mehr so häufig geben. Der sogenannte Taufschmaus aber ist vor allem im ländlichen Bereich geblieben. Hier wurde die Taufe des Neugeborenen schon in den ersten Tagen nach der Geburt vollzogen, wobei die Eltern meist nicht anwesend waren. Das Kind wurde von der Patin und von der Hebamme zur Kirche abgeholt, wobei die Hebamme den Säugling zur Kirche tragen mußte. Bei der Taufe wurde der Patin vom Mesner und von der Hebamme der Text der Taufliturgie vorgesprochen. Am Rückweg nach Hause mußte nun die Patin das Kind tragen. Die Formel für die Rückkehr war volkstümlich so: »Einen Heiden haben wir weggetragen, einen Christen bringen wir.« Zum volkstümlichen Stereotyp ist aus dieser Tradition folgende Geschichte geworden: Das am Rückweg befindliche Duo aus Pate und Hebamme »verliert« sich nach der Taufe im Wirtshaus, um ein bißchen vorzufeiern, und kehrt daher mit dem Kind einige Stunden verspätet und schwankend zurück. Der Taufschmaus mit Verwandten und eingeladenen Gästen wurde zwar hauptsächlich in den Wohnhäusern abgehalten, manchmal aber auch ins Dorfwirtshaus verlagert. Die Wöchnerin hatte in den allermeisten Fällen nichts davon, sie war ja noch ans Bett gebunden. Die Hebamme aber profitierte, denn sie war ein wichtiger Ehrengast. In den Erinnerungen alter Hebammen nimmt dies einen wichtigen Platz ein, vor allem beleuchtet es die damalige soziale Situation. Auch hob es Ansehen und Prestige der Hebamme. In katholisch-christlichen Gemeinden ist die Hebamme auch bei der sogenannten »Aussegnung« der Mutter anwesend. Dieser kirchliche Segen, der aus dem Ju-

Bei Hausgeburten war es früher üblich, daß groß aufgetischt worden ist, wenn die Hebamme gekommen ist. Das war allerdings vor meiner Zeit. Bevor die Hebamme noch mit der Arbeit begonnen hat, hat sie einmal ordentlich zu essen bekommen. Im vorigen Jahrhundert haben die Geburten ja oft einen Tag und eine Nacht gedauert, da war die Hebamme lang im Haushalt. Ich weiß das noch von meiner Mutter – wenn die Hebamme gekommen ist, ist ein Guglhupf auf dem Tisch gestanden, es hat Schinken gegeben und auch Wein. Da war es kein Wunder, daß die Hebammen früher so stämmige, kräftige Personen waren.

Hanna S., geboren 1913, Stadthebamme

Es hat im bäuerlichen Leben lange Jahre einen Brauch gegeben, der mir sehr gefallen hat. Die Patin hat schon vor der Geburt die werdende Mutter besucht und betreut, auch bei der Geburt war sie dabei. Und während der nächsten acht bis zehn Tage hat die Patin die gesamte Familie versorgt. Jedesmal, wenn ich gekommen bin, ist Essen von der Patin am Tisch gewesen – Suppe, Hühner, Torte. Für die Mutter war das sehr angenehm, weil sie sich nicht um die Verpflegung Sorgen hat machen müssen, und noch dazu war alles kostenlos. Das war ein wirklich netter Brauch. Bei der Taufe ist dann immer ordentlich aufgetischt worden. Von diesen Taufessen hab ich auch mein Bäucherl her.

Maria S., geboren 1921, Landhebamme

Sechs Wochen nach der Geburt ist die Frau zum Segen in die Kirche gegangen. Und obwohl ich immer sehr wenig Zeit gehabt hab, zum Vorsegnen bin ich mit jeder Mutter mitgegangen. Ich hab oft und lang nachgedacht, wie es zu diesem Brauch gekommen ist. Die Leute haben gesagt, das Vorsegnen, das bedeutet die Vorsegnung für das nächste Kind, aber das glaub ich eigentlich nicht. Bei den Juden war es ja so, daß die Frauen sechs Wochen nach der Geburt in den Tempel gekommen sind, auch die Muttergottes ist ja nach sechs Wochen dorthin gegangen. Sechs Wochen, so haben die gesagt, braucht eine Frau, bis sie wieder rein ist. Und das stimmt ja auch. Jedenfalls, immer, wenn mich eine Frau gebeten hat, sie zur Vorsegnung zu begleiten, bin ich mitgegangen. Dafür hab ich mir immer Zeit genommen.

Maria S., Landhebamme

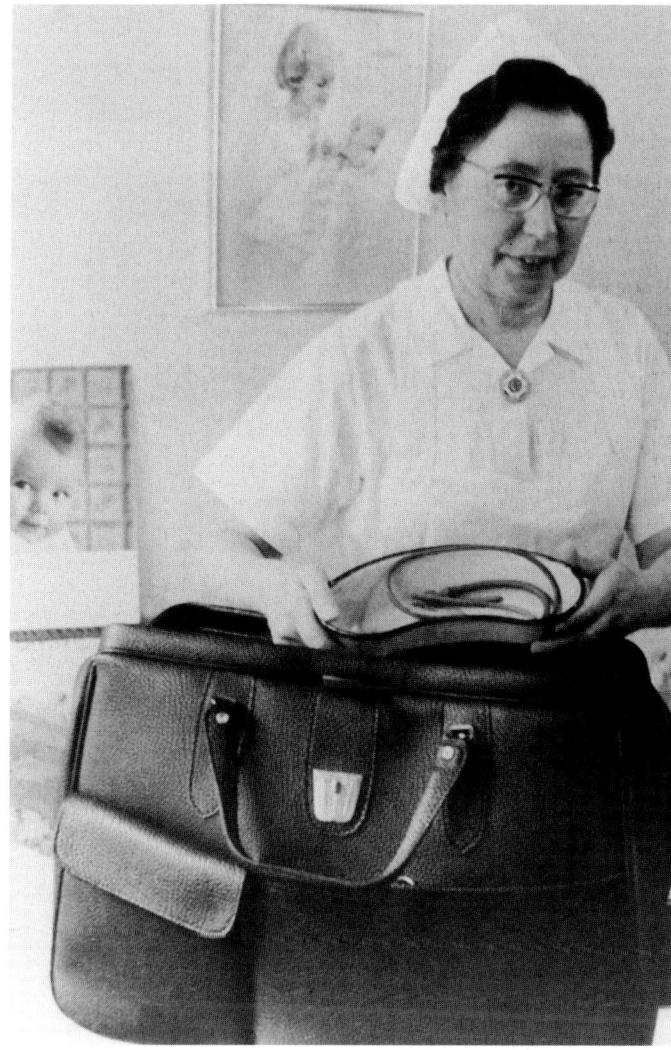

Ein wichtiges Utensil: die Hebammentasche

dentum stammt und im Reinigungsritual vieler Stammesreligionen seine Entsprechung hat, wird auch oft als »Vorsegnung« bezeichnet. Er findet meist sechs Wochen nach der Entbindung statt, und die zu segnende Frau wird von der Hebamme in die Kirche begleitet. Ähnlich wie bei der Taufe des Kindes hat also auch hier die Hebamme die Aufgabe, den zu reinigenden Menschen zur heiligen Handlung zu führen. Vom Prinzip her haben sich also bei diesen Traditionen wahrscheinlich noch ganz alte vorchristliche Riten und Mythen um und mit den weisen Frauen erhalten.

Vielleicht ist das wunderbare und geheimnisvolle Flair der weisen Frau, das den Berufsstand der Hebamme zumindest im Volkswissen noch umgibt, auch einer der Gründe dafür, daß heute sehr viele Frauen in diesen Beruf drängen. Der Wunsch junger Frauen nach einer Hebammenausbildung übersteigt die angebotenen Ausbildungsplätze um ein Vielfaches. Und dennoch melden sich viele von ihnen Jahr für Jahr an den Hebammenschulen an, in der Hoffnung, »doch einmal genommen zu werden«. Ein Großteil dieser Frauen ist im Alter von Mitte bis Ende zwanzig und darüber. Für viele von ihnen war das persönliche Erleben von Schwangerschaft und Geburt ausschlaggebend dafür, daß sie selbst Hebamme werden wollten. Ein Motiv, das auch alte Hebammen immer wieder angeben. Allerdings ist hier im letzten Drittel des zwanzigsten Jahrhunderts eine gravierende Veränderung eingetreten. Denn die alten Hebammen berichten von den negativen Erlebnissen im Kreißsaal, die sie veranlaßt hatten, selbst Geburtshelferinnen, aber bessere, freundlichere, hilfsbereitere, zu wer-

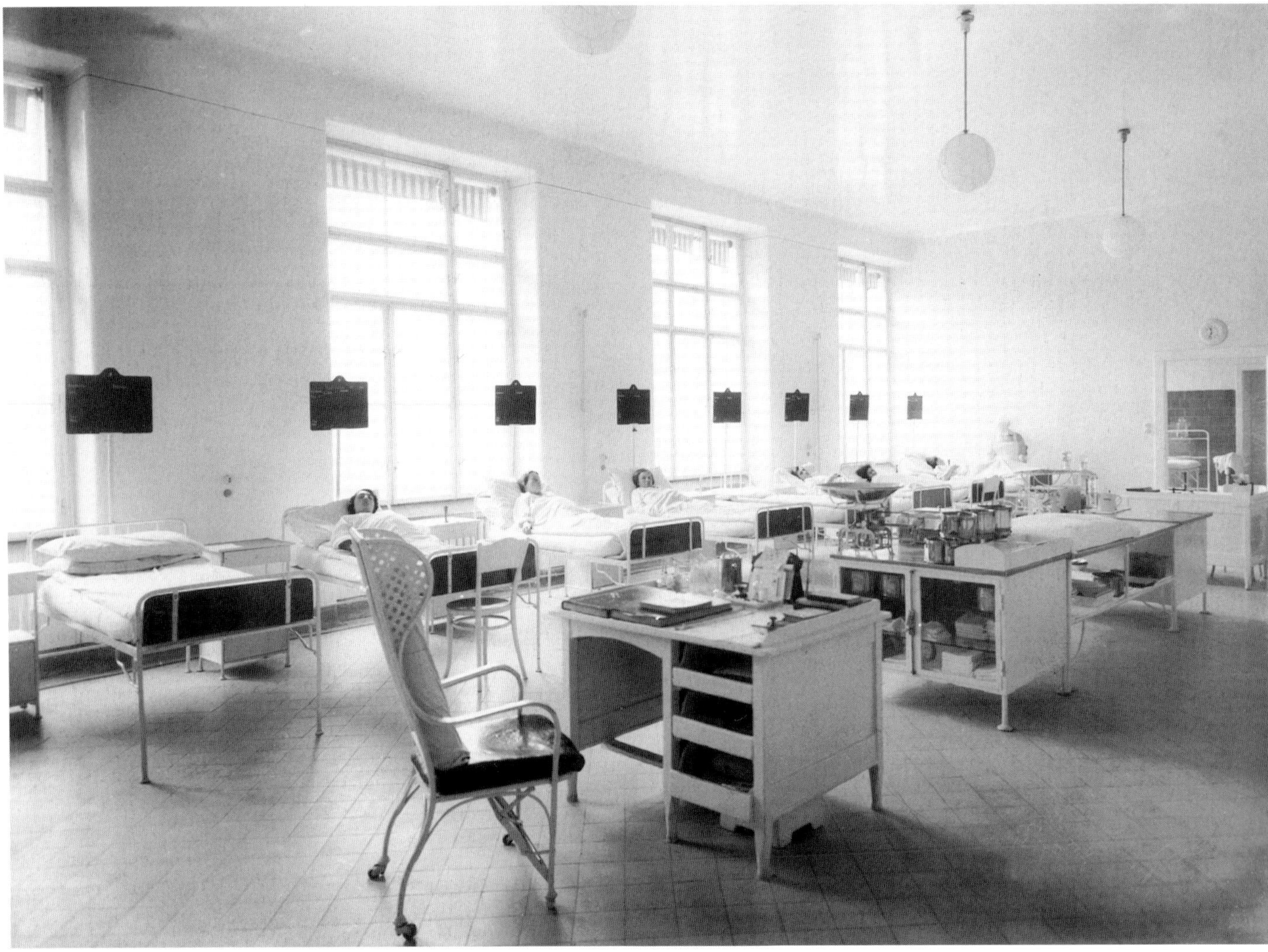

Das Kreißzimmer der 1. Frauenklinik im Wiener Allgemeinen Krankenhaus, 1936

den. Die jungen Frauen, die um 1990 entbunden haben, waren aber wiederum besonders beeindruckt von der Automonie, der Selbständigkeit und der »Kunstfertigkeit« der Hebammen, von denen sie betreut wurden. Es scheint den alten Hebammen wirklich gelungen zu sein, durch ihre praktische Arbeit das Berufsbild zu verändern. Und während in der Zeit um 1970 der Beruf der frei praktizierenden Hebamme beinahe im Aussterben war – in der Großstadt Wien gab es damals vier frei praktizierende Hebammen, und selbst sie waren nicht ausgelastet – steigt seit den achtziger Jahren die Zahl der Frauen, die eine intime Hausgeburt dem sterilen Kreißsaal vorziehen, langsam, aber stetig. Es ist den Hebammen gelungen, den Frauen die Geburt als wunderbaren, natürlichen Vorgang, den sie »am eigenen Leib« in gewohnter Umgebung mit Hilfe vertrauter Menschen erfahren können, näherzubringen. Mit den steigenden Hausgeburten ist auch die Zahl der frei praktizierenden Hebammen, jener, die quasi als freie Unternehmerinnen ihrem noch immer schlecht bezahlten Gewerbe nachgehen, gestiegen. Am Beispiel Wien hat sich ihre Zahl innerhalb eines Vierteljahrhunderts verzehnfacht. »Wenn man die Zahl der Frauen bedenkt, die Hebammen werden wollen«, sagt eine

Jeder bürgerliche Haushalt besaß zur Entbindung einen Gebärstuhl, Anfang 19. Jahrhundert

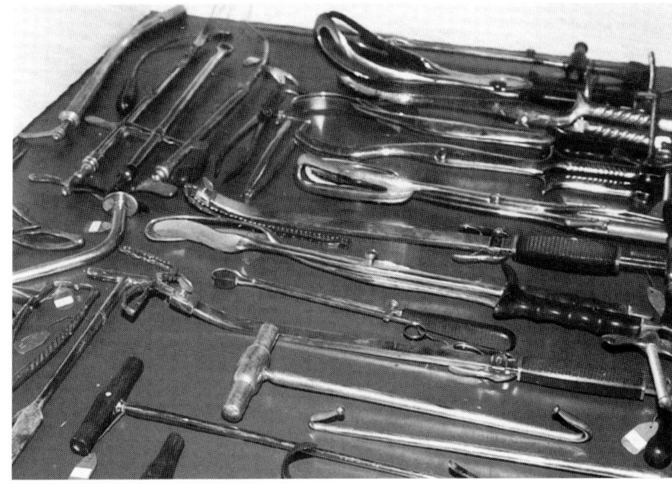

Diese Utensilien erinnern an mittelalterliche Folterwerkzeuge

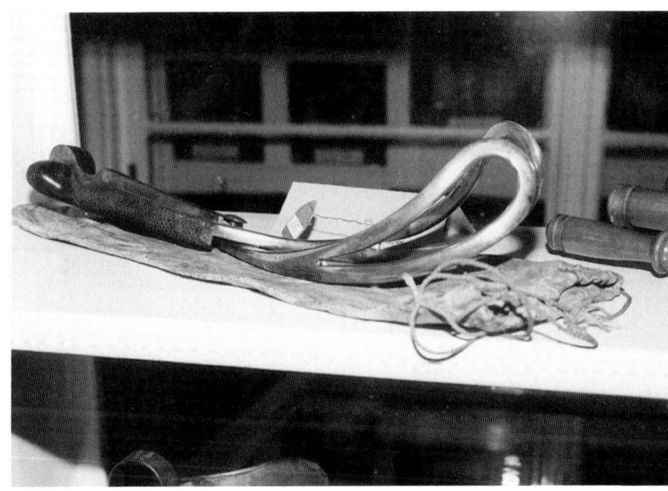

alte Wiener Hebamme, »wären wir leicht hundert.« Trotz oder vielleicht wegen des absoluten Sieges der (heute nicht nur) männlichen Schulmedizin, trotz eines vollklinischen Gesundheitssystems, trotz einer technischen, rationalen und apparativen Welt hat offensichtlich dieser Frauenberuf seine Faszination nicht verloren. Tröstlich, daß das Computerzeitalter auf weise Frauen nicht verzichten will.

Frau Bertha, die Hebamme, ist unverheiratet, kinderlos und alleinstehend. Als ihr Verlobter im Krieg gefallen war, hat sie sich entschlossen, Hebamme zu werden. Leicht war es nicht, denn ihre bäuerliche Familie war dagegen, der Vater hätte sie gerne vorteilhaft verheiratet, »verkuppelt« nennt sie es. Die junge Bertha spart, bis sie das Geld für die Hebammenschule beisammen hat. Mit 32 Jahren, kurz nach dem Zweiten Weltkrieg, beginnt sie die Ausbildung. Nach einem Jahr kommt die Geldumwandlung (von Reichsmark in Schilling), ihr Erspartes hat keinen Wert mehr. Sie arbeitet zusätzlich als Hilfskraft im Krankenhaus, sie strickt und stickt für die Krankenschwestern, damit sie das Schulgeld bezahlen kann. Nach Schulabschluß nimmt sie die erste Stelle, die sie bekommt. Sie muß Geld verdienen. Ein Jahr lang arbeitet sie als Krankenpflegerin in einem Kranken-

Fröhlicher Abschluß der Hebammenschule. Die jungen Frauen haben sich für einen schweren und schönen Beruf entschieden.

haus, lebt sparsam, schafft sich einen finanziellen Polster. Vom Personal des Krankenhauses liebevoll mit Lebensmittelvorräten ausgestattet – »Werden S' sehen, Sie werden's noch brauchen!« –, wagt sie den Schritt in die Freipraxis. Die Lebensmittel kann sie gut gebrauchen, denn sechs Wochen lang muß sie warten, bis sie zum erstenmal zu einer Geburt gerufen wird. Im ersten halben Jahr sind es acht Frauen, die sie entbindet. Im nächsten Jahr betreut sie über zwanzig Geburten, im dritten Jahr zweiunddreißig. Die Mundpropaganda ist die beste Werbung für eine Hebamme. Jahr für Jahr steigt die Geburtenzahl, das Höchstmaß sind achtundfünfzig Geburten in einem Jahr. Oft melden sich Frauen schon zu Beginn ihrer Schwangerschaft bei der Hebamme. Die besucht sie dann einmal im Monat, untersucht sie, nimmt sich Zeit für ein ausführliches Gespräch und gibt Ratschläge. Gegen Ende der Schwangerschaft kommt Frau Bertha zweimal im Monat; wenn der Termin der Niederkunft näherrückt, besucht sie die Schwangere zweimal die Woche. Die Frauen sind beruhigt, wenn sich die Hebamme für sie Zeit nimmt, für die Hebamme wiederum ist es wichtig, die Frauen kennenzulernen. Irgendwann ist es dann soweit, meist in der Nacht. Ein aufgeregter Mann läuft zum Haus der Hebamme, klopft an ihr Fenster.

»Da ist doch der Bauer samt der Lampe umgefallen...« – Frau Bertha erinnert sich:

Beim Herannahen der Wehen legt man geweihte Gegenstände unter das Kopfkissen, betet zur heiligen Margaretha, zum heiligen Rochus oder trinkt Johanniswasser (das am Tage Johann Evang., 27. Dezember, geweihte Wasser).
Gegen schwache Geburtswehen wird eine Gemsrose, das ist eine zur Brunftzeit beim Gemsbocke knapp hinter der Kniekehle angeschwellte Drüse von penetrantem Geruche, der Kreißenden in die Hand gegeben. Die Drüse ist zu diesem Zwecke von Jägern ausgeschnitten und getrocknet. Der Genuß von Schwarzbeerenschnaps und Bienenhonig erleichtert die Geburt.
Bei verzögerter oder erschwerter Geburt läßt die Hebamme die Kreißende dreimal um einen Tisch des Zimmers herumgehen, bindet ihr einen »Frauenbildtaler« oberhalb des Handgelenkes auf oder läßt sie abgeschabte Teilchen von einem solchen Taler einnehmen.
Unter den innerlichen Mitteln, welche bei vermehrter Wehentätigkeit gereicht werden, stehen Kamillen und Zimttropfen obenan. Besonderen Wert legt aber das Landvolk und jede Hebamme auf ein richtiges Einschmieren des Unterleibes der Gebärenden. Wer vermöchte die geheimnisvoll bereiteten Geister und Salben ergründen, mit welchen die »weisen Frauen« am Geburtsbett hantieren?

Dr. Victor Fossel, Volksmedicin und medicinischer Aberglaube in Steiermark, 1885

Die Hebamme nimmt ihre Tasche und den Koffer und geht mit ihm, oft fährt sie mit dem Fahrrad voraus. Auch wenn sie sieht, daß noch einige Zeit vergehen wird, bis die Geburt eintritt, bleibt sie bei der Gebärenden. Manchmal verbringt sie eine Nacht und einen Tag dort, auch zwei Tage lang bleibt sie und wartet mit der Frau. Oft kocht sie sogar, hilft im Haushalt, betreut die Schwangere und spielt mit ihr Karten. Während der Wehen wird kurz ausgesetzt, dann spielen sie weiter. Medikamente hat sie vor allem in den ersten Nachkriegsjahren kaum. »Chinin hab ich gehabt, aber das ...« – Frau Bertha macht

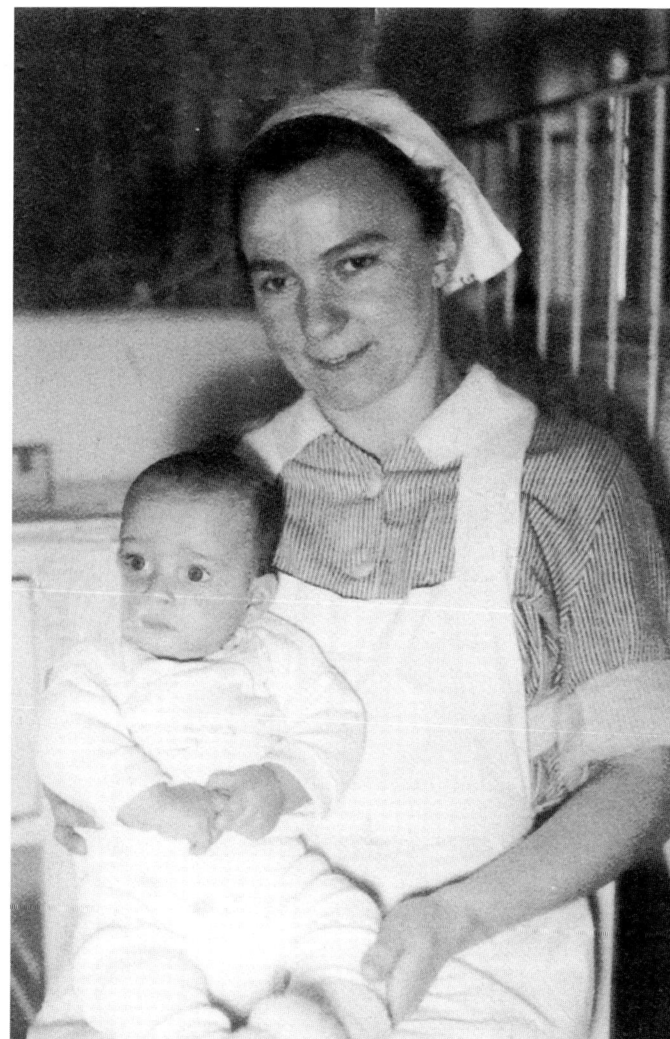

Die Hebamme auf dem Land war Geburtshelferin, Vertraute und Ratgeberin in vielen Lebensfragen

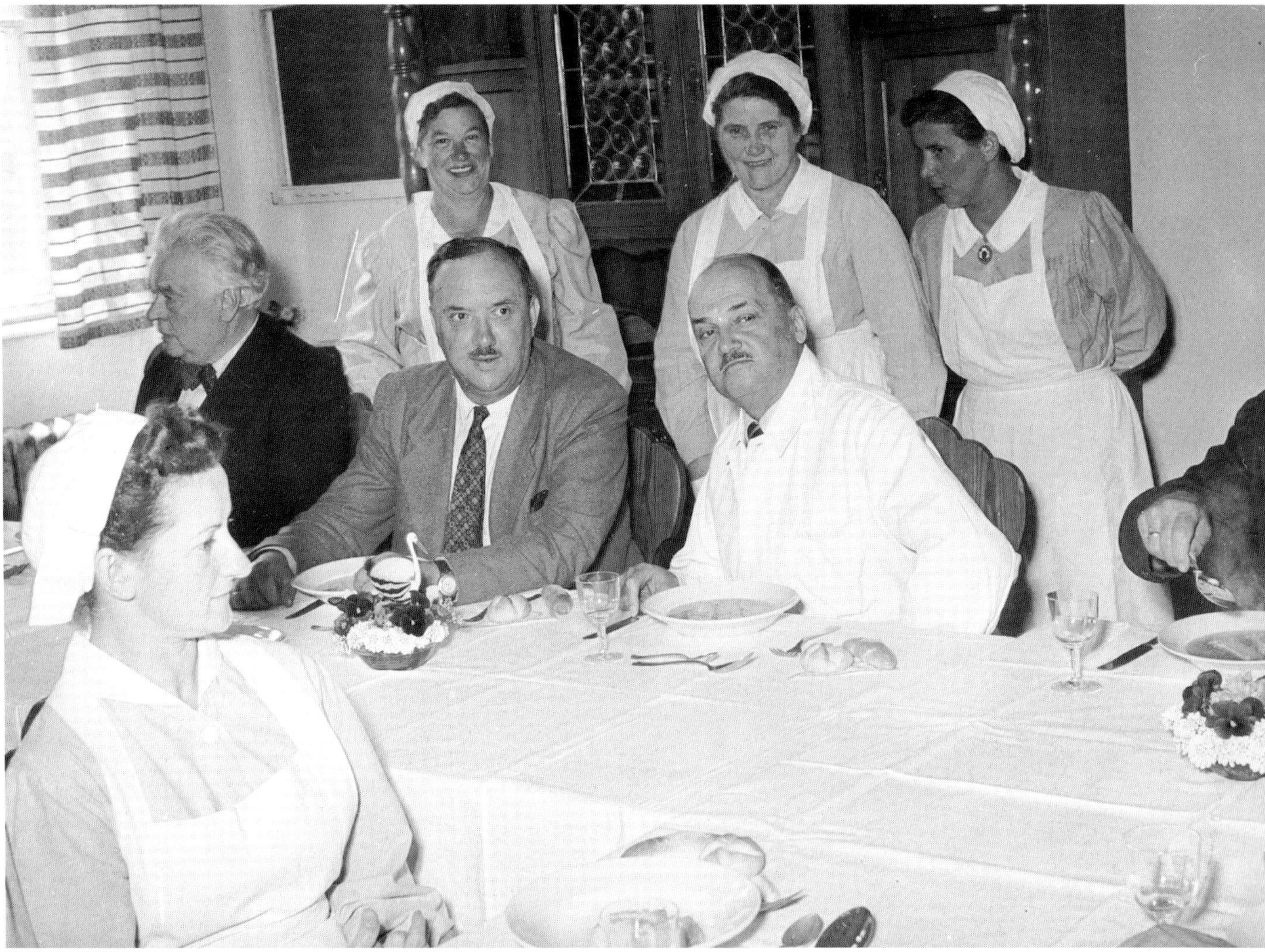

Erst in der Neuzeit wurden die Hebammen von den Ärzten als Geburtshelfer verdrängt

eine wegwerfende Handbewegung. Ein Glücksfall war der praktische Arzt, der für ihren Bereich zuständig war, mit dem hat sie gut zusammengearbeitet. Er hat ihr vertraut, er wußte, daß die Hebamme mit vielen Schwierigkeiten besser fertig wird als er. Wenn bei einer Frau eine Geburt in Steißlage zu erwarten war, hat die Hebamme ihn verständigt. Gemeinsam haben sie die Gebärende zu Hause betreut und das Kind auf die Welt gebracht. Und manchmal, wenn eine Frau schon lange in den Wehen gelegen ist und »so gar nichts weitergegangen ist«, hat der Arzt ein wehenförderndes Medikament gespritzt, das durfte nur er. Einmal aber hat er ihr die Spritze in die Hand gedrückt: »Geben Sie!« hat er gesagt. Ab diesem Zeitpunkt hat Frau Bertha selbst die Injektionen verabreicht, der Arzt hat ihr die nötigen Medikamente verschrieben. »Das war eine große Hilfe«, erinnert sich die Hebamme.

Alles wird anders, als ein neuer Arzt in den Sprengel kommt. Er hat keine Erfahrung mit Hausgeburten, er ist unsicher und ein Gegner der Hausgeburt. Bei jeder zu erwartenden Schwierigkeit, die ihm die Hebamme – wie gesetzlich vorgeschrieben – im voraus meldet, lehnt der Arzt eine Entbindung zu Hause ab. »Schicken Sie sie ins Krankenhaus«, meint er, »die können Sie doch nicht daheim entbinden!« Frau Bertha, nun längst eine erfahrene

Hebamme, hat diese Frau aber bereits dreimal zu Hause entbunden, sie kennt sie besser als der Arzt, das weiß sie genau. Und Hausgeburten betreuen, das ist ihr Beruf. »Man kann nicht wegen jeder Kleinigkeit ins Spital gehen«, sagt sie. »Die Frauen holen mich doch das nächste Mal nicht mehr. Die bekommen dann Angst vor der Hausgeburt. Auch in der Klinik wird nicht gleich operativ eingegriffen, auch dort wartet man zu.« Frau Bertha kennt den Spitalsbetrieb, immer wieder hilft sie als Urlaubsvertretung für andere Hebammen in den Geburtshilfeabteilungen der Krankenhäuser aus, um ihre Finanzen ein wenig aufzubessern. Auch diese Arbeit ist schön, aber lang nicht zu vergleichen mit ihrer Tätigkeit in der Freipraxis. Lange noch bevor in den Alternativkliniken die Väter bei der Geburt dabeisein durften, hat Frau Bertha die Männer zur Geburt beigezogen. Am Anfang, bei der Anmeldung, haben die meisten Männer erklärt: »Ohne mich.« Bitte, hat sie gesagt, Sie können gehen, wohin Sie wollen, von mir aus gehen Sie ins Gasthaus. Wenn die Geburt aber dann kurz bevorstand, sind sie oft sitzen geblieben, haben mit den beiden Frauen gewartet. Die Hebamme hat die werdenden Väter mit einbezogen, und, wenn es dann soweit war, sind fast alle dabeigeblieben. Manche Männer haben sogar einen sechsten Sinn entwickelt, erinnert sich Frau Bertha: »Es war die zweite Geburt einer Bäuerin, sie hatte schon ein Mädchen, und nach ein paar Jahren ist sie wieder schwanger geworden. Ihr Mann war sehr sensibel, hat gesagt, er kann das gar nicht verstehen, daß eine

Die fachkundige Beratung und psychische Betreuung der Schwangeren ist ein wichtiger Faktor

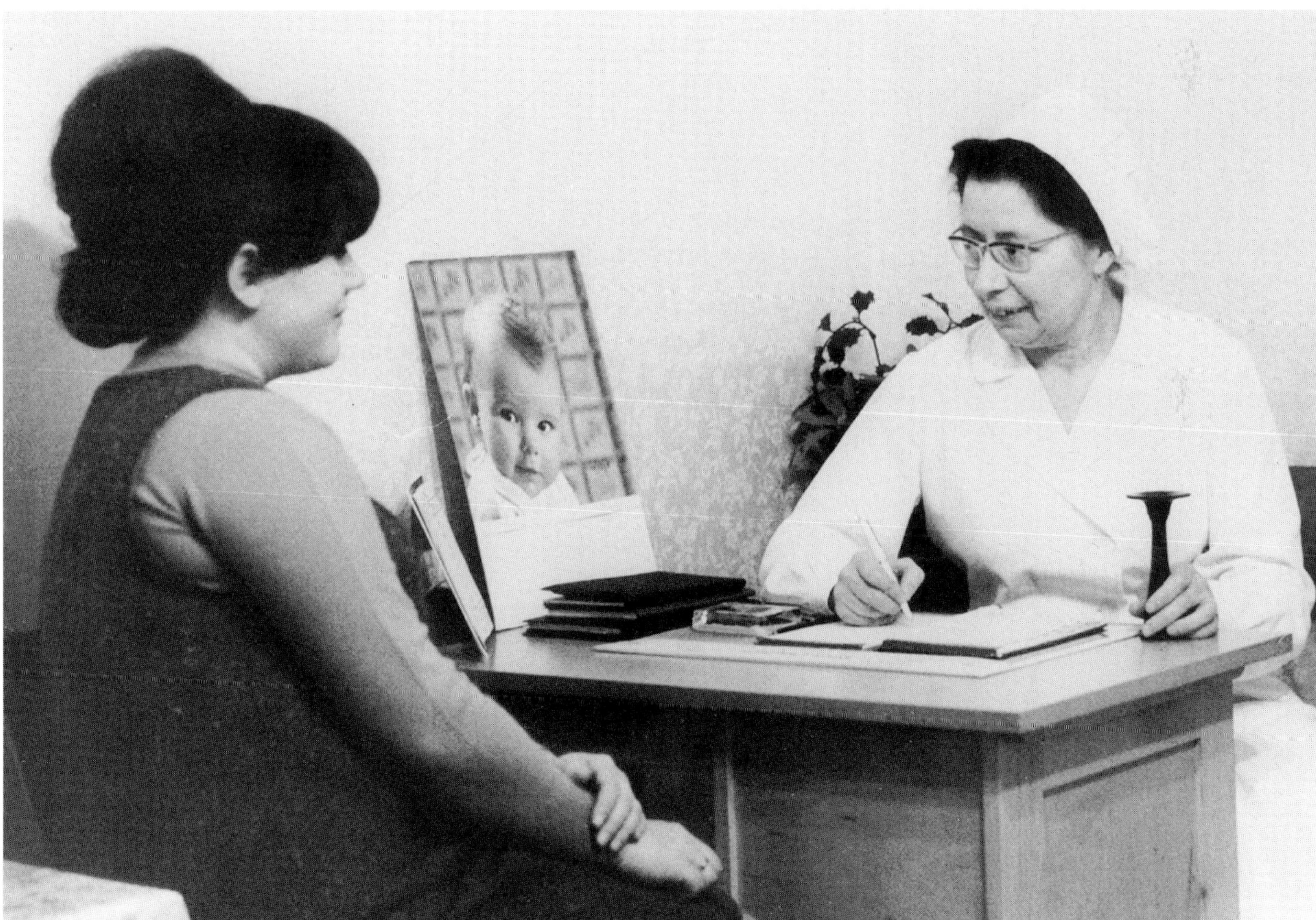

Die Hebamme und der Täufling. Beim Tauffest war die Hebamme ein wichtiger Ehrengast.

Frau, die schon eine Geburt erlebt hat, noch ein Kind bekommt, weil sie so viel erleiden muß. Bei der Geburt ist er aber dabeigeblieben. Natürlich hat er sich einen Buben gewünscht, aber er hat nichts gesagt. Und wie es dann soweit war und der Kopf war zu sehen, schreit er plötzlich auf: »A Bua!« Ich bin so erschrocken. So etwas sieht man ja nicht. Was macht er, hab ich gedacht, wenn das ein Mädchen ist? Aber es war tatsächlich ein Bub. Und einmal war ich bei einer Bäuerin, die hat ihr erstes Kind bekommen. Die Frau war schon älter, und wir mußten einen Dammschnitt machen. Der Arzt ist auch gekommen und hat dann genäht. Elektrisches Licht hatten sie zum Glück – das war damals nach dem Krieg nicht selbstverständlich – und der Bauer hat mit einer Stehlampe geleuchtet, damit der Arzt gut sieht. Plötzlich sagt der Arzt: »Was ist mit dem Licht? – Erst schwankt der Lichtkegel, und dann ist er weg.« Ist doch der Bauer ohnmächtig geworden und samt der Lampe umgefallen. Der hat nicht zuschauen können beim Nähen, der hat das nicht verkraften können. Na ja, aber sie haben später noch zwei Kinder bekommen.«

Nicht alle Väter haben sich auf ihre Kinder gefreut, weiß Frau Bertha. Aber über diese Fälle erzählt sie nicht gern. Not und Elend hat sie genug gesehen. Sie hat lange Jahre die Frauen, die im Obdachlosenasyl notdürftig untergebracht waren, entbunden. Diese Frauen sind nicht gerne in die Klinik gegangen. Dort wußten alle, woher sie kamen, und man hat es sie spüren lassen. Für Frau Bertha, die Hebamme, hat es keinen Unterschied gemacht, ob jemand arm war oder reich. Geholfen hat sie ihnen allen, auch wenn die Entlohnung manchmal dürftig war, lange auf sich warten ließ oder gar vergessen worden ist. Aber sie erinnert sich noch an eine alte Kollegin, die aus dem ständigen Leben am Existenzminimum ihre Konsequenzen gezogen hat: sie hat stets im voraus kassiert.

IM DIENST

Die Geschichte der Dienstmädchen

Boulevard und Wahrheit

Sie quirlt durch die Szenen als unverzichtbarer erotischer Aufputz, als süß-naiver Auslöser von Situationskomik und Sprachpointen, sie schmachtet und läßt sich anschmachten. Das schwarze Kleidchen hochgeschlossen, aber dafür umso kürzere Rocklänge, um die endlos langen Beine voll zur Geltung zu bringen. Das weiße Schürzchen ist nur Dekoration, hat keine Arbeitskleidfunktion, das winzige Spitzenhäubchen thront auf einer grell-blonden Wuschelfrisur und wird dort trotz des temperamentvollen Schwungs der Trägerin von unsichtbaren Kräften festgehalten. Im Puppengesicht blitzen Kulleraugen und leuchtet ein Kußmündchen. Den Staubwedel führt sie mit lässiger Eleganz wie Cyrano seinen Degen. Der Hausfrau ist sie ein ständiges kleines Ärgernis und auch die Grundlage eines schwelenden Verdachts gegenüber dem Hausherrn. Dem behäbigen Hausherrn dient sie als Augenweide, dem jugendlichen Liebhaber als Irritation, der Tochter des Hauses, einer jugendlich-affektierten Naiven, als gefinkelte Mitverschwörerin. Ihre drollige Kinderphilosophie rührt das Publikum teils zu Lachsalven, teils auch zu Tränen des Mitgefühls. Mit einem Wort, sie ist unverzichtbar in der Dramaturgie des Boulevards, sei es Bühne oder Film. Denn sie ist – das Dienstmädchen.

Seit es Witzblätter gibt, spielt der Soldat, der zu seinem Schatz in die Küche schleicht und da vollgefüttert wird, eine Hauptrolle. Ach, wüßten doch die Verfasser dieser blöden Witze, daß es nur in den wenigsten Haushalten den Mädchen möglich ist, über die Speisevorräte frei zu verfügen.
In den meisten Haushalten geht die Dame, wenn abgeräumt wird, sofort hinterher und schließt die Speisekammer ab. Ja, sogar das Bad wird in manchen Familien dem Mädchen verschlossen und es gibt Hausfrauen, die das Brot »zeichnen«, um zu verhindern, daß jemand unbefugt davon abschneidet.

Österreichische Dienstboten-Zeitung, 1911

So sah ein Romantiker ein Stubenmädchen, Ölgemälde von H. Waldek, um 1890

Dieses Klischeebild hat hauptsächlich in der dramatischen Kunst, seltener in der Epik, viele Schwestern und Verwandte. Vom vorhin skizzierten Sexgirl über den bis zur Peinlichkeit ungeschickten Landtrampel namens Johanna bis zur weltklugen Haushälterin ist die Palette reich bestückt. Aber wer Dienstmädchen rasch assoziiert, verfällt zunächst einmal in das Klischeebild der Erotik der Bardot in den fünfziger Jahren.
Eine der ältesten schriftlichen Nachrichten über das weibliche Dienstpersonal enthält aber ganz andere

Ein Stubenmädchen bei der Arbeit, Wien, um 1850

Töne. Im Wiener Lied von der »auffpocherischen Hausmagd« – also dem rebellischen Dienstmädchen – aus dem frühen Barock finden sich Schimpfkanonaden von praller Derbheit.

Die Hausmagd:

Hat mein Frau mit mir gehaust
daß mir noch der Puckel graust
ist kein Gedencken von meinem Lohn
Nichts als die Schläg trag jetzt darvon.

Gibt kein Ruh nicht
pentzt und greint ohn Unterlaß
bin ihr faules Raaben-Aaß
bald kombt sie mit einem Knittel
bald mit seinem Ehren-Titel
du Hur / du Stock-Narr / du Nimmersatt
kein großer Herr so viel Tittel hat.

Da geht es flott dahin mit Klagen und Anschuldigungen, die ganz modern klingen: Minderzahlung, Ausbeutung, körperliche Züchtigung, Herabwürdigung und Ehrverletzung durch die Hausherrin. Diese wiederum, die Volksdichtung nennt sie mit sprechendem Namen *Frau Unfried, geborene von Pentzing,* gibt der »Auffpocherischen« auch gleich mit gleicher Münze zurück:

Die Hausfrau:

Mensch/ wilst gut thun
schau/ du machst mir so viel Plag
daß ichs nimmer leyden mag.
Ist mit dir nicht anzuheben
wilst umb gute Wort nichts geben.
Mensch/ schlag nit alles so gar in Wind
ich komm dir einmahl an deinen Grind.

Mensch/du Höppin
Thu ichs Maul kaum einmahl auff
Hast du gleich eins oben drauff
Kan das Schind-Viech dann nit schweigen
Will dir bald was anders zeigen
Ist mit dem Wildfang nichts ausgericht
Schweig/ oder schlag dich ins Angesicht.

Gezänk, Geschrei, Haarereißen und Ohrfeigen, das ist nun keine harmonische Frauenszene, aber immerhin die offene Austragung eines – wie man es modern definieren würde – Klassenkonflikts. Jahrhunderte später scheint diese Szene nicht mehr denkbar, aber das Dienstbotenelend ist in Wahrheit viel schlimmer geworden.
»Die Mutter hat gesagt: Alles, nur nicht in die Fabrik, lieber gehst du mir in den Dienst. Ein Fabrikmädel hat halt doch einen anderen Ruf gehabt«, erzählt Frau Wilhelmine. Sie ist mit fünfzehn Jahren

Die Magd im Hausflur, Ölgemälde von A. Roehn, um 1850

Dienstmädchen geworden, »damals«, das war 1927. »Was ich dort alles gemacht hab, das kann sich heute kein Mensch mehr vorstellen. Eine Woche Urlaub im Jahr, fast keine Freizeit, ein kleiner Lohn und jede Menge Arbeit. Ich wollte oft weggehen, aber nachdem ich dort sehr streng gehalten worden bin, hat die Mutter immer gesagt: ›Bleib, bleib, bleib.‹ Ein folgsames Kind war ich, also bin ich geblieben und hab es durchgestanden. Zwölf Jahre lang.«

Ein Fabrikmädel werden, das war besonders Ende des 19. Jahrhunderts und in der ersten Hälfte des zwanzigsten Jahrhunderts etwas für Töchter aus proletarischen Familien. In der Fabrik gab es zwar auch wenig Lohn, aber wenigstens geregelte Dienstzeiten. Für christlich-konservative, kleinbürgerliche und bäuerliche Schichten hatte die Arbeit in der Fabrik jedoch den Geruch von Aufbegehren. Fabriksmädel kamen in Kontakt mit »denen von der Gewerkschaft« oder gar mit den »Roten«. Wer aber »in den Dienst« ging, begab sich in die Obhut einer Familie, arbeitete dort im Haushalt, hatte kaum Freizeit und kam daher auch nicht auf dumme Gedanken. Die Bedenken von Frau Wilhelmines Mutter hängen eng mit den gesellschaftlichen Verhältnissen und den moralischen Ansprüchen jener Zeit zusammen. Noch in den zwanziger Jahren des 20. Jahrhunderts wurde der Beruf des Dienstmädchens als ideale Ausgangsposition für den späteren Lebensweg junger Mädchen gepriesen. Sie arbeiten, so hieß es, »den weiblichen Anlagen am besten entsprechend« und haben den idealen Beruf, um sich auf ihre eigentliche Aufgabe als Hausfrau und Mutter vorzubereiten. Die Familien der Mädchen lebten vornehmlich in sehr ärmlichen oder zumindest finanziell schwachen Verhältnissen und glaubten ihre Töchter gut aufgehoben. Waren diese doch eingebunden in den Haushalt der Dienstgeber und sozusagen unter ständiger Aufsicht. Darüber hinaus haben aber auch zweifelsohne viele Mädchen aus bäuerlichen Familien, die finanziell nicht so schlecht gestellt waren, von sich aus in ein Dienstverhältnis in der nächsten Groß- oder Hauptstadt gedrängt. War es für sie doch im ersten Moment eine Erlösung von der nicht zu unterschätzenden landwirtschaftlichen Schwerarbeit am elterlichen Hof. Und natürlich war in den Köpfen der Landmädchen die Hoffnung auf ein besseres, moderneres Leben in der Stadt.

Der Dienstmädchenalltag sah freilich anders aus und erfüllte diese Hoffnungen nur ganz selten. Die meisten der jungen Frauen lebten unter menschenunwürdigen Bedingungen und erhielten einen Schandlohn. Die wahren Motive für die lockenden Versprechungen, die »anständige Mädchen« bewegen sollten, in den Dienst zu gehen, war der Wunsch nach billigen Arbeitskräften für die grobe Arbeit auch für städtische Kleinsthaushalte mit schmalem Budget. Die schlimmste Phase in der Geschichte der Dienstmädchen ist jene Zeit, in der das Dienstbotengewerbe fast ausschließlich weiblich besetzt war. Zweihundert Jahre früher, als noch mehr Männer in diesem Beruf gearbeitet haben, gab es auch bessere Arbeitsbedingungen für Bedienstete.

In Herrschaftshäusern und Adelssitzen – soziale Romantik und harte Wirklichkeit

Im 18. Jahrhundert hatten vor allem jene Haushalte Dienstboten, die ein großes Haus führten und sich Personal auch leisten konnten. Es gibt Zahlen einer »Seelenbeschreibung«, also einer Volkszählung, aus dem Jahr 1790 für die Haupt- und Residenzstadt Wien. Damals lebten in Wien etwa 210 000 Menschen, 40 000 von ihnen waren Dienstboten, die in den rund 6 000 Häusern der Innenstadt und der Vorstädte wohnten und arbeiteten. Beinahe ein Fünftel der Bevölkerung war also »im Dienst« tätig. Die Arbeit war vielschichtig. Herrschaften, die »ein großes Haus« führten, brauchten allein »zum allgemeinen Dienste« reichlich Personal: einen Haushofmeister, Tafeldecker, Zimmerputzer, Hausknechte, einen Portier oder Türhüter. Der Herr des Hauses benötigte einen Sekretär, Kammerdiener, Kammerlakaien, Leibhusaren und Bediente, die Dame des Hauses ein oder zwei Kammerjungfern, einen Kammerdiener, Stubenmädchen, Extramädchen, ein Hausmensch … Dazu kamen noch etliche Personen Stall- und

Originaltext: »– O, ich war auch einmal jung und schön, gnädiges Fräulein! = Sie scheinen dies aber nicht gehörig ausgenützt zu haben!«

Romantische Verklärung der Realität. Lustig war das Dienstbotenleben weder für sie noch für ihn.

Küchenpersonal. Der Großteil des Personals war männlich, selbst in der Küche. Dort arbeiteten Mundkoch, Zuckerbäcker, Pastetenkoch, Bratmeister, Küchenjungen, Kesselreiber und Küchenmädchen. In dieser Palette gab es nur wenige Frauen. Selbst in den bürgerlichen Haushalten, die nicht so viele Bediente hatten, war der Anteil der Frauen unter den Dienstboten gering. Der weibliche Dienstbote aber, das Dienstmädchen, ist, salopp formuliert, eine Entwicklung des 19. Jahrhunderts.

Im großbürgerlichen Haus des 18. Jahrhunderts ging das männliche Dienstpersonal oft verschiedenen Aufgaben nach. Viele Diener hatten ein Handwerk erlernt und waren danach »in den Dienst« gegangen. Nun arbeiteten sie im Haus der Herrschaft als Diener und, wenn nötig, auch zugleich als Schneider, Friseur, Schuhmacher oder Tischler, also in dem Handwerk, das sie einmal gelernt hatten. Die berühmte Mozart-Oper »Die Hochzeit des Figaro«, die auf einer Komödie des französischen Dichters Beaumarchais beruht, zeigt diese soziale Entwicklung am Ende des 18. Jahrhunderts ganz deutlich. Denn Figaro, der Kammerdiener des Grafen, ist – und dessen Name wurde ja zum Synonym – von Beruf Barbier. Daß der Graf diesen jungen Handwerker zu seinem Leibdiener gemacht hat, liegt in einer Vorgeschichte, die in einer anderen berühmten Oper, nämlich dem »Barbier von Sevilla« des Kom-

ponisten Rossini, in Musik gesetzt wurde. Die Braut des Figaro, Susanna, lebt nun ebenfalls als Kammerzofe der Gräfin im herrschaftlichen Haushalt. Der Plot der Mozart-Oper – der Widerstand des Figaro gegen das Interesse des Grafen an dessen Braut Susanna – wird später noch bei einem anderen Punkt der »Dienstboten-Story« zu überlegen sein.
Erst mit dem Anfang des industriellen Zeitalters begann man, zwischen häuslichem und gewerblichem Personal zu unterscheiden. Eine breit gefächerte Berufswelt öffnete sich nun dem männlichen Hauspersonal. Denn die ursprünglichen Handwerkskenntnisse oder in Dienst erworbenen Fähigkeiten konnten zum Beispiel auch Fabriksherren als Qualifikationen angeboten werden. Aus bediensteten Schreibern eines Patrizierhauses wurden zum Beispiel Korrespondenten, Rechnungsführer oder Buchhalter in den Büros der Fabriken. Die Frauen ohne berufliche Vor- und Ausbildung übernahmen die Arbeitsplätze in den herrschaftlichen Haushalten.
Wie romantisch diese Entwicklung verbrämt wurde, zeigt Ferdinand Raimund 1844 in seinem Zaubermärchen »Der Verschwender«. Da werden also noch im Spätbiedermeier die sozialen Beziehungen zwischen Herrschaft und Diener im Stil des 18. Jahrhunderts zum Hohenlied auf Treue und Dankbarkeit ausgemalt. Valentin ist gelernter Tischler, arbeitet aber als Diener beim reichen Herrn von Flottwell. Während dem Herrn ob seines aufwendigen Lebensstils unbemerkt, aber immer schneller das Geld ausgeht, singt Valentin von den Freuden des Dienstbotenlebens:

Heisa! lustig ohne Sorgen
Leb ich in den Tag hinein,
Niemand braucht mir was zu borgen,
Schön ist's, ein Bedienter z'sein …

Die Vorteile gegenüber dem Dasein als Handwerker lagen, folgt man den Raimundschen Bildern, auf der Hand: Der Dienstbot' lebte sorgenfrei, denn für Kost und Logis sorgte der Arbeitgeber. Dienstboten brauchten nur ihre Arbeit zu tun und den Lohn zu kassieren, kleinere Extra-Dienste wie Botengänge konnten das Gehalt noch aufbessern. Die Biedermeier-Idylle vom bequemen Leben des Dienstboten schließt hier nahtlos an die Theorie des Herrn An-

Davon konnte ein Dienstmädchen höchstens träumen

So romantisch wie auf diesem Ölgemälde war das Leben einer Küchenmagd gewiß nicht

ton Schneider aus dem Josephinischen Wien von 1782 an. Damals publizierte er:
»Erinnerungen an die Herrschaften Hausväter und Hausmütter in Betreff ihrer Dienstboten nebst gegenseitigen Pflichten der Untertanen gegen ihre Herrschaften.«

Für die Vorrede zitiert er den Volksmund. Immer wieder, so schreibt er, kann man gegenwärtig – 1782 ! – folgendes hören:
»Niemand hat es besser als das Gesinde, die Dienstboten. Das Gesinde hat es besser als seine Herrschaft.« Und fährt in seinen Ausführungen fort: Während die Herrschaft unter allerlei Unbill wie steigenden Lebensmittelpreisen und anderen Aus- und Abgaben leidet, sind die Dienstboten frei von all diesen Sorgen und führen ein weitgehend problemloses Leben. Dienstboten stellen der Herrschaft ihre Arbeitskraft zur Verfügung, dafür sorgt die Herrschaft für den Lebensunterhalt der Bedienten und gibt ihnen außerdem noch »einen gewissen Lohn«. Ein Dienstbot', so erklärt Herr Schneider, *»entsagt seiner Freiheit und macht sich verbindlich, in erlaubten Dingen seiner Herrschaft zu Gefallen zu leben und ihr Bestes zu besorgen«.*

Lieder und Texte, die Zeugnis davon geben, daß dieses »der Herrschaft zu Gefallen zu leben« nicht wirklich funktioniert haben dürfte, betreffen sehr oft das konfliktreiche Miteinander von Hausfrau und weiblichen Dienstboten, das ein wechselseitiges Auf und Ab von Unterdrücken und Aufbegehren gewesen sein dürfte. Ein Liedtext aus dem Anfang des 19. Jahrhunderts – *»Ein schönes Lied vom vorhandenen Sommer oder die Sonntagsfreuden*

Originaltext: »Stubenmädchen: So – eingeölt wäre die Tür, jetzt kann mich der gnädige Herr getrost überraschen.« – Sexuelle Belästigung als Witz empfunden!

der Dienstmenscher« – läßt dies deutlich aufblitzen.

Die Frau zu Haus tut klagen
die Gall' sich ihr umkehrt.
Es hat schon neun Uhr g'schlagen,
kein Fleisch ist noch am Herd.
Da fangt s' gleich an zu fluchen:
Ha, Bestie, wo gehst um?
Gewiß will ich dich suchen!
Das Mensch ist toll
und oft sternhagelvoll!

Die Raimundsche Biedermeier-Idylle zerplatzt selbstverständlich schon unter einer nur etwas schärferen Betrachtung. Trotz sozialer Geborgenheit und Einbindung der Dienstboten in die Haushalte und in den Bereich des Großfamilienlebens waren körperliche Züchtigungen an der Tagesordnung. Der Umgangston war rauh und die Tagesarbeitszeit nicht nur nicht geregelt, sondern so gut wie endlos und rein von der Willkür der Herrschaft abhängig.

Die Mädchen vom Land

Ein Zahlenvergleich aus dem Jahr 1890, also hundert Jahre nach der zitierten »Seelenbeschreibung«, zeigt die drastische Veränderung im Dienstpersonal: In Wien lebten 1890 mehr als 1,3 Millionen Menschen. 91 700 von ihnen waren Dienstboten. Und fast alle Dienstboten, nämlich 94 Prozent, waren Frauen. Jede achte Frau, die zu dieser Zeit in Wien lebte, ging damals in den Dienst.
Die meisten Dienstmädchen in der Haupt- und Residenzstadt Wien stammten vom Lande, vor allem aus Niederösterreich, dem Burgenland, Böhmen, Mähren und Ungarn. Der Großteil stammte aus bäuerlichen und kleinstbürgerlichen Verhältnissen. Fast alle waren junge Mädchen, nur dreißig Prozent aller Frauen waren älter als dreißig Jahre. Fast ausnahmslos waren sie unverheiratet. Sobald sie heirateten, lösten sie das Dienstverhältnis und nahmen eine andere Arbeit an. Von den Dienstmädchen wurde erwartet, daß sie im Haushalt ihrer Herrschaft schliefen und Tag und Nacht verfügbar waren.

Die Wiener Verhältnisse sind übrigens nahtlos auf andere Großstädte, wie zum Beispiel Berlin, München oder Zürich, übertragbar. Junge Mädchen, die aufgrund eines geringen Familienbudgets Geld verdienen mußten, gingen spätestens nach Abschluß der Pflichtschule, oft jedoch auch Jahre vorher, in den Dienst. Als ungelernte Arbeitskräfte mußten sie auch das geringste Entgelt akzeptieren. Dienstboten, die in den nun schon selten gewordenen großen Häusern oder Palais beschäftigt waren, hatten ein angenehmeres Leben als ihre Kolleginnen in den Wohnungen der kleinen Geschäftsleute und Beamten. In großen Häusern waren Dienstbotenzimmer, wenn auch schlicht, selbstverständlich. In kleineren

Das Küchenmädel Anna, ein »Mädchen vom Land«, 1894

Viele junge Mädchen sahen im Dienst in der Großstadt ihre Zukunft

Es gab kaum Altersversorgung und Krankenschutz. Im Alter waren die Dienstmädchen der Armut preisgegeben. Aus der »Dienstbotenzeitung« 1910.

Haushalten war die Unterbringung der Mädchen oft unzumutbar und menschenunwürdig. Dienstbotenzimmer fehlten, und das Personal wurde überall untergebracht, wo ein paar Quadratmeter Platz zur Verfügung standen: in Abstellkammern, Gängen, ja sogar Toiletten. Schriftliche Berichte vom Leben der Dienstmädchen aus der Zeit um die Jahrhundertwende zeichnen ein Bild von heute unvorstellbaren Verhältnissen. Die Arbeitgeber hätten keinem Mitglied ihrer Familie je zugemutet, dort zu schlafen, wo sie ihre Dienstmädchen einquartiert hatten. Die Schlafstellen der Frauen – von »Bett« konnte oft keine Rede sein – standen zum Beispiel in fensterlosen Durchgangsräumen, die alle Familienmitglieder durchquerten, wenn sie spät heimkamen oder nachts auf die Toilette mußten. Eine Berliner Spezialität war es übrigens, die Dienstmädchen am Speicher der Küche schlafen zu lassen, ein Verschlag über der Kochstelle, in dem sie im Sommer fast vor Hitze umkamen. Die Frauen litten unter Ge-

Ein Mädchen vom Land kommt in die Stadt. Unter dem Haustore begegnet sie der Frau Säbelschneid. Die also spricht zu ihr:
Frau: Du suchst gewiß einen Dienst.
Mädchen: Ja, Frau.
Frau: Hast schon wo gedient?
Mädchen: Nein, i bin noch net lang einakommen vom Land.
Frau Säbelschneid macht ein säbelschneidlanges Gesicht und sagt: Noch nicht lang einakommen? A schöne Red ist das! Kannst kochen, bügeln, waschen, nähen, und was man halt im Haus braucht?
Mädchen: A wengerl kann i schon umgehn damit. Und was i no net waaß, das sagn S' mir halt, gnädige Frau. I werd mi schon einefinden.
Frau: Na is recht. Ich geb dir halt 6 Gulden auf's Monat, was du zerbrichst, wird abgerechnet. Gehst mit den Kindern höflich um. Du darfst net sagen zu ihnen. Dem jungen Hund bettest täglich schön auf. Mein Mann geht die nix an. Und wenns d' ein Brot willst, so sagst es.
Mädchen: Wie S' halt glauben.
Während dieses Gesprächs kommt Frau Säbelschneid mit der Magd in ihre Behausung heim. Zwei kleine Gestalten, vor Schmutz kaum kennbar, daß es Buben sind, glotzen die Fremde an und sagen unter einem ungeheuren Gekicher: Den großen Kopf! – Ui, Nazl, das G'sicht!
Frau: Siehst, das sind die zwei jungen Herren.
Mädchen: Aber Sie, des san schlimme Buabm.
Frau: Hab i net g'sagt, du sollst höflich sein, du infames Mensch, du. Das darf mir nimmer g'schehen, sonst… Also, merk dirs. Wirf deine Sachen dort in die Kisten, wasch das Geschirr ab, hack Holz, häng' dann die Wäsch auf, und so weiter…
Mädchen: Sie, der klane Bua – der junge Herr hat die Zungen auf mi aussa!
Frau: Na, er wird sich doch net fürchten vor dir!

Szene aus: »Ein gutes Wort für die Dienstmädchen und alle dienende Personen von Johann Hochleitner« um 1880

Als ich nach Berlin kam, gab es noch die Hängeboden. Immer sind sie in der Küche, mitunter dicht am Herd oder gerade gegenüber. Und nun steigt man auf eine Leiter, und wenn man müde ist, kann man auch runterfallen. Aber meistens geht es. Und nun macht man die Tür auf und schiebt sich in das Loch hinein, ganz so wie in einen Backofen. Das is, was se ne Schlafgelegenheit nennen. Und da kann ich Ihnen bloß sagen: auf einem Heuboden is es besser, auch wenn da Mäuse sind. Und am schlimmsten is es im Sommer. Draußen sind 30 Grad, und auf dem Herd war den ganzen Tag Feuer; da is es denn, als ob man auf den Rost gelegt würde… Eine Badestube ist ne Rumpelkammer, wo man alles unterbringt, alles, wofür man sonst keinen Platz hat. Und dazu gehört auch das Dienstmädchen.

Theodor Fontane läßt das Dienstmädchen Hedwig über seine Unterkunft in Berlin berichten (aus »Stechlin«)

ruchsbelästigung wie unter Scham und fühlten sich bald genauso, wie sie von ihrer Herrschaft betrachtet wurden: minderwertig. Die Klagen der Dienstboten, die Anfang dieses Jahrhunderts aufgezeichnet wurden, decken sich mit den persönlichen Erinnerungen von Frau Wilhelmine dreißig Jahre später. Wobei sie trotz kritischer Haltung ihren Arbeitgebern gegenüber immer wieder betont, daß es ihr »eigentlich gut gegangen ist«.
Frau Wilhelmine hat im Badezimmer ihrer Herrschaft geschlafen: »Da drinnen war keine Heizung und kein elektrisches Licht. Nur eine Kerze hab ich gehabt. Im Badezimmer war ein Verschlag, davor war ein Vorhang, dahinter war mein Bett. Gebadet haben die Herrenleute ja am Tag, da hatte ich ohnehin in dem Zimmer nichts verloren. Schlimm war es nur im Winter, denn damals waren die Winter sehr streng. Da hab ich mir die Hände erfroren und auch die Füße. Danach durfte ich bei strenger Kälte im Kabinett schlafen, dort war eine Heizung.« Das Kabinett stand übrigens leer, es wäre theoretisch

»Gesindevermiethungs-Bureau«, 1898, Gemälde von Paulsem. Die Assoziation an einen Sklavenmarkt drängt sich auf.

kein Problem gewesen, das junge Mädchen ständig dort schlafen zu lassen. Warum die Herrschaft auf den Wohnort Badezimmer für ihr Dienstmädchen bestanden hat, darüber kann man nur Vermutungen anstellen. Vielleicht wollten sie nicht nur räumlich, sondern auch sozial die ihnen nötig erscheinende Distanz einhalten.
Badezimmer waren allgemein beliebte »Aufbewahrungsorte« für Dienstmädchen. Man benötigte diesen Raum nur ein bis zwei Mal pro Woche für das damals aufwendige Badeerlebnis, ansonsten stand er unnötig leer. Und tatsächlich hat es Frau Wilhelmine gut getroffen, denn die Familie benutzte das Bad am Tag. Es gibt Berichte von Dienstboten, die bis spät am Abend in der Küche warten mußten, bis die Herrschaft mit dem Baden fertig war und sie endlich in den mit Dunst erfüllten Raum schlafen gehen konnten.
Ein anderer Grund, warum Frau Wilhelmine angibt, daß sie es mit ihren »Herrenleuten« gut getroffen hätte, ist der, daß sie nicht belästigt worden ist. »Es ist ja oft zu Belästigungen gekommen, durch die Kinder, wenn welche im Haushalt gelebt haben, oder durch Erwachsene. Und oft durch die Herrschaften selber. Aber das hab ich nicht durchgemacht, denn Kinder hatten sie keine, und der Herr ist ja dann bettlägrig geworden.«
Über unverschämte Kinder, die Dienstboten respektlos und frech behandeln, wird oft berichtet. Viele Dienstmädchen wurden angehalten, die Kinder im Haushalt als »junge Herren« anzusprechen, während

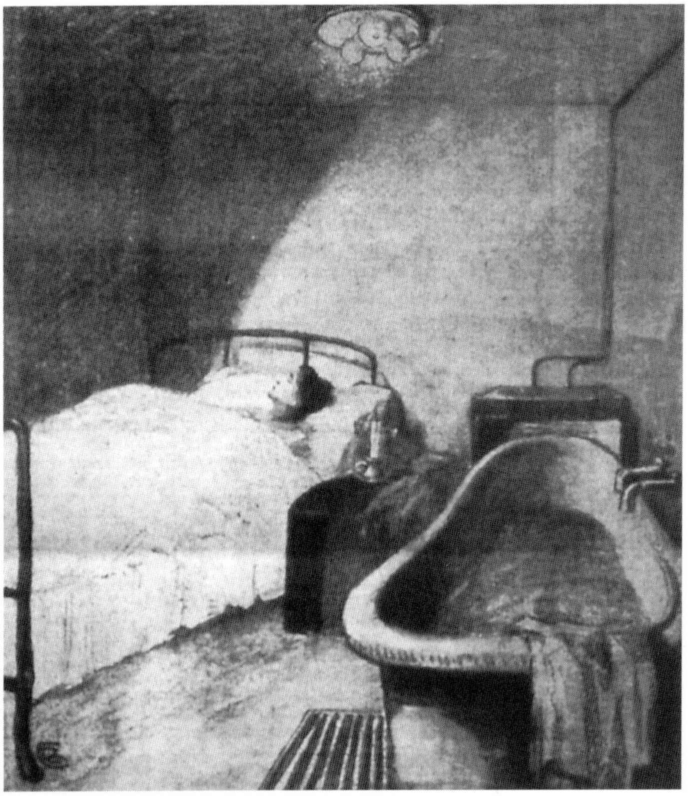

Aus der »Dienstbotenzeitung« 1911

sie selbst mit Vornamen gerufen und geduzt wurden. In Witzblättern werden häufig Beispiele zitiert, wo sich ein Dienstmädchen bei der Hausfrau beklagt: *»Gnädige Frau, der Fratz da ..., pardon, der junge Herr streckt mir immer die Zunge heraus!«*
Auch eine Publikation des »Allgemeinen österreichischen Frauenvereins« aus dem Jahr 1895 nimmt sich der Dienstbotenfrage an. Darin wird die spätere Abgeordnete Therese Schlesinger zitiert, die, selbst aus großbürgerlichen Verhältnissen kommend, den Umgang der Arbeitgeber mit ihren Dienstboten heftig kritisiert. Sie spricht auch das Problem des Verhältnisses der Kinder zu den Dienstmädchen an: *»Wir können nur zu oft sehen, wie die kleinsten Knirpse sich Dienstboten gegenüber gebärden, als wenn sie höhere Wesen wären. Daß aber ein solch' verkehrtes Verhältnis für die Erziehung der Kinder gewiß ebenso böse Folgen haben müsse, als für die Stellung der Dienstmädchen, das möge jede gewissenhafte Mutter bedenken.«*

Sind Dienstmädchen Menschen?
Wenn man das Verhalten mancher Herrschaften ihrem Personal gegenüber sich vor Augen führt, kann man zu dem Schluß kommen, daß diese in den Personen, durch deren Arbeit ihnen erst die Annehmlichkeiten in ihrer Häuslichkeit geboten werden, nicht nur keine Menschen sehen, sondern ihre Dienstboten usw. noch weit unter ihren Haustieren rangieren.
Greifen wir einen Fall heraus: Eine einzelne Dame in Wilmersdorf bewohnt eine große Wohnung und sie nimmt nun noch eine kleinere hinzu. Es stehen in diesen Räumen drei Klosetts zur Verfügung. Und das Dienstmädchen? Natürlich kann es wenigstens eine dieser unentbehrlichen Einrichtungen benützen? Weit gefehlt! Das Mädchen muß hinaus nach dem Wäscheboden und das dort befindliche Klosett benützen. Die Dame hat auch Badeeinrichtungen. Darf das Mädchen baden? Nein, das darf es nicht. Diese Madame ist nicht die einzige ihrer Art; in vielen Häusern wird es genau so gemacht. Es kommt häufig vor, daß dem Dienstmädchen die Benützung der Badewanne strengstens untersagt wird, die Herren Hunde aber, manchmal mehrere Stück, in dieser Wanne ihr »gewohntes« tägliches Bad nehmen.
Und gerade diese Herrschaften sind es gewöhnlich, die über die Unlust der Mädchen, sich dem Dienstbotenberuf zu widmen oder darin zu bleiben, am bittersten beklagen.

Österreichische Dienstboten-Zeitung, 1911

Und Therese Schlesinger meint, die Mutter möge den Kindern ein Beispiel sein, so werden sie sich auch einen guten Umgangston angewöhnen.
Die zweite, wesentlich schlimmere Belästigung kam von den Erwachsenen. In Wien gestattete eine Dienstbotenordnung aus dem Jahr 1810, die über hundert Jahre lang in Kraft geblieben ist, die Dienstboten bei Verfehlungen oder Nichtbefolgen von Anordnungen »zurechtzuweisen«. Und zwar in Worten

Seite 2. Oesterreichische Dienst

Preis 70 Heller. Preis 70 Heller.

Soeben erschienen!

Der Leidensweg unserer Dienstmädchen.

Von Hermine Jungwirth.

Nach vorausgegangener Bestellung in allen k. k. Tabak-Trafiken erhältlich.

Direkte schriftliche Bestellungen bei der Verwaltung der „Oesterreichischen Dienstpersonal-Zeitung" werden umgehend erledigt. Es kann auch telephonisch (Telephon Nr. 6375) bestellt werden.

Die ab 1910 erscheinenden Dienstbotenzeitungen waren einem elitären Kreis vorbehalten. Viele Dienstmädchen waren nämlich Analphabetinnen.

und Taten. Der Dienstbote, so sagte das Gesetz, muß die Zurechtweisungen und Ermahnungen »mit Bescheidenheit« hinnehmen. Viele »Herrschaften« sahen darin einen Freibrief für Beschimpfungen aller Art, aber auch für tätliche Angriffe. Dienstmädchen, die sich beschweren wollten, mußten sich an die Polizei wenden. Davor schreckten die meisten zurück. Der Großteil der Mädchen und Frauen im Dienst war jung, ungebildet, mittellos und weit weg von zu Hause. Vor allem aber waren sie naiv und völlig unerfahren und voll Angst im Umgang mit Behörden und Obrigkeiten. Die jungen Frauen waren von Kindheit an dazu erzogen worden zu gehorchen: Eltern, Lehrern und allen älteren und vor allem höherstehenden Personen. Zurückreden war ihnen von kleinst auf verboten gewesen, von Aufbegehren oder Sich-Wehren war gar keine Rede. Ein Gang zur Polizei hätte Mut und Selbstbewußtsein erfordert, und das hatten sie nicht. Vor allem deshalb, weil, zumindest in Wien ebenfalls laut Gesetz, die Dienstboten selbst unter Polizeiaufsicht standen. Auch dieses Gesetz stammte aus dem Jahr 1810, also einer

Zeit, in der der Polizeistaat allgegenwärtig und mit großen Befugnissen ausgestattet war. Es bedeutete, daß die Herrschaft bei jedweder Verfehlung ihrer Dienstboten die Polizei rufen durfte. So zum Beispiel, wenn sich Dienstboten weigerten, eine befohlene Arbeit zu tun, wenn sie ohne Erlaubnis Besuche empfingen, wenn sie den Dienst schlecht, unwillig oder träg verrichteten. Ein Dienstbote, der ohne Dienst war und keinen Erwerb nachzuweisen vermochte, wurde in seine Heimatgemeinde abgeschoben. Während in Zürich schon 1853 ein neues, vergleichsweise vorbildliches Dienstbotengesetz in Kraft trat, in dem Rechte und Pflichten von Dienstboten und Herrschaft genau definiert waren, blieb die Dienstbotenverordnung in Wien mit ihren ausschließlich die Dienstboten betreffenden Ge- und Verboten bis 1911 gültig. Immer wieder wurden neue Gesetzesentwürfe unter heftigen Diskussionen eingebracht, aber nicht verwirklicht. In der Veröffentlichung des »Allgemeinen österreichischen Frauenvereins« wird die Dienstboten-Ordnung so beschrieben: »Ein Stück Mittelalter, das hineinragt in unsere an Fortschritten aller Art so reiche Zeit.«

VOLKSLIED
Es spielt ein Graf mit seiner Magd, sie spielten alle beide.
Und als der helle Morgen anbrach, da fing sie an zu weinen.

»Wein nicht, wein nicht, mein Engelein,
dein Ehr will ich bezahlen.
Ich will dir geben den Reitknecht mein,
dazu zwölfhundert Taler.«

(Deutsche Volkslieder, Band III)

Nachstellung und Mißbrauch

Zu den schlimmsten Drangsalierungen der Dienstmädchen gehörte zweifellos die Zudringlichkeit der männlichen »Herrschaften«. Im späten 19. Jahrhundert mit seiner völlig einseitigen Sexualmoral galt es als selbstverständlich, daß junge Mädchen aus gutem Haus unberührt in die Ehe zu gehen hatten. Der junge Mann aber durfte sich vor der Ehe »austoben«. Beliebte Objekte zum »Austoben« der jungen Herren waren die Dienstmädchen. Erstens war es leicht, an sie heranzukommen, weil sie ohnehin im gemeinsamen Haushalt im unversperrten Zimmer lebten, zweitens hatten die wenigsten den Mut und die Möglichkeit, sich vehement gegen Zudringlichkeiten zu wehren. Und drittens konnte die Herrschaftsfamilie, wenn schon einmal »etwas passiert« war, die Vaterschaft leugnen und »den Trampel« einfach hinauswerfen.

Alter schützt vor Torheit nicht.

Wie schade — er möchte so gern anbeißen, aber er hat keine Zähne mehr!

Avancen des Hausherrn: So lustig war die Realität sicher nicht

Hausherr und Dienstmädchen – eine Beziehung, die nicht immer ohne Folgen blieb. Hier sei als Beispiel einmal ein damals noch recht unbekannter, kleinbürgerlich verarmter Philosoph und Hobby-Politiker genannt, dessen illegitime Beziehung und sein Kind mit dem Dienstmädchen heute noch gern verschwiegen werden: Dr. Karl Marx. Helene Demuth, das »Mädchen für alles« der Familie Marx, war im Alter von 21 Jahren ins Haus gekommen, stammte aus Trier und war ihrer Herrschaft treu ergeben. Bei den Spaziergängen der Familie ging das Lenchen in gehörigem Abstand und schleppte die Körbe mit den Köstlichkeiten für das Picknick. Am 23. Juni 1851 gebar der »gute Geist« des Haushaltes Marx einen Sohn. Jenny Marx, die Hausfrau, spricht in ihren Erinnerungen »von einem Ereignis, welches ich nicht näher berühren will, das aber sehr für Vermehrung unserer Sorgen beitrug«. Der kleine Henry Frederick Demuth wurde in die Obhut von Pflegeeltern gegeben, Helene Demuth blieb im Haus, und Dr. Karl Marx konnte wieder in Ruhe seiner Arbeit nachgehen.

Helene Demuth, das Dienstmädchen von Karl Marx

Konnte eine Vaterschaft – aus welchen Gründen auch immer – nicht geleugnet werden, dann wurde einfach die Schuldfrage umgedreht. Das Dienstmädchen hatte eben den jungen Herrn verführt, war somit moralisch minderwertig und wurde ebenfalls gefeuert. Die schon großzügigeren Lösungen eines solchen »Problems« wurden entweder dadurch erzielt, daß dem Mädchen das Geld für eine Engelmacherin, also die Durchführung einer Abtreibung, zugesteckt wurde. Oder daß der uneheliche Nachwuchs ausgetragen und entbunden werden durfte, aber auf Druck und mit möglichst niederer Finanzierung der Herrschaftsfamilie in ein Findelhaus oder – was keineswegs leichter für das Schicksal des Kindes war – zur Familie des Dienstmädchens aufs Land geschickt wurde. Es braucht wenig Phantasie, um sich für alle üblichen »Lösungskonzepte« die bitteren existentiellen Folgen für die junge Schwangere beziehungsweise für Mutter und Kind auszumalen.

Diese um die Jahrhundertwende geradezu alltäglichen Tragödien haben auch ihre »historischen Aspekte«. Ursprünglich eng mit der Leibeigenschaft der bäuerlichen Bevölkerung im Verhältnis zum adeligen Grundherrn verbunden, entwickelte sich das legendäre Ius primae noctis. Eine Rechtspraxis, die dem Adeligen das Vorrecht auf die Hochzeitsnacht einer Hörigen einräumte. Abgesehen davon, wo und wann dies auch immer geübt wurde, hatte es sich auf Kaiser- und Königshöfen und im Hochadel schon ab dem 17. Jahrhundert eingespielt, daß zur

Als Figur im »Kleinen Witzblatt«, 1910

Originaltext: Quartierfrau: Was seh' ich, Tini?! Eine Ihrer Wangen ist geröthet und bei unser'n Zimmerherr'n, dem Herr'n Schöberl, auch eine!
Kommt das nicht etwa vom – Küssen her?!
Stubenmädchen: Bei mir – ja; bei Herrn Schöberl aber von aner Ohrfeige.

Erziehung der heranreifenden männlichen Hoheiten auch voreheliche sexuelle Erfahrungen zählten. Bei allerhöchsten jungen Damen war dies natürlich genauso tabuisiert wie in den unteren Gesellschaftsschichten. Die Sexualerziehung der Herren Prinzen wurde selbstverständlich unter sorgfältiger Beobachtung und unter diskretester Auswahl der geeigneten jungen Mädchen aus dem Hofgesinde arrangiert. Gleichgültig, ob sich bei den »erwählten« jungen Frauen Nachwuchs einstellte oder nicht, waren sie keineswegs damit und danach existentiell ruiniert. Denn das inoffizielle Reglement sah hier vor, daß diese »Dienstboten« für ihre besonderen »Leistungen« mit einer guten finanziellen Abfertigung und einer angemessenen, vielleicht sogar etwas über ihrem Stand liegenden Verehelichung abzufertigen waren. Vor allem natürlich, weil damit mit einer absoluten Verschwiegenheit der Betroffenen gerechnet werden konnte. Trotzdem kam es im Volke immer wieder zu Mutmaßungen über den einen oder die andere »allerhöchste Abstammung« bei außergewöhnlichen Menschen. Es wird wohl nicht immer nur ein bloßes Gerücht gewesen sein.

Der niedere Adel kopierte selbstverständlich die Gepflogenheit höchster Kreise. Da stoßen wir wieder auf die schon erwähnte Figaro-Story. Der Graf, dessen Leibdiener ihm deshalb den Kampf ansagt, ist hinter der Kammerzofe seiner Frau, der Braut des Figaro, her. Gelänge ihm der Coup, wäre Susanna durch die Heirat mit dem Figaro ja ohnehin versorgt und weiter in vollen Diensten. Somit beschreibt Beaumarchais im späten 18. Jahrhundert schon ein finanziell bescheideneres Modell von sexueller Ausbeutung von Dienstboten.

Dienstmädchen: Ach, so sind die Männer ... mich liebt er und dem Hausfräulein schwört er ewige Treue! Illustration in »Wiener Luft«, 1896

Gesellschaftliche Entwicklungen haben stets so stattgefunden, daß man »unten« alles kopierte, was »oben« vorgemacht wurde. Seien es sprachliche Gewohnheiten, seien es Tischsitten, seien es Fest- und Feiertraditionen. Und wie gern erst bei Unsitten! Es nimmt nicht wunder, daß das erstarkende Bürgertum sich die Art und Weise der sexuellen Übergriffe auf Dienstboten perfekt abgeschaut hat, aber je finanzschwächer, je kleinbürgerlicher die Lebensverhältnisse wurden, desto brutaler wurde die Art der Vorgangsweise, die Brutalität der logischen Konsequenzen.

Trotzdem darf hier nicht pauschalisiert werden. Es wird auch in den schlimmsten Zeiten korrekte Dienstgeber gegeben haben, die von sich aus mit dem Personal nicht nur freundlich, sondern auch im wahrsten Sinne des Wortes anständig umgegangen sind und dies auch von allen Familienmitgliedern verlangt haben. Der überwiegende Teil dieser typischen patriarchalischen Gesellschaften dürfte es aber nicht gewesen sein.

Nicht nur die Jünglinge, auch die gesetzten Herren des Hauses nützten die Abwesenheit der Dame des Hauses, um sich mit dem Dienstmädchen zu vergnügen. Sexuelle Ausbeutung und Mißbrauch zu verhindern bestand darin, daß die betroffenen Frauen den Dienst verließen. Anklagen und Beschuldigungen wären sinnlos gewesen, denn niemand hätte ihnen – offiziell – geglaubt. Wenn sie aber rechtzeitig den Dienst verließen, konnten sie als Davongelaufene keineswegs auf ein ordnungsgemäßes Zeugnis oder eine gute Referenz hoffen. Es war eine einzige Zwickmühle, in der die Mädchen vom Lande steckten. Eines der Hauptprobleme, das bei heutiger Beurteilung nie richtig verstanden wird, war es auch, daß diese halben Kinder entweder sexuell überhaupt nicht aufgeklärt waren oder viel zu wenig über Sexualhygiene oder Vorbeugung wußten. Die von der Trivialliteratur von Courths-Mahler bis Marlitt immer wieder versprochenen Happy-Ends – aus unglücklicher Liebe zwischen jungen Herren und Dienstmädchen wird letztlich doch die Erhöhung durch Heirat als Lohn für treue Dienste in jeder Hinsicht – wurden in der Realität wahrscheinlich nie erfüllt. Und zuletzt muß gesagt werden, daß aus all diesen tristen sozialen Komponenten perfiderweise jenes Klischee vom sexy girl herausgefiltert wurde, das die Dienstmädchenrolle im Boulevard eben heute noch hat.

Mädchen für alles

Unter den Klagen der Dienstmädchen nehmen die Beschwerden über die eigentliche Arbeit den geringsten Platz ein. Während die Dienstboten der großen Häuser ja eine spezielle Arbeit, einen spezifischen Arbeitsbereich hatten – als Stuben-, Küchen- oder Hausmädchen –, waren die Dienstmädchen der kleineren Haushalte zumeist als »Mädchen für alles« engagiert, ein Begriff, der auch

in Zeitungsinseraten immer wieder veröffentlicht wurde: »Suche Mädchen für alles.«
Frau Wilhelmine, die mit fünfzehn Jahren als »Mädchen vom Land« zu ihren Dienstgebern gekommen ist, beginnt ihre Erinnerungen an die Arbeit mit einem tiefen Seufzer: »Mein Gott. Die Arbeit hat um sechs Uhr früh begonnen und ist durchgegangen bis zum Abend. Am Morgen für die Herrschaften Schuhe putzen, das Frühstück richten, einkaufen gehen. Der Speiseplan ist ja schon am Abend vorher besprochen worden. Dann saubermachen, die Betten richten, den ganzen Haushalt machen. In der Wohnung waren Holzböden – kein Parkettboden, sondern Bretterböden – da mußte man beim Saubermachen immer auf den Knien herumrutschen. Beim Kochen mußte ich helfen. Gekocht hat die Frau selbst, das hat sie gern gemacht, sie ist aus einer Gastwirtsfamilie gekommen. Am großen Waschtag einmal im Monat ist eine Wäscherin gekommen, aber gebügelt habe ich. Das war dann die Wäsche von vier Wochen, das war keine Kleinigkeit. Ich mußte Holz und Kohlen vom Keller in den zweiten Stock hinauftragen, das Holz selber hacken – eine Verletzung vom Hacken ist mir bis heute geblieben. Am Abend nach dem Nachtmahl wieder Geschirr abwaschen und dann die Wäsche der Herrschaft ausbessern, Strümpfe und Socken stopfen – ich mag gar nicht drüber reden, so viel Näharbeit war das. Langweilig ist mir nie geworden.«
In der Behandlung, den Lebensumständen und der Arbeitszuteilung der Dienstmädchen bestand zwischen großbürgerlichen und kleinbürgerlichen Familien ein deutlicher Unterschied. Frau Käthe ist 1904 geboren, sie ist im Waisenhaus und bei Zieheltern aufgewachsen. Im Alter von vierzehn Jahren hat sie zu arbeiten begonnen. Zuerst war sie Küchengehilfin, später Hausgehilfin in der Großstadt. Es war eine jüdische Familie, bei der Frau Käthe schließlich Stellung nahm. Die Wohnung war groß. Der Herr des Hauses war Zahnarzt, seine Ordination befand sich im selben Haus. Für die Hausgehilfin gab es ein eigenes Zimmer, bescheiden zwar, aber immerhin hatte es ein Bett, ein Nachtkästchen, elektrisches Licht. Der Arbeitstag sah so aus: »Um halb sieben Uhr früh hab ich Kaffee gemacht, bin schnell hinuntergelaufen, habe beim Bäcker frisches Gebäck geholt und dann das Frühstück ins Schlafzimmer der Herrschaften gebracht. Dann hab ich in der Küche gefrühstückt. Danach bin ich einkaufen gegangen, habe saubergemacht – vier Zimmer und einen großen Balkon. Nach zehn Uhr wurde gekocht, da hat die Frau Doktor manchmal mitgeholfen, beim Saubermachen nicht. Mittagessen war um zwölf Uhr. Ich habe serviert und dann in der Küche gegessen, dasselbe wie die Herrschaft. Wenn sie mit der Tischglocke geläutet haben, habe ich das Geschirr abgeräumt, abgewaschen und die Küche saubergemacht. Dann bin ich eine Stunde in mein Zimmerl gegangen. Jeden Nachmittag mußte ich die Ordination saubermachen. Einmal die Woche das ganze Silberbesteck putzen, das hat den ganzen Nachmittag gedauert. Arbeit war genug, auch mit den vielen hohen Fenstern, die mußte ich schon zweimal im Monat putzen. Aber am Abend haben die Herrschaften nicht zu Hause gegessen. Da hab ich 35 Groschen bekommen für ein Nachtmahl. Und oft ist das Dienstmädel vom Dr. Weiß aus der Nachbarwohnung im selben Haus zu mir gekommen, da haben wir geplaudert oder Handarbeiten gemacht.« Der Lohn, den die junge Käthe bekommen hat, war nicht überwältigend, die Arbeit reichlich. Aber sie hatte stets auch ein wenig Zeit für sich selbst, und immer hatte sie das Gefühl, als Hausgehilfin geschätzt und respektiert zu sein. Es gibt Berichte von Dienstmädchen, die von ihren Herrschaften völlig anders, in unglaublicher Art und Weise behandelt worden sind. Manche Hausfrauen haben ihrem Mädchen nicht einmal Zeit gelassen, das Essen einzunehmen. Stehend mußte es in der Küche zwischendurch ein paar Bissen schlucken. Es gab Hausfrauen, die den Dienstboten auch von der Qualität und Menge her

Worüber die Dienstboten am meisten klagen, das ist die ungenügende oder schlechte Kost. In vielen Häusern gibt man dem Mädchen den zweiten Absud des Kaffees. Auch dies ist ein großes Unrecht. Lieber knausere die Hausfrau an Toiletten; aber an der Kost zu sparen ist die schlechtest angebrachte Sparsamkeit!

»Frauenfortschritt«, Zeitschrift 1911

keine ordentliche Mahlzeit gönnten. Sie setzten ihnen die Essensreste vor, die vom Tisch der Herrschaft übriggeblieben waren, und zwar nicht etwa jene von den Servierplatten, sondern die von den Tellern. »Einen Hund behandelt man so«, klagten die jungen Frauen. In einer Dienstbotenzeitung aus Wien um 1910 beschreiben Dienstmädchen ihre Ernährung:

»Früh gibt es einen Kaffee wie Abwaschwasser, dazu vorgezählte zwei Stück Zucker.«

»Das Brot wird versperrt gehalten.«

»Um halb zwölf Uhr bekam ich ein durchsichtiges Stück Butterbrot, um zwei oder halb drei das Mittagsmahl, bestehend aus Suppe, von den zusammengeschwemmten Reindln Fleisch, wenn was drinnen geblieben ist, ein Stückchen so groß wie für einen Spatzen, Gemüse zum Kosten, Mehlspeise zum Anschauen. Kaum, daß man sich zu dem bißchen eiskalten Essen setzte, stand schon die Gnädige hinter uns.«

»Eines Mittags sagte ich: ›Ach, gnä' Frau, ich habe großen Hunger.‹ Sie schaute mich groß an, dann aber ging sie und brachte etwas am Teller. Es war gekochter Reis und oben ganz grünlich. Es war Schimmel. Meine Augen waren voll Wasser, im Hals war es mir, als ob ihn mir jemand zuschnüren würde.«

Wenn im Haushalt Kinder lebten, mußte das »Mädchen für alles« zusätzlich noch die Arbeit eines Kindermädchens verrichten und die Kinder hüten.

Viele Dienstboten hatten den ganzen Tag über nicht einmal eine halbe Stunde Ruhepause. Ein Arbeitstag von 16 Stunden war keine Seltenheit. Es gibt Berichte von Frauen, denen es aufgrund der Arbeitsüberlastung nicht einmal möglich war, ihre eigene Wäsche in Ordnung zu bringen und auszubessern. Sie mußten die Wäsche zu einer Wäscherin außer Haus bringen, eine Dienstleistung, die praktisch ihren ganzen Lohn auffraß.

Das fehlende Verständnis vieler Hausfrauen zeigt sich in einem Diskussionsbeitrag einer Veranstaltung des »Allgemeinen österreichischen Frauenvereins« im April 1895 in Wien. Zur Anregung, den Dienstmädchen zumindest eine achtstündige Nachtruhe und eine Pause zur ruhigen Einnahme der Mittag- und Abendmahlzeit zuzugestehen, brachte eine Dame namens Fein folgende Argumente: »Es ist nicht möglich, den Dienstmädchen gleich den Arbeitern während des Tages eine bestimmte Ruhepause zu gewähren. Die Haushaltsgeschäfte dulden oft keinen Aufschub, und es geht nicht an, Fabriksunternehmen und Haushaltung in eine Parallele zu stellen.«

Grundsätzlich hätte sich eine große Zahl der »Herrschaften« eigentlich kein Dienstmädchen leisten können. In deren eigenen beschränkten Wohnverhältnissen – die sich allerdings gegen die Elendsquartiere der Proletarier noch immer komfortabel ausnahmen – war kein Platz für eine angemessene

Ich war auch beinahe 4 Jahre bei Herrn Josef Pleininger als Stubenmädchen bedienstet und wurde wiederholt äußerst roh behandelt. Beim geringsten Anlaß ohrfeigte mich mein Dienstgeber. Nichtsdestoweniger blieb ich, weil es der Wunsch meiner Eltern war.

Am Mittwoch, 22. Februar, ereignete sich nun etwas Schreckliches. Ich wurde früh geweckt und sollte zum Dienstherrn ins Zimmer gehen. Da ich aber unwohl war, ließ ich sagen, daß ich nicht aufstehen könne. Darauf hin kam Herr Pleininger in mein Zimmer, beschimpfte mich »Dreckmensch« und »Schlampen« und schlug mich mit der Faust auf die Schläfe, so daß es mir vor den Augen blitzte und ich sofort Kopfschmerzen bekam. Ich sagte ihm: »Merken Sie sich das!« Darauf hin kam er nochmals auf mich zu und brachte mir Kratzwunden am Knie und auf der Brust bei. Ich wollte nachmittags weggehen, um mir vom Arzt ein Parere ausstellen zu lassen, doch wurde mir verweigert, auszugehen. Ich habe noch am selben Tage gekündigt und trat nach drei Tagen aus dem Dienste.

Leserbrief von Therese Prohaska, Stubenmädchen, Wien 7., Schottenfeldgasse 86/3/16 an die Österreichische Dienstpersonal-Zeitung im März 1911

Unterkunft der Dienstboten. Der Lohn, den das Dienstmädchen erhielt, kürzte das eigene knappe Budget. Die Hausfrauen nützten jede Gelegenheit, ihren Dienstmädchen diesen geringen Lohn noch zu kürzen, und sie hielten die Mädchen in allem und jedem kurz: beim Essen, bei der Heizung, bei Freizeit. Viele Hausfrauen zogen dem Personal jedes Stück Geschirr, das zerbrochen wurde, vom Lohn ab. Viel blieb da nicht mehr übrig. Und die Angst, nur ja nichts kaputtzumachen, ließ erst recht so manches weitere Stück entzweigehen. Gleichzeitig versuchten die Frauen, die Arbeitskraft der Dienstmädchen so weit wie möglich auszunutzen. »Wenn sie schon Lohn erhält, soll sie dafür auch arbeiten«, lautete die Devise. Arbeitspausen, die sie jedem anderen Menschen unter jeglichen Bedingungen zugebilligt hätten, mißgönnten sie den Dienstboten. In der zitierten Diskussion zur Dienstbotenfrage aus dem Jahr 1895 heißt es:

»Von sonst ganz liebenswürdigen Frauen hört man oft Urteile über ihre Dienerinnen, als ob diese zu einer ganz anderen Menschenclasse gehörig wären, Freude und Schmerz, Mühe und Erholung bei ihnen andere Ursachen, andere Wirkung hätten, als bei den Menschen bürgerlichen Geblütes. Das Verhältnis von Frau und Dienstbote erinnert lebhaft an das Wort, daß die eine Hälfte der Menschheit nicht wisse, wie die andere Hälfte lebt, nur in einer schärferen Fassung.«

Tatsächlich waren die Dienstmädchen zum Statussymbol eines ehemals reichen bürgerlichen Patriziertums geworden, auf den das immer mehr verar-

Dienstmädchen im Stellenvermittlungsbüro, um 1930

mende Kleinbürgertum nicht verzichten wollte. Und so wurden die Mädchen und jungen Frauen vom Lande immer mehr augebeutet, weil die Herrschaft die eigene kärgliche Haushaltung am Dienstmädchen »einsparen« wollte.
Frau Wilhelmine erzählt: »Unter der Woche hat es keine Freizeit gegeben. Kein Kino, kein Fortgehen, gar nichts. Nur am Sonntag nach dem Essen und Geschirrabwaschen durfte ich zu meinen Eltern fahren. Bis ich mit der Arbeit fertig war, ist es zwei Uhr gewesen, dann konnte ich fort, zum Autobus gehen und heimfahren. Bis acht Uhr mußte ich wieder zurück sein. Da war gerade Zeit für einen Besuch daheim, meine Freundinnen habe ich praktisch gar nicht mehr gesehen. Sonntag früh durfte ich in die Messe gehen, das war alles. Urlaub hatte ich eine Woche im Jahr, gerade soviel, wie mir unbedingt zugestanden ist. Im Sommer, wenn die Herrschaften auf Urlaub gefahren sind, war ich allein in der Wohnung und hab alle möglichen Arbeiten machen müssen. Damit mir die Zeit nur ja nicht lang wird. Zum Beispiel mußte ich Federn schleißen, furchtbar war das. Das macht heute niemand mehr. Und jeden Tag ist eine Tante der Frau nachschauen gekommen, was die Minna macht. Wilhelmine heiß ich, aber ich war immer die Minna.«
Daß Frau Wilhelmine »noch Glück« und »einen guten Posten« hatte, versteht man, wenn man hört, daß andere Herrschaften ihre Dienstmädchen kurzfristig vor einem allfälligen Urlaub entließen, um den Lohn zu sparen. Wenn alleinstehende junge Frauen plötzlich und unerwartet ihren Dienstposten verloren, standen sie, die ja meist vom Land kamen, allein und ziemlich mittellos, ohne Dach über dem Kopf in der Stadt. Sie wußten nicht, wo sie schlafen sollten, und suchten so schnell wie möglich einen neuen Dienstplatz. Private Stellenvermittler für Dienstmädchen – in Berlin hießen sie geschmackvoll »Gesindevermiethungs-Comptoirs« – lockten den Frauen das letzte Geld aus der Tasche. Oft vermittelten sie Dienstposten, wo klar war, daß die Frau in wenigen Tagen wieder hier stehen und eine neue Stelle suchen würde. Und dafür abermals Vermittlungsgebühr bezahlen mußte. Während in Städten wie Berlin, Dortmund und Stuttgart den privaten Stellenvermittlern die Tätigkeit verboten oder

Am 21. Oktober 1938 haben wir geheiratet, das war ein Samstag. Nach der Trauung bin ich wieder zurück in den Dienst, und er ist zu sich nach Hause gefahren. Eine Woche nach der Heirat bin ich aus dem Dienst gegangen. Die Herrschaften waren überrascht, weil ich so plötzlich weggegangen bin. Aber das wär' ja kein Leben gewesen. Ich die ganze Woche im Dienst, mein Mann zu Hause.

So erinnert sich Frau Wilhelmine

Die alte Hausgehilfin

Die alte Anna taugt nicht mehr.
Der Herrschaften Geduld ist aus.
Die Arbeit ist ihr schon zu schwer.
Ein junges Mädchen muß ins Haus.
Die Brave hat so manches Jahr
Den fremden Haushalt treu verseh'n,
Was Leid und Freud im Hause war,
Sie nahm's, als wär's ihr selbst gescheh'n.
Sie hat die Jugend nie beklagt,
Hat an das Alter nie gedacht,
Hat immer freundlich, unverzagt,
Der Herrschaft es bequem gemacht.
Jetzt, da das Werk zu stocken droht,
Hat die Maschine ausgedient.
Wer gibt denn für Gefühle Brot,
Wenn Kräfte nur vonnöten sind?
Man sagt ihr manches leere Wort,
Gibt ihr das Zeugnis, zahlt sie aus
Und schickt die alte Anna fort.
Wohin, wo hat sie ein Zuhaus'?

Emmy Klein-Synek

Arbeit im Haushalt wird erst dann zur Kenntnis genommen, wenn sie nicht gemacht wird

Vor einigen Tagen sprang die 17jährige unterstands- und beschäftigungslose Magd Marie Sch. von der Quaimauer nächst dem Urania-Gebäude in den Donaukanal. Die Wachleute Josef Stodola und Johann Turecek lösten sogleich eine Zille los, fuhren ihr nach und konnten sie lebend ans Ufer bringen. Sie war aber bereits bewußtlos und wurde von der Rettungsgesellschaft in das Rudolfsspital gebracht. Das Motiv der Tat ist Stellenlosigkeit.

Österreichische Dienstpersonalzeitung Nr. 20, 1911

zumindest erschwert worden war, trieb die Dienststellenvermittlung in Wien noch lange ihr Unwesen. Es gab Büros, die sich rühmten, tausend freie Stellen zur Vermittlung anbieten zu können. In Wahrheit waren es bestenfalls zehn. Viele Vermittler setzten auch ihre Leute auf Frauen an, die im Dienst standen. Sie sollten ihnen einen neuen, besseren Posten in Aussicht stellen und ihnen so die Kündigung schmackhaft machen. In den Warteräumen der Dienstvermittlungsbüros war, so meint der Wiener Gemeinderat J. Herrdegen 1895, »nicht die beste Gesellschaft, die man dort vorfindet. Ältere, wetterharte Schicksalsgenossinnen führen zumeist das Wort zur allerschärfsten Kritik über die Herrschaften und wissen ihre Ausführungen durch manche schlüpfrige Geschichte zu würzen. Beschäftigungslose Männer, welche sich häufig in den gemeinsamen Warteräumen aufhalten, tragen zu dieser Art von Unterhaltung nicht nur gerne bei, sondern suchen sich auch den Mädchen unter verschiedenen Vorspiegelungen anzuschließen und sie zu bethören«. Und der Gemeinderat warnt: »Wenn unerfahrene Mädchen längere Zeit diesen verderblichen Einflüssen ausgesetzt bleiben und auch von Notlage bedroht sind, dann geraten sie in einen Zustand der Ratlosigkeit, der jedes Verbrechen, jeden Betrug an diesen armen Wesen leichtmacht.«
Hintergrund dieser Rede ist die Tatsache, daß viele stellungslose Mädchen, die sich in einer hoffnungslosen Situation befanden, Zuhältern in die Hände fielen. Die Zahl der ehemaligen Dienstmädchen unter den Prostituierten ist auffallend hoch. Verschiedene Statistiken und Zählungen zeigen, daß jeweils etwa die Hälfte aller Prostituierten früher »im Dienst« gewesen ist.
Frauen, die ledig blieben und weiterhin im Haushalt beschäftigt waren, lebten ohne jede Krankenversicherung und Altersversorgung. Für alte Dienstboten – und als alt galten schon die Vierzigjährigen! – war das Leben besonders schwer. Wenn sie Glück hatten, blieben sie jahrelang in ein und demselben Haus. Bei einer allfälligen Kündigung waren sie aber dann kaum mehr zu vermitteln. Alle Herrschaften wollten junge Dienstmädchen. Sobald ein Dienstbote arbeitslos war oder aus gesundheitlichen Gründen der Arbeit nicht mehr nachgehen konnte, blieb als letzte Station das Versorgungshaus, das Armenhaus. Das hieß, die Dienstboten waren auf Almosen angewiesen. Sozial engagierte Frauen und Männer sowohl aus den bürgerlichen wie auch den sozialdemokratischen Organisationen forderten jahrzehntelang vergebens nicht nur eine gesetzliche Besserstellung der Arbeitsverhältnisse zum Vorteil und zum Schutz der Dienstnehmer, sondern vor allem auch die Einführung einer Altersversorgung für Dienstmädchen. Wie schwer es für die engagierten Sozialreformer war, für die große Zahl der weiblichen Dienstboten vor allem ein geistiges Klima und Bewußtsein in der Gesellschaft zu schaffen, in dem es möglich war, konkrete Verbesserungen anzupeilen, zeigt indirekt eine Fülle von Witzen und Karikaturen aus rechtskonservativen, kleinbürgerlichen Witzblättern. Da werden zum Beispiel Dienstmädchen zur allgemeinen Belustigung als verkappte Sozialaufsteigerinnen mit bürgerlichem Bildungsheißhunger lächerlich gemacht.
Aber selbst dann, als endlich die Altersfürsorgerente für Hausgehilfinnen Realität geworden war, kamen nur wenige der als Dienstboten arbeitenden Frauen in ihren Genuß. Die meisten wurden ohne offizielle Anmeldung beschäftigt, und die Arbeitgeber ersparten die Beiträge für die Sozialversicherung. Und so kommt es, daß sowohl Frau Käthe als auch Frau Wilhelmine nach einem langen, arbeitsreichen Leben von der Mindestpension leben müssen.

Die Arbeitszeit war nicht geregelt. Freizeit war, wenn es die »Gnädige« erlaubte.

Im Dezember 1919 wurde in Österreich das Gesetz über den 8-Stunden-Tag erlassen. Für Frauen, die ja während des Ersten Weltkriegs zu vorher ausschließlichen Männerarbeiten in allen Bereichen der Wirtschaft herangezogen worden waren und zum Großteil in den Fabriken arbeiteten, bedeutete das nun eine 44-Stunden-Woche. Somit hatten sie Anspruch auf einen freien Samstagnachmittag und Sonntag. Nun war die Fabrikarbeit hart, aber verglichen mit der »Endlos-Arbeitszeit« der Dienstmädchen waren die Fabrikarbeiterinnen im Vorteil. Sie hatten nicht nur eine geregelte Arbeitszeit, sie fühlten sich auch nicht so von ihren Dienstgebern abhängig wie das Hauspersonal. Als die Männer aus Krieg und Gefangenschaft an ihre angestammten Arbeitsplätze zurückkamen, hatten die wenigsten Frauen Lust, wieder »in den Dienst« zu gehen, und zogen die Arbeit in den neuen technischen Berufen der Industrie oder auch die Beschäftigung als Verkäuferin vor. Immer mehr bürgerliche Frauen mußten ihre Hausarbeit selbst verrichten, Dienstmädchen waren Mangelware geworden. Diese Situation änderte sich rasch. Schon in den zwanziger Jahren, der Zeit der großen Wirtschaftskrise, waren die Frauen die ersten, die aus den Fabriken entlassen wurden. Für viele war die schlecht bezahlte Arbeit als Haushaltsgehilfin wieder die einzige Möglichkeit, Geld zu verdienen. Die nächste Zäsur, die schon aus der Wirtschaftskrise heraufdämmerte, war dann das Dritte Reich

Wie Bilder trügen: Weder war das Putzen so leicht und einfach wie auf dem Bild links, noch hatten Dienstmädchen genügend Zeit für Lektüre.

und die damit verbundene Zeit des Zweiten Weltkriegs. Die Nazi-Diktatur, die das Bild der »arischen Frau« ideologisch nicht leicht mit dem Dienstmädchen-Dasein verbinden konnte, hatte vorerst eine Zwischenlösung erdacht: Während junge Männer vor ihrer Wehrdienstzeit zum Reichsarbeitsdienst eingezogen wurden, zwang man die »deutschen Mädchen« durch das sogenannte Pflichtjahr – sei es auf Bauernhöfen oder in besseren Haushalten – in Wahrheit zu einem Hausgehilfinnen-Dasein. Grundsätzlich hat auch die Nazi-Propaganda jede Möglichkeit genutzt, um die Haushaltsarbeit der Frauen als »alte deutsche Tugenden« propagandistisch aufzupolieren. Der totale Krieg, den der Reichspropagandaminister aber dann von »deutschem Heldenvolk« verlangte, brachte für die Frauen wieder dasselbe typische Kriegsschicksal – den nun zwangsweisen Weg als Arbeiterinnen in die Munitionsfabriken der Rüstungsindustrie. Dienstmädchen konnten sich also nur mehr die privilegiertesten Nazi-Bonzen leisten.

Nach dem Wiederaufbau, im Wirtschaftswunder der sechziger Jahre, waren daher aus vorigen und vielen anderen Gründen Haushaltshilfen, Dienstmädchen, rar geworden. Aber mit den Gastarbeitern, die die Wirtschaft dringend brauchte, kamen auch jene Frauen aus deren Familien wieder »auf den Markt«, die nicht nur bereit, sondern auch kostengünstig genug waren, die klassische Dienstmädchen- und Hausgehilfinnenposition einzunehmen. Auch andere Emigrations- und Flüchtlingsströme aus vielen Teilen der Welt führten dazu, daß in den siebziger und achtziger Jahren nicht mehr Johannas, Poldis, Minnas oder Mitzis die begehrten »Perlen der gnädigen Frauen« waren, sondern Consuelas, Boženas und Agnieszkas. So ist also vieles ganz anders geworden und vieles ganz genauso geblieben wie in den angeblich guten alten Zeiten.

FABRIKMÄDEL

Von den Manufakturen zur Montagehalle –
Frauen in der Industrie

Heldinnen der Arbeit

Die Frauen an den Maschinen, an den Werkbänken, auf den Montagetreppen sind als schlichte Heldinnen fotografiert. Die einfachen Frisuren sind sorgfältig gekämmt oder durch geknotete Kopftücher in Zaum gehalten. Die Arbeitskleidung, ob männlicher Overall oder Drillichkittel mit Schürzen, ist tadellos sauber, auch Hände und die bloßen Unterarme weisen kein Fleckchen Schmutz oder Öl auf. Die Blicke der jungen Frauen sind konzentriert und ernst auf die Arbeit gerichtet. Auf das Werkstück im Bohrmaschinenschraubstock, auf den Motor des zu wartenden Flugzeuges, seltener mit zuversichtlichem Lächeln in Richtung des Kameraobjektivs. Die Fotos sind so gekonnt gemacht, daß auch immer die zwar weiblichen, aber ruhig-kräftigen Hände der arbeitenden Frauen im Bild richtig zur Geltung kommen. Ob die Schweißerin den Acetylenbrenner oder die Monteurin den Schraubenschlüssel führt, alles atmet Sicherheit und Tatkraft. In so einer tüchtigen weiblichen Arbeitswelt – so dokumentieren die Fotos – kann man ruhig auf Männer verzichten. Denn die Männer werden gerade – ebenfalls als Helden – an den Fronten gebraucht. Ihre Frauen sind nun die Heldinnen der Fabriken geworden. Die schwülstig-pathetischen Untertitel zu den Fotos arbeiten dies noch glaubwürdiger heraus.

Es sind NS-Propagandafotos aus dem Jahr 1941. Zweifellos wurden die abgelichteten Arbeiterinnen und die Arbeitssituationen für diesen Zweck optimal in Position gebracht bzw. ausgesucht. In den Kriegswirtschaften – schon des Ersten Weltkriegs – waren Frauen als Arbeiterinnen in den Fabriken, vor allem der Rüstungsindustrie, so unverzichtbar geworden, daß sie durch entsprechende Propagandaaktionen und Veröffentlichungen auch noch geadelt werden mußten, um sie leichter für die Fabriksarbeit rekrutieren zu können. Eine Tatsache, die natürlich nicht nur dem Nazi-Regime zuzuordnen ist. Alle kriegführenden Mächte waren auf Frauenarbeit angewiesen und haben in jeweils ihrem politischen Stil dafür geworben. Auch die »realsozialistischen« Staaten im Ostblock nach 1945 haben für Frauenarbeit mit solchen Methoden geworben, denn auch in ihren ökonomischen Systemen war auf Frauenarbeit in der Industrie nicht zu verzichten.

So wurden also bis weit über die Mitte des zwanzigsten Jahrhunderts jene gut vermarktbaren Klischeebilder von den »sauberen, anständigen, fleißigen und tüchtigen« Arbeiterinnen in der Industriegesellschaft geschaffen, die auch in den demokratischen Staaten bis heute politisch gut funktionieren. Und die mit der wahren Geschichte der Industriearbeiterinnen, die früher eher verächtlich Fabrikmädel genannt wurden, und den sozialen Problemen, die Arbeiterinnen prinzipiell bis heute noch haben, wenig zu tun haben. Der Weg von den ersten Zwangsarbeiterinnen in den Arbeitshäusern, die Manufakturen genannt wurden, bis zu den Fließbändern der Akkordarbeiterinnen ist geschichtlich gesehen kaum dreihundert Jahre alt. Aber dafür in seiner Entwicklung umso turbulenter und dramatischer.

Surr, surr, Fabrickslied aus dem Stück,
Das Mädchen von der Spule,
verfaßt von
Carl Elmar.
D.u.V.v. M.Moßbeck Wien Wieden Waaggaße 7.

Vom Handwerk zur Industrie – der neue Begriff Arbeit

Der Begriff Arbeit, der heute so selbstverständlich verwendet wird, hat eine eigene Bedeutungsgeschichte. Die Veränderung des Begriffs war zu jeder Zeit abhängig von den Arbeitsmethoden und damit vom grundsätzlichen wirtschaftlichen System.
Das Wort Arbeit in unserem heutigen Sinn kannte der Mensch des Mittelalters nicht. Für ihn war Arbeit noch kein Begriff für Erwerbstätigkeit. Das mittelhochdeutsche Wort »arebeit« hatte ursprünglich eine herabsetzende Bedeutung, es bezeichnete »eine unwürdige, mühselige Tätigkeit« und noch bis in das Neuhochdeutsche hinein eine »schwere körperliche Anstrengung, Mühsal, Plage«. Für die Menschen des Mittelalters waren alle beruflichen und alltäglichen Tätigkeiten ein Teil ihres Lebens, das immer gesamtheitlich verstanden und empfunden wurde. Adelige, Patrizier und Handwerker führten Häuser, in denen sowohl gelebt als auch gearbeitet wurde.
Im Handwerkerhaus stand der Meister der ganzen Hausgemeinschaft vor. Alle im Haus wohnenden und werkenden Menschen mußten ihm gehorchen: Gesellen, Lehrlinge, Dienstboten, Kinder und auch die Hausfrau. Der Meister wiederum hatte die Familienmitglieder zu schützen und zu erhalten. Wer im Haushalt eines Meisters lebte, gehörte zur Familie. Nicht die Verwandtschaft war bindend, sondern die Tätigkeit im Haus. Hausgemeinschaften waren somit tatsächlich Wohn- und Arbeitsgemeinschaften. Die Gesellen hatten Anspruch auf (meist geringen) Lohn, den Lehrlingen standen nur einmal im Jahr neue Kleider zu. Ein patriarchalisches System, das für alle Abhängigen nicht immer leicht war. Und dennoch – in Anbetracht des Lebens, das die Handwerker in den nächsten Jahrhunderten erwartete, waren die Lebens- und Arbeitsumstände des Mittelalters beinahe paradiesisch zu nennen. Übrigens sollte erst in diesen neuen, kommenden Zeiten das Wort »Freizeit« entstehen.
Im Jahresdurchschnitt arbeiteten die Handwerker fünf Tage die Woche, denn außer den arbeitsfreien Sonntagen gab es zur Erholung noch 45 kirchliche

Frauenarbeit in der Hardtmuth'schen Bleistiftfabrik in Budweis, um 1900

Festtage im Jahr. Die Arbeitszeit für den jeweiligen Tag gab die Sonne vor. Im Sommer wurde etwa elfeinhalb Stunden gearbeitet, im Winter acht oder neun.
Über Frauen des Handwerkerstandes gibt es wenig Information, das Thema wurde kaum erforscht. Die Frau des Meisters wurde zwar als »Frau Meisterin« angesprochen, besaß aber keinen Meisterbrief der Zunft. Auch wenn sie mit dem Handwerk ihres Hauses voll vertraut war, war sie neben der hauswirtschaftlichen Tätigkeit nur für die Verpflegung autonom zuständig. Starb der Meister, ließen viele Meisterinnen bis zur Wiederverheiratung daher nicht viel Zeit vergehen. Meist nahmen sie innerhalb eines Jahres einen ihrer Gesellen zum Mann, der auch die Geschäfte fortführen konnte, weil er von der Zunft dann als Meister akzeptiert wurde. Ab dem Zeitpunkt der Eheschließung war damit der Geselle der neue Meister, der dem Haushalt vorstand und das Sagen hatte.
Von Gesellen und Lehrlingen berichtet die englische Historikerin Eileen Power, daß nicht nur Knaben

Lehrlinge wurden, sondern auch Mädchen. Und daß Mädchen, zumindest in England in der Zeit um 1400, genauso oft wie die Knaben mit der Lehre begannen. Ein Statut von 1407 besagte aber, daß nur solche Leute ihre Kinder in die Lehre geben durften, die jährlich mindestens 20 Shilling verdienten, und dieses Statut benennt ausdrücklich »Sohn oder Tochter«. Diese Regelung sicherte also, daß nur Kinder von begüterten Eltern – also höchstwahrscheinlich wieder von Handwerkern – in eine Handwerkslehre kamen. Die Mehrzahl der städtischen Bevölkerung, die Taglöhner und die Armen, hatten daher keine Chance, ihre Kinder in die Handwerkszünfte aufsteigen zu lassen.

Obwohl nach den genannten Bestimmungen den Mädchen aus Handwerkerhäusern die Lehre zugänglich und möglich war, wurden Frauen in den Handwerkszünften, den Vertretungen der Innung, nur selten als Vollmitglieder aufgenommen. Aber Eileen Power berichtet auch von Ausnahmen. Unter den Barbierzünften von York und London und in der Färberzunft von Bristol fand sie die Namen von Frauen inmitten männlicher Meister. Vielleicht sind im mittelalterlichen England die Uhren anders gegangen, denn dort durften auch die Witwen der Meister die Betriebe selbst übernehmen, ohne den männlichen Schutz eines ihrer Gesellen in Anspruch nehmen zu müssen. Auch in den Berufen der Sattler, Schmiede und Zinngießer übten Frauen selbständig das Handwerk aus. Und das Seidenwebergewerbe lag fast ausschließlich in der Hand der Frauen.

Im mitteldeutschen Raum gab es auch eine Besonderheit: reine Frauenzünfte. Hier waren es Seidenfärberinnen und Garnmacherinnen, die erwähnt sind. Aus Wien ist überliefert, daß Frauen das Gewerbe der Näherinnen, Bortenwirkerinnen und Handschuhstrickerinnen ausgeübt haben. Ein eigenes Gewerbe für Frauen war auch das der Puppenmacherin. Es wurde entweder hauptberuflich, manchmal aber auch nur nebenberuflich ausgeübt.

Naphtaarbeiterinnen werden durch das Einatmen berauschender Gase betrunken, 1888

Auf dem Weg zur Fabrik – die Manufaktur

Das Textilgewerbe ist eines der ersten, das im 17. Jahrhundert in England und Frankreich seine Produktion umstellt und nach dem Modell einer Manufaktur organisiert. Die Manufaktur, das ist ein auf Massenproduktion ausgerichteter Großbetrieb. Hier arbeiten die Menschen nicht mehr an einem Werkstück. Alle Arbeiten, die ein Geselle sonst nacheinander verrichten muß, bis das Produkt fertig ist, werden nun nebeneinander durchgeführt. Jeder Handwerker verrichtet nur seinen Teil der Arbeit. Das wiederum erfordert Organisation und daher strenge Aufsicht, Kontrolle und Disziplin. Nun gibt es nicht mehr exzellente Schneiderwerkstätten und solche von mittelmäßigem Ruf, sondern es gibt das Produkt einer Manufaktur. Nicht der Name des einzelnen Schneiders ist von Bedeutung, der Name der Manufaktur bürgt nun für Qualität. Von jedem Handwerker werden größte Genauigkeit und Schnelligkeit gefor-

Die Arbeiterinnen der Tabakfabrik in Stein a.d. Donau protestieren wegen der Entlassung einer Kollegin, 1886

dert, aber nicht mehr umfassendes Können. Nun reicht es, wenn er einen Teilbereich der Arbeit erledigen kann. Dafür genügt es, wenn die Handwerker angelernt werden. Dazu aber braucht es keine lange Lehrzeit mehr und keine Gesellenprüfung. Es braucht nicht einmal mehr Gesellen. Nun reichen ungeprüfte, angelernte Kräfte. Billige Arbeitskräfte. Und daher ist die Zeit der Frauen gekommen.
Historisch gesehen ist es die Zeit des Merkantilismus, in der die Manufakturen entstehen. Eine Zeit, in der der Staat an Einfluß und Kontrolle gewinnt. Eine Zeit, in der der Staat Geld braucht. Es geht um »Schatzbildung«, um den Besitz baren Geldes. Dieser Schatz soll von braven, arbeitsamen Untertanen »ergraben«, also erarbeitet werden. Noch wehren sich die »vermaledeyten Zünfte« – so der deutsche Merkantilist Freiherr Wilhelm von Schröder 1744 – gegen die Errichtung der Manufakturen, sie fürchten zu Recht um ihre Selbständigkeit, um Unabhängigkeit und Ansehen des Handwerks. Aber es werden immer mehr dieser neuen Großbetriebe gegründet.
Nun begann das Zeitalter der Uhr. Bisher hatten die Menschen ihr Leben nach dem Lauf der Sonne eingeteilt. Kleinere Zeiteinheiten wurden in der Länge

Frauenhände streifen Tabakblätter zu Zigarrendecken, Tabakfabrik Hainburg, 1858

von Gebeten gemessen – die Kochzeit eines Eies haben noch unsere Großmütter mit »drei Vaterunser« angegeben. Plötzlich gab es geregelte Arbeitszeiten, Arbeitsbeginn war täglich zur gleichen Zeit, unabhängig von Sommer oder Winter. Die Feiertage, früher angenehme und nützliche Unterbrechungen der Arbeitswoche, waren nicht mehr durchwegs arbeitsfrei. In Österreich hat Kaiserin Maria Theresia aus wirtschaftlichen Gründen beim Papst um Erlaubnis gebeten, daß ihre Untertanen an manchen Feiertagen nach Besuch des Gottesdienstes weiterarbeiten dürfen. Und ihr Sohn Joseph II. konnte schließlich erreichen, daß 1771 Papst Clemens XIV. die Zahl der kirchlichen Feiertage wesentlich herabsetzte. Nach und nach lernten die Menschen des 18. Jahrhunderts das Wort »Arbeit« in jener Bedeutung kennen, die für uns heute selbstverständlich ist. Ab jetzt wurde diese Arbeit in einem vom priva-

Tabakblätter werden ausgerippt und sortiert, Tabakfabrik Hainburg, 1858

ten Haushalt getrennten Haus verrichtet, zu vorgeschriebenen Zeiten und unter strengster Kontrolle. Noch wurden aufwendigere Arbeitsschritte in den Manufakturen von ausgebildeten Handwerkern ausgeführt, die einfachen Arbeiten aber teilte man immer stärker ungelernten Arbeitskräften zu. Es waren hauptsächlich Frauen und Kinder, die Handgriffe, die leicht erlernbar und gleichförmig waren, aber schnell durchgeführt werden mußten, übernahmen. »Frauenarbeit« eben, eine Bezeichnung, die bald zum Begriff wurde. Für die Frauen muß diese Form der Arbeit seelisch und körperlich sehr belastend gewesen sein. Ein tadelloses Funktionieren der einzelnen Personen, wie es auch heute in den Fabriken mit Fließbandproduktion notwendig ist, war den Menschen der Zeit um 1700 aus ihrem Lebensgefühl heraus völlig fremd und schien ihnen widernatürlich. Und gar erst den Kindern.

Liederliche Weibspersonen – gut genug für die Arbeit

Die Manufakturen brauchten Arbeitskräfte, und Arbeitskräfte gab es genügend. In allen mitteleuropäischen Ländern lebte eine große Masse von Armen und Bedürftigen. Menschen, die in ihrer Not durchaus auch als eine Gefahr für den Staat gesehen wurden. Hier trat der Staat nun als »Erzieher« und »Helfer« auf. Die Manufakturen, so hieß es, seien vonnöten, um das Volk mit »Arbeit und Brot« zu versorgen. Die armen Schichten der Bevölkerung, Bauern ohne Land, Kriegsinvalide, ehemalige Soldaten, Frauen und Kinder werden im wahrsten Sinne des Wortes für die Arbeit in den Manufakturen »herangezogen«. Für alte Soldaten wird es, so darf man annehmen, noch am leichtesten gewesen sein, sich in die militärisch strukturierte Ordnung der Manufakturen einzufügen. Zwar war ihnen die Art der Arbeit fremd, aber sie erlernten die nötigen Handgriffe sicher leichter als die »Zivilisten« das Einfügen in den strikten Ablauf des Betriebs. Asoziale, Vagabunden, Bettler und »liederliche Frauenspersonen« – das waren zumeist Huren oder Fahrende – wurden von der Straße aufgelesen und zur Arbeit in die Manufakturen gebracht. Dort saßen sie, mit Ketten an den Beinen, an ihrem Arbeitsplatz und taten das ihre zum Wohle und zur Bereicherung des Staates. Wenn sie ihre »wohlverdiente Strafe« abgearbeitet hatten, wurden sie ihrer Ketten entledigt und endlich »freigesetzt«. Ein Wort, das bis heute als beschönigendes Synonym für die Entlassung von Arbeitnehmern gebraucht wird. In dieser Zeit entstand übrigens ein weiterer, für die Arbeitswelt immer wichtiger gewordener Begriff – das Wort »Freizeit«. Die hatten dann all jene, die endlich freigesetzt worden waren.

Arbeit als Therapie für Vagabundieren und Prostitution, das war ein Gedanke ganz nach dem Geschmack der österreichischen Kaiserin Maria Theresia. Und der Monarchin waren selbst Kinder, die »müßig« und ohne Arbeit aufwuchsen, ein Greuel. Unter ihrer Regentschaft wurden die Kinder der Waisenhäuser zur Textilarbeit gezwungen. In den Manufakturen und später in den Fabriken wurden

Ein Angestellter beaufsichtigt die Frauen bei der Arbeit im Tabaklager, Hainburg, 1858

Kinder erbarmungslos eingesetzt und ohne Rücksicht auf Alter und Gesundheit ausgebeutet. Für einen großen Teil der Bevölkerung war die Tatsache, daß schon Fünfjährige in den Manufakturen tätig waren, kein Skandal, sondern akzeptierte Selbstverständlichkeit. Der spätere Kaiser Joseph II. besuchte noch zu Lebzeiten seiner kaiserlichen Mutter eine der Fabriken, in denen über hundert Kinder beschäftigt waren. Sein Entsetzen beim Anblick der kranken und ausgemergelten Kleinen war Anlaß für die ersten staatlichen Maßnahmen zum Schutz der Kinder. Bis zum tatsächlichen Verbot der Kinderarbeit sollten aber noch weit mehr als hundert Jahre vergehen.

Auch viele Menscher sitzen dort ...

Aus den Manufakturen des 18. Jahrhunderts waren in der ersten Hälfte des 19. Jahrhunderts längst Fabriken geworden. Äußerlich gesehen war dieser Übergang nicht leicht erkennbar, denn auch viele Fabriken nannten sich noch immer Manufaktur. Aber technisch war er mit der Revolution der Dampfmaschine und mit der Vollmechanisierung der Arbeitsvorgänge längst vollzogen. Nun bestimmten noch mehr der Rhythmus und die Leistungsfähigkeit der Maschinen das Arbeitstempo. In der Fabrik brauchte es nur mehr wenige gelernte Gesellen, dafür aber eine noch größere Anzahl ungelernter billliger Arbeitskräfte.

Schon 1790, am Beginn dieser Entwicklung, erwuchs daraus soziale Unruhe unter den Gesellen. Diese erlebten, daß ihre Qualifikation nach siebenjähriger Lehrzeit in den lärmerfüllten Fabriken immer weniger gebraucht wurde. In Wien kam es in dieser Zeit – wie in anderen Städten Europas auch – zu Unruhen und Protestkundgebungen von Gesellen. 1792 erschien ein »Klagelied der Zeugmachergesellen in Wien, welche dermalen ohne Arbeit sind«. In einem Vortext dazu berichtet der Zeugmachergeselle Andreas Wipplinger über die große Arbeitslosigkeit:

Nicht genug, daß es in allen Werkstädten von Lehrjungen wimmelt, in manchen sitzen auf allen Stühlen Menscher, die höchstens ein Jahr lernen. Mit diesen behelfen sich die Herren, mit uns armen Gesellen aber heißt es, Gute Nacht.

Der Text des anschließenden Liedes, vom Dichter Johann David Hanner in Verse gekleidet, beschreibt die Lage noch drastischer:

Die Herren, ist das nicht verflucht,
die geben keine Ruh.
Sie haben nicht genug Profit,
bey ihrer Jungen Schaar,
auch viele Menscher machen mit,
was selten üblich war.
Geht man in manche Werkstadt hin
auf Stühlen sitzen sie,
ja, ja, so wahr ich ehrlich bin,
man sieht es spatt und früh –
wenn höchstens drey Gesellen dort
sind zehen Menscher da –
man sieht gewiß an keinem Ort,
was man in Wien jetzt sah.

Doch hier irrte der Textdichter gewaltig, denn diese Entwicklung war nicht auf Wien beschränkt, sondern eine gesamteuropäische, die im 19. Jahrhundert rasch anstieg. Der Früh- und später der Hochkapitalismus konnte auf möglichst billige, daher un-

Teppichknüpfen ist traditionelle Frauenarbeit. Teppichknüpferei in Gmünd, Niederösterreich, 1900.

gelernte weibliche Arbeitskräfte immer weniger verzichten.
Noch 1813 arbeiteten in den 600 Wiener Seidenfabriken 7 800 Frauen, ihnen standen 6 000 Gesellen und 800–900 Lehrlinge gegenüber. Ein halbes Jahrhundert später arbeiteten Frauen bereits in allen Branchen als Fabrikarbeiterinnen. Den größten Anteil an Frauen hatte immer noch die Textilbranche. Im Jahr 1850 waren 60 Prozent der Arbeiter in den Spinnereien der Baumwollindustrie Frauen und Mädchen. Zahlen aus dem Jahr 1870 belegen, daß z. B. im Land Niederösterreich in den Tabakfabriken nur mehr 438 Männer, aber 3 000 Frauen und 100 Kinder arbeiteten. In den Kerzen- und Seifenfabriken standen 500 Männer 600 Frauen gegenüber, und selbst in der Ziegelfabrik waren mehr als ein Drittel der Beschäftigten Frauen.

Die Fabrikmädel

Die Fabrikarbeiterinnen, die 1790 noch »Menscher« genannt wurden, entstammten den ärmsten Schichten der Bevölkerung. Die Armut zwang sie, zum Familienunterhalt beizutragen. Sie waren Töchter von Taglöhnern, Kleinstbauern, Dienstboten, aber auch Handwerkern, die nicht mehr genügend verdienten, um die Familie zu erhalten. Viele dieser Frauen wa-

Schneidermeisterin mit Gehilfinnen und Lehrmädchen, 1917

ren sehr jung, halbe Kinder. Die meisten waren unverheiratet, viele hatten aber für uneheliche Kinder zu sorgen. Keine von ihnen hat je – wie die spätere moderne Arbeiterbewegung es als neues Lebensbewußtsein definierte – in der Fabrikarbeit eine Erfüllung ihres Lebens gesehen. Aber es war die einzige Chance, den Lebensunterhalt zu sichern.

Für Frauen aus der Unterschicht ohne jede Bildung gab es wenig Möglichkeit, Geld zu verdienen: Sie konnten Heimarbeit leisten, Dienstboten werden oder eben Fabrikarbeiterinnen. Obwohl die Arbeitsbedingungen furchtbar waren und die meisten von ihnen ein erbärmliches Leben führten, hatten sie immer noch das Gefühl, ein besseres Los zu haben als die Dienstboten. Dienstboten wurden selbst spät in der Nacht von ihren Herrschaften gebraucht und oft sehr schlecht behandelt, ja mißhandelt. Fabrikarbeiterinnen hatten ihre fixen Arbeitszeiten, aber danach, nach den endlos langen, heute kaum mehr vorstellbaren 12 oder gar 15 Stunden Arbeit, konnten sie nach Hause gehen. Das gab den Frauen, die in der Fabrik arbeiteten, ein kleines, trügerisches Gefühl von Selbständigkeit und Freiheit. Im Bewußtsein der Gesellschaft zählten die Fabrikarbeiterinnen bereits im Biedermeier zum »Pöbel«, von dem sich Bürger, Beamte und Handwerker samt ihren Gattinnen distanzierten. Und selbst innerhalb dieses »Pöbels«, den ein Publizist 1847 aufgelistet hat, scheinen Fabrikarbeiter am unteren Ende auf. In

der Werteskala kommen sie erst nach Fratschelweibern, herumziehenden Musikanten und Taglöhnern, aber vor Gassenkehrern und Bettlern.
Die große Masse der ungelernten Fabrikarbeiterinnen hatte auch so gut wie keine Chance auf einen sozialen Aufstieg. Obwohl sie sich freier fühlen konnten als die aus derselben Unterschicht stammenden Dienstmädchen – viele Dienstmädchen wechselten ja aus diesen Gründen in die Fabrikarbeit über – waren sie tatsächlich am »Heiratsmarkt« schlechter gestellt. Denn es war eine allgemeine gesellschaftliche Ansicht, daß Mädchen, die im Dienst gewesen waren, dadurch zu tüchtigen und arbeitsamen Hausfrauen und Müttern erzogen worden waren. Die Fabrikmädel hatten natürlich diese »Referenzen« nicht.
Ungeachtet jeder sozialen Realität war dieses die Dienstmädchen bevorzugende Vorurteil eben wieder gerade in jener Klasse am stärksten verbreitet, die ohnehin die einzig möglichen Ehemänner für Fabrikarbeiterinnen rekrutierte – unter den Fabrikarbeitern. Das große Ziel der Fabrikmädel, wenn sie aber heirateten, war es, aus der Fabrikarbeit auszusteigen und einen Haushalt zu führen. Dies war aber wieder in den meisten Fällen finanziell nicht möglich. Also mußten die nun verheirateten Mütter noch schlechter bezahlte und sie daher voll ausbeutende Heimarbeit annehmen. Die Fabrikarbeiterinnen der ersten Hälfte des 19. Jahrhunderts waren daher hauptsächlich jung und unverheiratet. Der Anstieg der verheirateten Fabrikarbeiterinnen gegen Ende des Jahrhunderts hängt damit zusammen, daß nur mehr wenige Heimarbeiten zu vergeben waren und die Frauen daher wieder in die Fabriken zurückkehren mußten. Außerdem hatten bereits einige Industrieherren für die verheirateten Frauen so etwas wie »soziale Maßnahmen« getroffen: Sie verlängerten die Mittagspause um eine halbe Stunde, damit die Frauen schnell nach Hause laufen konnten, um ihren Kindern Essen zu kochen. Die halbe Stunde mußte natürlich am Abend wieder eingearbeitet werden. Gleichzeitig mehrten sich unter den bürgerlichen Sozialreformern kritische Stimmen, die die Fabrikarbeit für verheiratete Frauen verbieten lassen wollten. Dies vor allem wegen der »gesunden Nachkommenschaft«.

Gefühle und Gedanken einer jungen Fabrikarbeiterin beschreibt die Sozialdemokratin und spätere Abgeordnete zum österreichischen Nationalrat Adelheid Popp. 1869 als 15. Kind einer Weberfamilie in Inzersdorf bei Wien geboren, muß sie nach nur dreijährigem Schulbesuch im Alter von zehn Jahren zu arbeiten beginnen. Zehn Monate lang arbeitet sie – gemeinsam mit zwölf anderen Mädchen – in einer Bronzefabrik, wo sie Kettenglieder aneinanderreiht. Nach einigen Monaten bekommt das Kind eine andere, besser bezahlte Arbeit zugewiesen. Man setzt sie zu einem mit Gas betriebenen Blasbalg und läßt sie löten. Die Arbeit tut ihr nicht gut. Sie wird bleich, müde, bekommt Schwindelanfälle und muß schließlich schwerkrank ins Spital eingeliefert werden. Nach der Entlassung verordnet der Spitalsarzt gute, ausreichende Ernährung und viel Bewegung in frischer Luft. Tatsächlich beginnt das erst dreizehnjährige Mädchen wieder mit Fabrikarbeit: erst in einer Patronenfabrik, danach in einer Glas- und Schmirgelpapierfabrik. Das Arbeitsklima dort mißfällt ihr außerordentlich. »Die schmutzige, klebrige Arbeit, der unangenehme Glasstaub, die vielen Menschen und der ordinäre Ton.« Die Leitung der Fabrik oblag einer Frau, der »gnädigen Frau«, wie sie genannt wurde. »Sie war eine schöne Frau«, erinnert sich Adelheid Popp, »aber sie trank Branntwein, dann schnupfte sie und mit den Arbeitern machte sie unziemliche, rohe Späße.« Schließlich findet das junge Mädchen einen Arbeitsplatz, an dem sie sich wohlfühlt. Dreihundert Arbeiterinnen und fünfzig Arbeiter sind in der Fabrik beschäftigt. In einem großen Saal stehen zwölf Tische, an jedem Tisch sitzen vier Mädchen und sortieren die Waren. Zum ersten Mal ist die junge Adelheid bereit, ihre Arbeit als Fabrikarbeiterin zu akzeptieren: »Immer hatte ich sagen hören, die Fabrikmädchen seien schlecht, liederlich und verdorben. In den kränkendsten Worten wurde von ihnen gesprochen, und ich hatte mir diese irrige Meinung auch angeeignet. Jetzt ging ich selbst in die Fabrik, wo so viele Mädchen waren.«

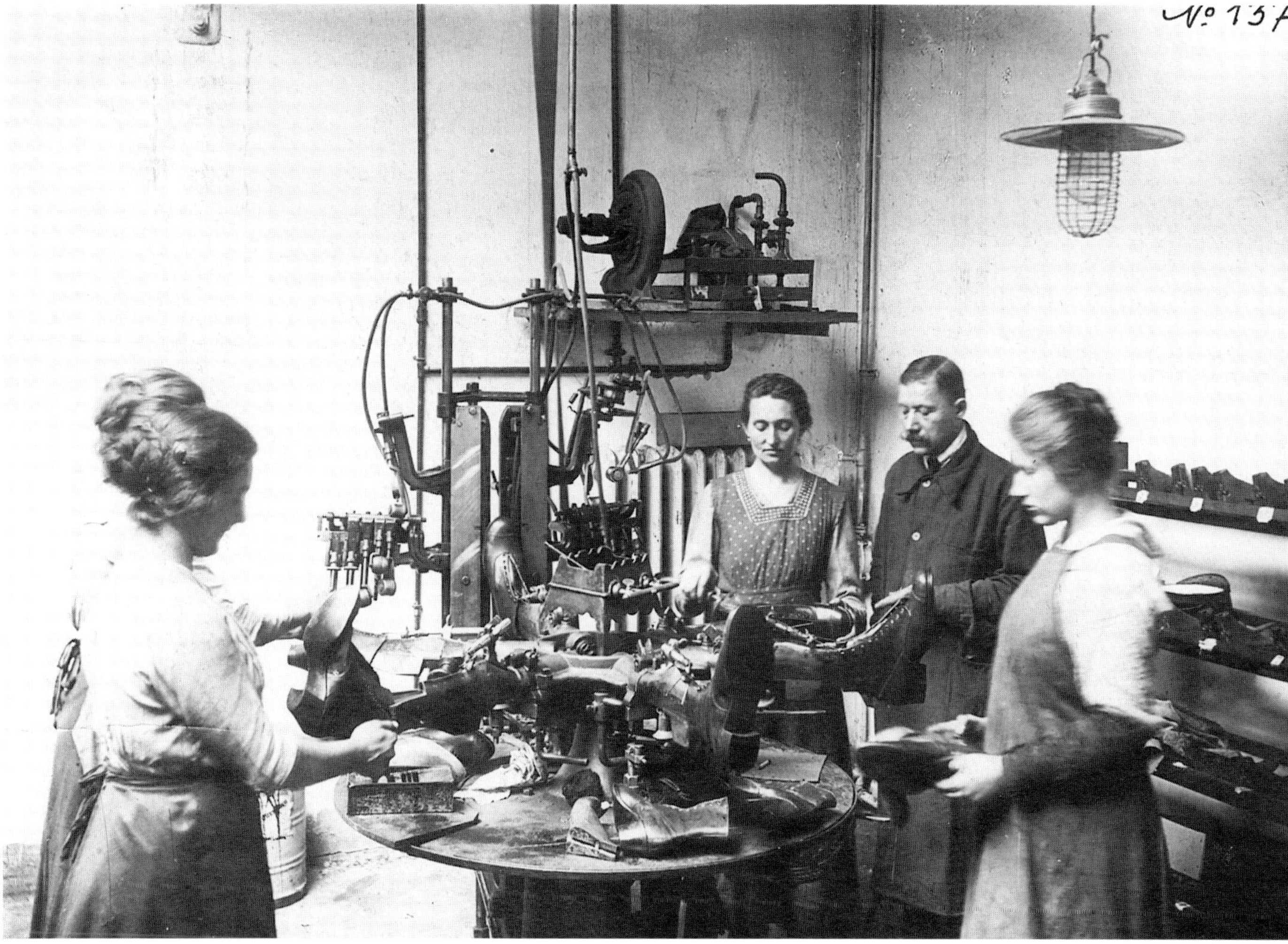

Arbeiterinnen in einer Schuhfabrik. Der Aufseher kontrolliert.

Die Expertinnen

»Wenn man am Abend aus der Fabrik kommt, so ist das so, wie wenn man ein Pferd oder einen Ochsen aus dem Pflug spannt; man legt sich hin und denkt an gar nichts, auch daran nicht, daß man sich um eine bessere Stellung umschauen könnte«, räsonierte eine Arbeiterin 1896.
Im Jahr 1896 wurde in Wien eine Enquete über die Lebens- und Arbeitsbedingungen von arbeitenden Frauen abgehalten.
Frauen wurden eingeladen, ihren Alltag zu schildern. Zu ihrem eigenen Schutz durften sie anonym bleiben, in den Protokollen wurden sie Expertinnen genannt. Das Ergebnis der Frauenenquete aus dem Jahr 1896 in Wien wurde im Frühjahr 1897 in Buchform veröffentlicht und zählt zu den erschütterndsten und berührendsten Dokumenten über Frauenarbeit.

Die »Expertin Nr. 10«, eine Arbeiterin in einer Kartonfabrik, berichtet:
Wir erzeugen Cartons für Cravatten, Hemden und Krägen. Die Beschäftigten sind zumeist Kinder von Arbeitern. Anfangs waren wir nach der Woche gezahlt, und da ist man sehr streng gewesen. Wenn eine ein paar Minuten zu spät gekommen ist, hat es

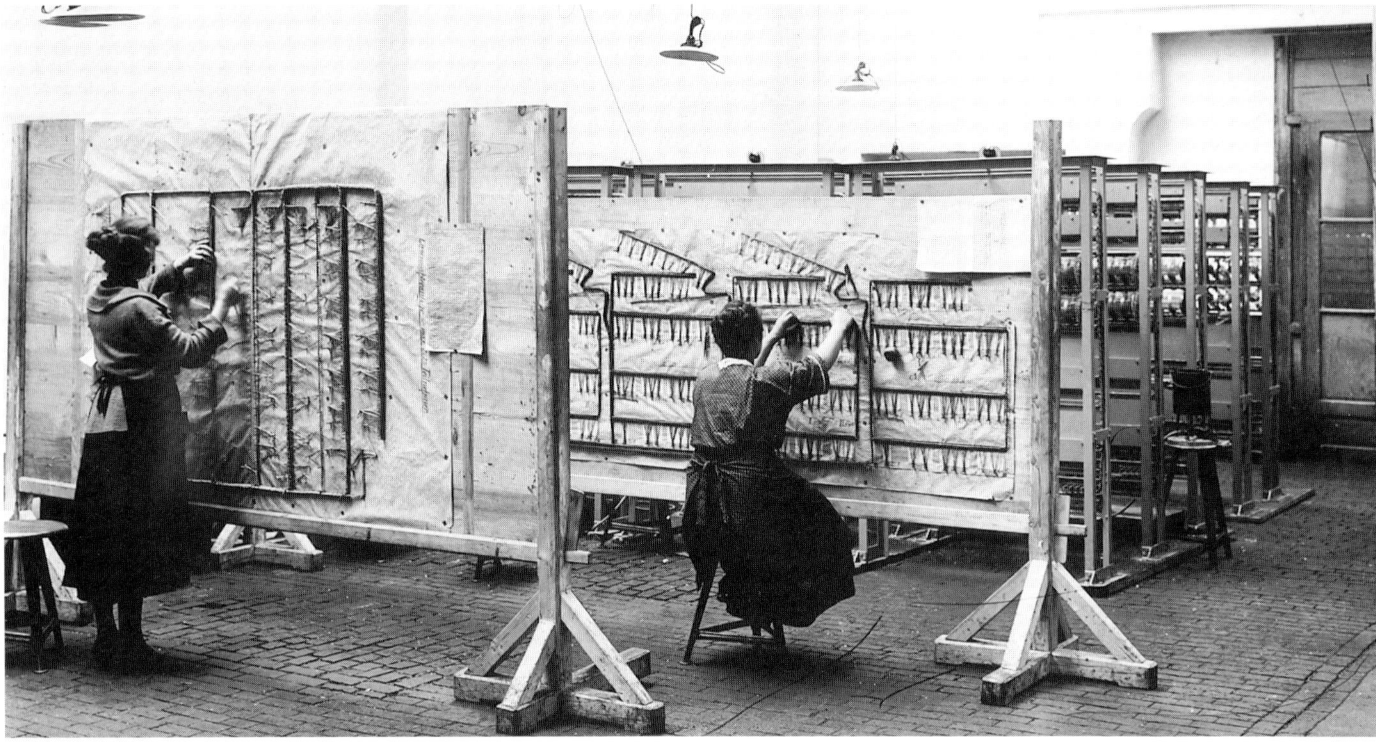

Frauenarbeiten in der Kabelformerei der Firma Siemens, 1900

Arbeiterinnen einer Süßwarenfabrik überziehen Bonbons mit Schokolade

geheißen: »Wenn Sie noch einmal zu spät kommen, schmeiße ich Sie hinaus.« Da sind 20 oder 30 Kreuzer abgezogen worden, je nachdem es der Frau oder dem Herrn beliebt hat. Wenn zum Beispiel ein Stück Papier ruiniert wird, gibt es Strafen. Die Abzieherin kann nichts dafür, wenn der Streifen einreißt, aber der Herr sagt: »Das kostet 10 kr., das müssen Sie zahlen.« Wenn sich eine Arbeiterin steift und sagt, das thut sie nicht, so heißts: »Ich schmeiß Sie hinaus über die Stiege, daß Sie die Haxen in die Höh strecken.« So drückt der sich aus. »Sie Luder, Sie niederträchtiges, Sie Viech, Sie Schwein, Sie!«

Auch die »Expertin Nr. 12« arbeitet in einer Kartonfabrik. In dieser Branche ist die Zahl der Menschen, die an Lungenkrankheiten sterben, sehr groß. Keine der Frauen, die in dieser Fabrik arbeiten, ist älter als dreißig Jahre. Die Arbeitsmethoden, die ihnen vorgeschrieben werden, sind unglaublich und machen deutlich, wie gleichgültig die Arbeitgeber diesen Frauen und ihrer Gesundheit gegenüberstanden. Für das Zusammenkleben der Kartons nämlich benutzten die Arbeiterinnen Leimstreifen. Diese wurden aber nicht mit Pinsel oder Schwamm befeuchtet, sondern mit der Zunge. Jeden einzelnen Klebestreifen leckten die Frauen mit der Zunge ab und nahmen so den gesundheitsschädlichen Leim mit auf. »Expertin Nr. 12« berichtet darüber:

Die Leimarbeit ist keine leichte Arbeit. Denn die, welche bei den Cartons sind, müssen schlecken, und da muß man den Leim und Gestank wegschlecken. Der Leim wird gestrichen, das wird getrocknet, auf Fleckerl geschnitten, und die müssen geschleckt

Frauenarbeit in einer Werkhalle der Firma Siemens, um 1920

Frauen arbeiten in der Stanzerei. Es gab kaum Schutzvorrichtungen, um 1920.

werden. Das dauert auch drei bis vier Stunden, denn es kommen manchesmal mehrere hundert Stück in die Arbeit, die geschleckt werden müssen. Mit dem Schwamm gings auch ganz gut, aber die Herren capricieren sich, sie sagen, es geht mit dem Schlecken schneller. Sie fragen nicht, ob das der Arbeiterin schadet oder nicht. Meine Schwester ist alle halbe Jahr zwei Monate krank, Lungenkatarrh hat sie immer.

»Expertin Nr. 24« arbeitet in der Metallbranche. In ihrer Fabrik wird Metall geschliffen. Sie ist 24 Jahre alt.

Ich habe im Alter von 11 Jahren zu arbeiten angefangen. Mein Vater war dazu gezwungen, mich in diese Arbeit zu geben, und man hat mich angenommen. In meinem letzten Betrieb war ich zwölf Jahre, als Glänzerin. Es ist ein sehr umfangreicher Betrieb, in dem alles produziert wird, es wird dort versilbert, galvanisiert. Es sind dort Dampfmaschinen aufgestellt. Wir arbeiten im Akkord nach Stück. Ich bin in der Fabrik auf 7 bis 8 Gulden gekommen, mußte aber 3 bis 4 Gulden für das Material wegzahlen. Es wird jede Woche abgezogen, für eine Bürste 75 kr., für eine Scheibe 1 Gulden 28, dann für Kalk, Öl, Brennöl und so fort. Wir arbeiten von 7 Uhr früh bis 6 Uhr abends, während der Frühstücks- und Jausenpause laufen die Maschinen weiter. Die Pause habe ich nie voll ausgenützt, beim Akkord wäre das mein eigener Schaden. Zur Frühstücks- und Jausenpause konnte man sich nicht waschen, man muß sich die schwarzen Hände in Sägespänen abwischen. Man ist gegen Ruß und Staub nur auf dem Kopf durch ein

Die meisten Arbeiterinnen wohnen nicht, sie vegetieren. In überfüllten Wohnungen, in lichtlosen, feuchten Zimmern. Viele schlafen als »Bettgeherinnen«, haben also nur ein Bett in einem Raum gemietet, das sie oft auch noch gemeinsam mit einem Schichtarbeiter, der eine andere Arbeitszeit hat, abwechselnd benutzen. Frauen mit Familie haben keine Zeit für ihre Kinder, wenn sie nach Hause kommen, sind sie müde und kaputt. Viele haben ihre Kinder »in Kost«, auf einem Pflegeplatz, für den sie bezahlen. Oft leben die Kinder kilometerweit von der Mutter entfernt auf dem Land, sie sehen einander höchstens zwei Mal im Jahr. Nur wenige dieser Pflegekinder haben einen »guten Platz«, viele sind nur geduldet, werden schlecht ernährt und müssen schon in jungen Jahren arbeiten. Viele von ihnen werden geschlagen und mißhandelt. Eine Arbeiterin, die zwei Kinder auf Pflegeplätzen untergebracht hatte, erzählt: »Das eine hat es nicht schlecht gehabt. Die Frau hat es sehr gut behandelt. Das zweite hat es schlechter gehabt. Ich habe nicht hinfahren können, weil mir das Geld gefehlt hat. Es war auf dem Land in der Kost, zwei Stunden von meinem Arbeitsort. Jedes Monat mußte ich 8 Gulden bezahlen. Das erste Kind ist dann mit neun Monaten gestorben, das zweite mit sechs Monaten.«

Tuch geschützt. Gesicht und Hände sind ganz schwarz.

Den Protokollen ist zu entnehmen, daß die Frauen zögernd und nur stockend antworteten. Die meisten der geladenen Frauen konnten sich nicht vorstellen, daß dieses, ihr Leben, überhaupt irgend jemanden interessierte. Die befragenden Kommissionsmitglieder wiederum, Politiker verschiedener Parteien, Mitglieder sozialer Vereine und sozial engagierte Menschen, konnten bei manchen Berichten ihr Entsetzen kaum verbergen. Denn obwohl ihnen allen klar war, daß diese Frauen unter harten Bedingungen arbeiteten und in Armut lebten, waren sie über das gesamte Ausmaß des Elends überrascht.

Vor der Befragung einer Metallarbeiterin wollte der Vorsitzende der Kommission wissen, welche Arbeiten in dieser Branche von Frauen durchgeführt würden. Ein männlicher Experte, Vertrauensmann der Gewerkschaft, berichtete, daß Frauen zum Galvanisieren und zum Vernickeln eingesetzt würden, zum Metallschleifen und zum Polieren, einer Arbeit mit Kalk und Stearin. Mit großem Erstaunen hörte der Vorsitzende, daß Frauen in dieser Fabrik zum sogenannten »Gelbbrennen«, einer chemischen Oberflächenbehandlung, einer Arbeit mit hochgradig giftigen Verbindungen, eingesetzt wurden. Arbeiten, von denen viele Männer nur mit Ekel und Entsetzen sprachen. Der Vorsitzende befragte den männlichen »Experten«, dieser antwortete:

Das Gelbbrennen ist eine Arbeit, welche fast in allen Fabriken im größeren Maßstabe betrieben werden muß, nur selten wird es in separierten Räumen verrichtet, sondern zumeist in solchen Werkstätten, wo noch andere Arbeiten ausgeführt werden. Es werden zumeist immer dieselben Arbeiterinnen dazu bestimmt, und diese bleiben dabei, wenn auch das Gelbbrennen wochen- oder monatelang dauert. Es entwickeln sich natürlich starke Dämpfe. Schutzvorrichtungen sind äußerst selten.

Der Vorsitzende: Mir ist bekannt, daß, wenn beim Gelbbrennen Männer verwendet werden, dieselben häufig erklären, sie halten es nicht aus. Wie können es dann die Frauen aushalten?

Der Experte: Das weiß ich nicht. Ich war selbst schon einmal in der Lage, solche Arbeit machen zu sollen, und ich habe erklärt, ich bin lieber brotlos, als daß ich mich dazu hergebe.

Der Mann als Fabrikarbeiter hatte sich also eine Grenze gesetzt: bis hierher und nicht weiter. Den Frauen waren solche Entscheidungen unmöglich, sie mußten jede Arbeit übernehmen, wenn sie Geld brachte. Sie mußten hinnehmen, daß ihnen der Chef für das Werkzeug, das sie für die Arbeit in seiner Fabrik benötigten, vom knapp bemessenen Lohn noch etwas abzog. Jede Beschwerde zog die Entlassung nach sich, das hatten sie gelernt, und arbeitssuchende Frauen gab es reichlich. Während der Arbeit waren die Frauen der Willkür ihrer Aufseher ausgeliefert, die nicht nur den Arbeitsablauf kontrollier-

Frauenarbeit in einer Ziegelei

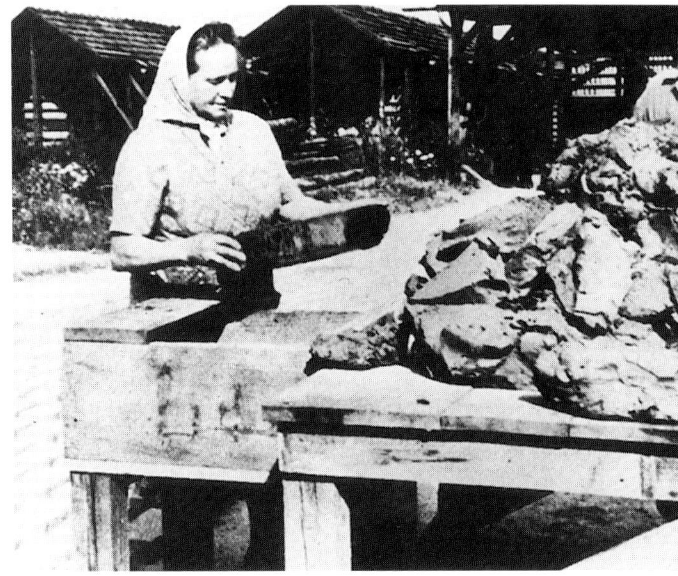

Arbeit am Schlagtisch: Der Ziegelmodel wird am Sandkasten »eingesandelt«.

ten, sondern ihre Machtstellung ausnutzten. Viele von ihnen schikanierten die Frauen, wurden sogar handgreiflich. Um ihren Arbeitsplatz nicht zu verlieren, nahmen die Arbeiterinnen demütigende Beschimpfungen in Kauf, ertrugen körperliche Attacken und akzeptierten unzumutbare Arbeitsbedingungen.

Seit ich hier arbeite, bin ich immerfort krank …

Ein weiterer Bericht aus der Enquete von 1896. Die »Expertin 127« arbeitet seit fünf Jahren als Spinnerin in einer Tabakfabrik. Ihre Arbeit besteht darin, Zigarren zu umwickeln. Sie muß Deckblätter – das sind besonders ausgesuchte große Tabakblätter – in Streifchen schneiden und damit die sogenannte Puppe, das Innere der Zigarre, umspinnen.

Ich habe einen Akkordlohn von 23 Kreuzer fürs Hundert. Wenn ich viel arbeite, verdiene ich 5 bis 6 Gulden wöchentlich. Ich bringe es aber beim schlechten Material, das ich verwenden muß, gewöhnlich nicht zustande. Ich bin verheiratet. Mein Mann war Maurer, jetzt ist er Zeitungsausträger. Ich habe ein Kind, vier Kinder sind gestorben. Eines mit neun Monaten, eines mit sechs Monaten, das dritte war eine Frühgeburt. Seit ich hier arbeite, habe ich noch kein Kind gehabt, ich bin immerfort krank.

Viele Arbeiterinnen in der Tabakfabrik sind krank, obwohl sie alle vor der Einstellung vom Betriebsarzt untersucht worden sind. *Das hat aber keinen Sinn,* weiß »Expertin Nr. 126«, *denn gewöhnlich wird man erst krank, wenn man einige Zeit in der Fabrik war.*

Die Frauen leiden unter Kopf-, Magen- und Zahnschmerzen, an Erkrankungen der Atemwege, viele von ihnen werden lungenkrank, viele Schwangere erleiden Fehlgeburten.

Der Vorsitzende befragt die Expertin, ob es richtig sei, daß unter den Arbeiterinnen in dieser Fabrik an die zwanzig im Jahr sterben, und die Expertin antwortet:

Es sind das alte Frauen von 40 bis 60 Jahren, die vorwiegend sterben. Jetzt aber werden die Frauen nicht mehr so alt, weil sie nicht so lang arbeiten können.

Vorsitzender: Wie lange bleibt eine Frau im Vollbesitz ihrer Arbeitskraft?

Expertin: Bis zu 40 Jahren; dann hat sie nicht mehr die Kraft, das zu leisten.

Bei gesundheitlichen Problemen stellt die Tabakfabrik einen Arzt zur Verfügung. Staunend hören die Kommissionsmitglieder von den Arbeiterinnen, daß dieser Arzt selbst schwerkranke Frauen gesund schreibt und damit wieder zur Arbeit schickt. Der Grund dafür liegt in der Bezahlung des Krankengeldes. Bestätigt der Arzt die Krankheit der Frau, muß die Firma Krankengeld bezahlen. Den gesund geschriebenen Kranken, die nicht wirklich arbeitsfähig sind, empfiehlt der Arzt wiederum, sich doch Urlaub zu nehmen, um sich zu kurieren und zu erholen. Denn ein Urlaub ist grundsätzlich unbezahlt und kostet die Firma daher nichts. Den Frauen, deren geringer Lohn kaum zum Leben reicht, bleibt aber keine Wahl. Sie müssen krank in die Fabrik gehen. Wird eine Arbeiterin tatsächlich einmal krank geschrieben, kommt ein »Krankenvater«, ein Angestellter der Fabrik, in die Wohnung. Der Krankenvater drängt darauf, wieder die Arbeit aufzunehmen, selbst wenn es der Frau schlechtgeht. Schon nach kurzer Zeit stellt er der Kranken ein Ultimatum: Wenn sie nicht binnen zwei Tagen wieder zur Arbeit kommt, wird sie gekündigt.

»Expertin Nr. 124«:

Meine Freundin war lungenkrank. Drei Wochen war sie krank und hat Krankengeld bezogen. Der Inspector der Fabrik hat mich immerfort gefragt, wann denn die Maier wieder hinkommt. Ich sagte: Ich weiß nicht, es ist ihr schlecht; ich war schon acht Tage nicht bei ihr. Am nächsten Samstag sagte mir der Krankenvater, sie muß am Montag kommen, sonst wird sie gestrichen. Am Montag ist sie nicht gekommen, und Donnerstag war sie eine Leiche.

Können Sie dafür einstehen, daß das richtig ist?, fragt der sozialdemokratische Abgeordnete Pernerstorfer. Die »Expertin Nr. 124« bejaht und nennt den vollen Namen der Freundin: Leopoldine Maier, gestorben am 18. Jänner 1889.

Auch die anderen Expertinnen aus der Tabakfabrik beginnen nun, offener zu erzählen. Denn sie haben verstanden, daß sich die befragenden Kommissionsmitglieder wirklich für ihr Los interessieren. Sie erzählen vom Krankenvater, der das Krankengeld der Frauen für sich selbst behalten und nicht ausbezahlt hat, vom Arzt, der ihnen das Krankengeld verweigert hat. Sie alle waren bereits krank, ohne einen

Im jetzigen Betriebe bin ich drei Jahre, in dem früheren war ich zehn Jahre. Wir erzeugen Kleider, Confection und alles, was zur Damenmode gehört, und zwar sowohl gegen Bestellung als für Geschäfte. Die Zahl der Beschäftigten variiert, in der Saison sind wir bis zu 16 Personen. Das Arbeitslocal dient zugleich als Wohnung des Unternehmers und als Werkstätte. Jetzt, in der schlechten Zeit, nach der Saison, beschäftigt der Herr ein Mädchen, welches in ganzer Verpflegung steht. Dieses eine Mädchen ist die ganze Zeit dort, näht und macht auch die Hausarbeit. Das Mädchen schläft in der Werkstatt, in einem Bett mit der Tochter des Herrn. Die anderen Familienangehörigen schlafen in einem anderen Zimmer. Wenn ich komme, muß ich die Fenster öffnen, denn der Dunst ist nicht zum Aushalten. Das Local hat zwei Fenster. Die Reinigung desselben läßt zu wünschen übrig. Die Wände werden nicht gereinigt. Jeden Moment muß man fürchten, daß man Ungeziefer auf den Schoß bekommt. Der Fußboden wird alle 6 bis 7 Wochen gewaschen. Jeden Tag wird ausgekehrt und feucht aufgewischt. Das besorgen die Lehrmädchen, und sie brauchen dazu, wenn sie sich beeilen, eine halbe Stunde. Sie bleiben um diese halbe Stunde länger im Geschäft. Auch in der Früh müssen sie eine Viertelstunde früher kommen, um die Maschine zu putzen. In der Saison kommt es auch manchmal vor, daß sie am Abend nach der Arbeit bis halb 10 Uhr austragen müssen.

8. Sitzung, Sonntag, 8. März, Nachmittag
Beginn 3 Uhr 15 Minuten
Vorsitzender: Dr. Leo Verkauf, Rechtsconsulent des Verbandes der Genossenschafts-Krankencassen
Beruf: Schneiderei
Expertin Nr. 50 ist noch nicht 30 Jahre alt

Die Meisterin mit Gehilfinnen, Weißnäherei, um 1920

Kreuzer Unterstützung zu erhalten. Wie lange? Vier Wochen – sechs Wochen – vierzehn Tage. Ganz arm sind die alten Frauen, erzählen sie. Die Firma läßt nichts unversucht, um ihnen die Pension nicht auszahlen zu müssen. Wenn die Arbeiterinnen um die Gewährung einer Pension ansuchen, werden sie oft jahrelang vertröstet. Und etliche Male, so berichten die Expertinnen, wurden die Ansuchen vierzehn Tage nach dem Tod der jeweiligen Arbeiterin bewilligt.
Ob das Zufall war, darf bezweifelt werden. Eher war es eine besonders bösartige Form, sich eine Firmenpension zu ersparen, ohne mit dem Gesetz in Konflikt zu kommen. Die Fabrik ersparte sich im zitierten Fall durch die verspätete Zuerkennung auch die Waisenpensionen für die Kinder der verstorbenen Arbeiterin.
Beispiele wie hier aus der Tabakfabrik gibt es aus allen Branchen. Oberstes Gebot der Fabrikführung lautete: Sparen, wo es geht. Und das unter Mißachtung der wenigen sozialen Gesetze und jeglicher Menschlichkeit.
In einer zu Beginn des 20. Jahrhunderts zusammengestellten Liedersammlung findet sich ein sogenanntes Wienerlied, das unter dem Titel »Das Fabrikmädel« an alle diese Zustände erinnert. Obwohl Text und Musik formal von Kitsch nur so triefen, beschreibt das Lied letztlich doch reale Verhältnisse für die Arbeiterinnen dieser Zeit.

Waßt Muatterl, daß ma halt die Arbeit schad't,
daß mit mir gar ka Mensch ka Mitleid hat,
d' Fabrik hat mi' um meine G'sundheit bracht,
das is', was mi halt gar so traurig macht.

Als die Protokolle der Frauenenquete in Buchform im Frühjahr 1897 veröffentlicht wurden, waren die Arbeitsbedingungen der Fabrikarbeiterinnen dokumentiert und jedem Verantwortlichen in Politik und Gesellschaft, der sich informieren wollte, zugänglich. Die gesetzlichen Verbesserungen, betrieben von der jungen Sozialdemokratie, den ersten Gewerkschaften, aber auch von den christlichsozialen Reformern, den bürgerlichen Frauenvereinen, gingen allerdings nur langsam voran. Nach und nach wurden geregelter Lohn, Kranken- und Sozialversicherung eingeführt. Aber die ersten schwer er-

Frauenarbeit für die Rüstung: Arbeit am Seitenruder des Kampfflugzeugs Ju 88

Frauen bei der Arbeit für friedliche Zwecke: Kinderwagenfabrik

kämpften Schritte der sozialen Verbesserungen wurden mit dem Beginn des Ersten Weltkriegs wieder rückgängig gemacht. Für die kriegführenden Mächte, die die Männer als Soldaten für den Heldentod im Trommelfeuer benötigten, wurde die Frau als Industriearbeitskraft eine unverzichtbare Ressource. Denn der Erste Weltkrieg war von der Kriegstechnik her zu einem »Materialkrieg« geworden. Nicht die klassische Kunst von Feldherren und Generälen entschied die Schlachten, sondern die Zahl der von der Schwerindustrie hergestellten Waffen und die Qualität der Munition. Also wurden in den Werkshallen nur mehr die allernötigsten männlichen Spezialisten als Vorarbeiter oder Werkmeister behalten. Dort aber, wo bis vor kurzem noch durchaus qualifizierte Industriearbeiter standen, arbeiteten jetzt unqualifizierte Frauen. Diese wurden in

Ich bin 30 Jahre alt und 17 Jahre im Geschäft. Ich bin schon mit 13 Jahren in die Lehre gekommen. Jetzt verdiene ich mehr als früher. Ich lebe im ganzen auch besser wie früher. Ich bin Bettgeherin. Ich habe auch ein Kind zu versorgen, es ist sechs Jahre alt, und ich habe es in Kost. Das Kind kann ich jeden Tag sehen. Da es aber ziemlich weit von mir wohnt, so hole ich es gewöhnlich am Samstag abends ab, nehme es zu mir und dann bleibt es über den Sonntag bis Montag in der Früh bei mir. Dann ißt es auch bei mir. Da koche ich gewöhnlich Suppe, Mehlspeise; Fleisch kommt selten vor. Da koche ich dann so, daß das Kind und ich am Abend auch noch etwas haben. Kochen kann ich, denn ich schlafe ja in der Küche. Die Wohnung besteht außer der Küche noch aus einem Kabinett, in welchem ein Herr und eine Frau schlafen. In der Küche, in welcher ich schlafe, wird während der Woche für den Herrn und die Frau gekocht. Sie wird aber sehr rein gehalten. Von der Küche geht ein Fenster auf den Gang, und vom Gang geht gleich vis-à-vis ein Fenster hinaus.
In der Früh stehe ich um 6, viertel 7 Uhr auf; wenn ich Arbeit nach Hause nehme, lege ich mich erst um 11, 12 Uhr schlafen, sonst um 9 Uhr. Natürlich bin ich dann meist sehr müde, aber da bleibt halt nichts anderes übrig. Man muß ja leben.

8. Sitzung, Sonntag, 8. März, Nachmittag
Beginn 3 Uhr 15 Minuten
Vorsitzender: Dr. Leo Verkauf, Rechtsconsulent des Verbandes der Genossenschafts-Krankencassen
Beruf: Schneiderei
Expertin Nr. 51 ist 30 Jahre alt

Frauen an den Arbeitstischen einer Textilfabrik, 1956

Schnellausbildung zu tatsächlichen Facharbeiterinnen. Natürlich ohne daß ihnen dies über den Lohn abgegolten wurde. Was durch diese Entwicklung – im Zweiten Weltkrieg sollte es sich verstärkend wiederholen – ausgelöst wurde, war vor dem Hintergrund des Anlasses direkt makaber. Denn die nun in jeder Richtung ausgebeuteten Frauen in den Werkshallen bekamen plötzlich so etwas wie ein gesteigertes Selbstbewußtsein. Sie hatten es ja unter Beweis gestellt, daß ihre Arbeitskraft auch die der besser qualifizierten Männer voll ersetzen konnte. Sie hatten darüber hinaus die Mehrfachbelastung von Haushalt, Kindern, von Hungerzeiten und Mangelwirtschaft neben der Industriearbeit durchgestanden. Als die Männer von den Fronten und Schlachtfeldern oder aus den Gefangenenlagern zurückkehrten, fanden sie in der Industrie Frauen als Arbeiterinnen vor, die nicht nur ein hohes politisches Bewußtsein erreicht hatten, sondern sich auch nur mit Mühe von den Arbeitsplätzen wieder verdrängen ließen. Von den klagenden Zeugmachergesellen des 18. Jahrhunderts, die in den »jungen Menschern« ein Feindbild, weil Bedrohung ihrer qualifizierten Arbeitsplätze, sahen, bis zu den revolutionären Nachkriegsjahren nach dem Ersten Weltkrieg war also das Mißtrauen der männlichen Arbeiterschaft gegenüber den nicht nur leidens-, sondern auch leistungsfähigen Arbeiterfrauen nicht nur geblieben, sondern auch verstärkt worden. Die sozialistischen Reformen der Weimarer Republik oder der Ersten österreichischen Republik waren zwar keineswegs frauenfeindlich, es wurde aber doch immer wieder betont, daß die Verbesserung des Arbeitslebens der Männer den Frauen die nötige Erleichterung brächte. Jetzt sollten diese in den neuen kommunalen Wohnbauten lieber ein ordentliches Haushalts- und Mutterdasein führen, als in den Werkshallen stehen. Das war sicher gut gemeint. Der in den dreißiger Jahren alles überrollende Faschismus machte dann radikal mit dem politischen Bewußtsein der Frauen Schluß. Zuerst wurden sie mit Mutterkult und Arierromantik eingenebelt, dann systematisch aus verantwortlichen Positionen, aus Schulen und Universitäten verdrängt. Verheiratete Frauen hatten de facto Arbeitsverbot. Noch war es wichtiger, dem Führer Kinder zu schenken, als Kanonen zu bauen. Trotz aller ursprünglich beruflichen Verhinderungen, aller Mystifizierungen und Versprechungen wurde die »deutsche Frau« dann doch wieder in die Schlacht an der Heimatfront ge-

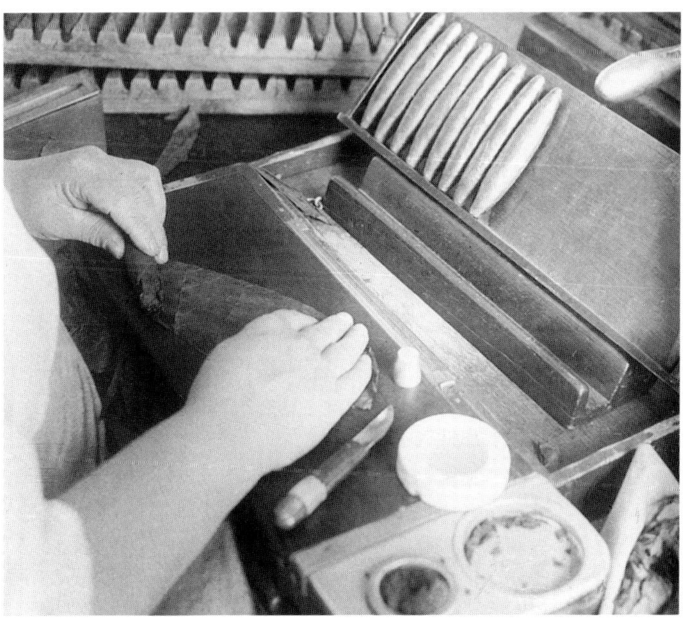

Eine Arbeiterin der Tabakfabrik Ottakring glättet Zigarren-Deckblätter

Eine Arbeiterin der Tabakfabrik Ottakring beim Sortieren von Zigarren

Frauen arbeiten am Fertigungsband für Lautsprecher, 1925

worfen. Die am Anfang beschriebenen Arbeitsheldinnenfotos der Reichspropaganda sind aber eine einzige Lüge. Denn die Gesichter der Arbeiterinnen in den Rüstungsfabriken waren gezeichnet von Übermüdung in den durchwachten Bombennächten, grau vom Industrieschmutz und abgezehrt von den immer karger werdenden Kriegsrationen. Selbstverständlich galt das nur für Arierinnen. Nichtarische Frauen und andere Mißliebige wurden ja in Konzentrationslagern und in daraus versorgten speziellen Produktionsstätten der Industrie »durch Arbeit vernichtet«, wie es hieß. Nach 1945 waren es in allen Bereichen der Wirtschaft selbstverständlich wieder die Frauen, die den Schutt wegräumten, die notwendigen billigen Arbeitskräfte stellten und sich für das kommende Wirtschaftswunder abrackerten. Diesmal sollte es ja noch länger dauern, bis die Männer, wenn überhaupt, zurückkamen.

Man könnte meinen, damit seien die Weichen im Kampf um volle Anerkennung und Gleichberechtigung der in der Industrie und Wirtschaft arbeitenden Frauen endgültig gestellt gewesen. Aber tatsächlich waren viele Selbstverständlichkeiten noch immer nicht gesellschaftlich umgesetzt. Gleicher Lohn für gleiche Arbeit ist heute zwar per Gesetz festgeschrieben – genauer gesagt, sogar gleicher Lohn für gleichwertige Arbeit –, aber de facto gibt es dies vielerorts noch immer nicht. Und in Zeiten wirtschaftlicher Probleme werden von mehreren Seiten immer wieder Stimmen laut, man möge doch die Frauen an den Herd zurückschicken, um den Männern die Arbeitsplätze zu erhalten. Obwohl aus den Fabrikmädeln des 19. Jahrhunderts heute in weiten Bereichen hochqualifizierte Facharbeiterinnen geworden sind.

DIE KÖCHIN, DIE MUSS KOCHEN

Von den Kuchelmenschern des Mittelalters zur
Herrschaftsköchin des Fin de Siècle

Trödel und Kram

Der Trödelmarkt in dem ehemaligen Schuppen für landwirtschaftliche Maschinen hat nur zweimal in der Woche geöffnet. Mittwoch nachmittags und Samstag vormittags bis zwei Uhr. Durch das Gewirr von aufgetürmten alten Möbeln, wackligen Regalen mit zerfleddernden Büchern, vergilbten Zeitschriftenstapeln, Recks mit abgetragenen Kleidern führen schmale Wegschneisen, in denen sich die wenigen Besucher aneinander vorbeidrücken müssen, so eng sind sie. An einer Außenmauer sind maschinengraue Metallregale, die wahrscheinlich einmal in einem Fabrikslager Dienst taten, aneinandergereiht. Auf den Fachböden ist kunterbunt gemischt alter Hausrat gestapelt. Alte Teller, Bestecke, Serviceteile, Gewürztiegel, Mehlschütten, Metallschüsseln, Wasserkannen, Holzlöffel und Küchenwerkzeug, von dem die meisten Besucher den ursprünglichen Einsatzzweck nicht einmal mehr ahnen. Nichts davon komplett, alles sehr abgenutzt, fleckig, oft halb zerbrochen. Kaum zu denken, daß es dafür Käufer gäbe, die irgendeines der Stücke auch nur in einer heutigen Küche wieder einsetzen wollten. Und was sollte – von Filmrequisiteuren oder spintisierenden Nostalgikern einmal abgesehen – dieser Schrott im Antiquitätenhandel zu suchen haben?

Künstler liebten es, Frauenarbeit zu verklären. Ölgemälde, Justus Juncker zugeschrieben, um 1750

Am Ende der Regalzeile stehen zwei Teenager vor einem der merkwürdigsten Geräte. Da steht ein Holzeimer von der Größe eines Gartenpflanzkübels auf dem Boden. Über dem faßartig gebundenen Gefäß ist eine Metallkonstruktion angebracht, die eine Kurbeldrehvorrichtung trägt. Die Achse der Kurbel verschwindet in einem stark korrodierten runden Metallgefäß, das in den Holzeimer hineinhängt.
Eine seltsame Konstruktion, die da verstaubt und angerostet herumsteht. Die beiden Mädchen schlecken an ihren Eistüten, während sie kichernd über den möglichen Einsatzzweck des unbekannten Rührwerks raten. Ist es eine vorsintflutliche Waschmaschine? Ein Butterfaß oder vielleicht irgendeine Mahlvorrichtung, eine alte Mühle?
Es ist eine Eismaschine, sagt die alte Dame, die unbemerkt näher gekommen ist. Und ich habe noch oft und lange so eine Kurbel gedreht, als ich ein Kind war. Denn die Herrschaften, wo meine Mutter als Köchin gearbeitet hat, haben Eiscreme als Dessert im Sommer bei großen Festen sehr gerne gehabt. Fertige Eiscreme – die alte Dame zeigt auf die Waffeltüten der Teenager – gab es ja damals noch nicht zu kaufen.
Und dann erzählt sie den ungläubig staunenden Kids wie damals, zu Urgroßmutters Zeiten, mit einer solchen Maschine Speiseeis von der Köchin hergestellt wurde. Wie ein Eisblock aus der Eisfabrik in Stücke gehackt werden mußte, mit Salzgemisch in das Holzschaff gefüllt wurde, wie eine aus Obers, Eiern oder Fruchtmark gekochte Cremebasis in das geöffnete Metallgefäß eingefüllt wurde, wie vorsichtig dies geschehen mußte, damit nicht einige Tropfen der Eis-Salz-Lösung hineingerieten und das Ganze verdarben, wie alles dicht verschlossen werden mußte, die Metallbajonett-Verschlüsse noch von außen mit Butter verschmiert und abgedichtet wurden. Und wie dann langsam und gleichmäßig die große Kurbel zu drehen war, damit der Spatel im Inneren der Gefrierbirne das anfrostende Speiseeis immer wieder mit dem Füllgut vermischte, bis eine homogene, cremig gefrorene Masse entstanden war. Das konnte auch durchaus eine Stunde lang dauern. Und da taten dann schon die Hände weh. Und zwischendurch mußten gehacktes Eis und Salz nachgefüllt werden, damit die Gefriermischung nicht ihre Kraft verlor. Und wenn sie Glück hatte, konnte die Köchin vom fertigen Eis, das den Herrschaften und den Gästen in Glasschalen serviert wurde, auch ein Restchen naschen. Ja, das sei lange her, so in den zwanziger Jahren gewesen, meint die alte Dame mit der weißen Löckchenfrisur. Später ist sie ja selbst Köchin geworden. Herrschaftsköchin, betont sie. Nicht irgendeine Köchin. Und dann geht sie den ganzen Küchentrödel musternd die Regalzeile ab, als prüfe ein pensionierter General einen zum letztenmal angetretenen Veteranenverband.

Von der Küchenmeisterey zur Bürgersköchin

Entgegen der bei den meisten Menschen fixierten Vorstellung, daß Küche und Kochen eine urweibliche Domäne sei, ist das tatsächliche Handwerk, der professionelle Beruf des Kochs, bis heute ein hauptsächlich männlicher. Im Gegensatz zum klassischen Rollenbild der für die Familie kochenden Mutter, stehen schon in der Antike der hochgerühmte Leibkoch – auch wenn er vom Status her oft genug auch nur Sklave war –, später der Mundkoch der Fürsten und der Hofkoch des Adels bis zum heute international gefeierten Küchenchef renommiertester Gastronomiebetriebe. Also alles männliche Berufsbilder. Auch die Küchen- und Kochwissenschaftler, die Berufsfeinschmecker, die ersten Kochbuchautoren vom römischen Apicius zum mainzischen kurfürstlichen Mundkoch Marx Rumpolt der Renaissance – alles Männer! Sogar im Nibelungenlied ist der Küchenchef am Königshof zu Worms – ein gewisser Rumold – fast selbstverständlich ein Mann. Ausnahmsweise einmal ein sympathischer, denn bevor Gunther, Gernot, Giselher samt Onkel Hagen und unzähligen weiteren Spießgesellen zu Attilas Burg losreiten, wo sich dann der blutige Showdown vollziehen wird, hält dieser Rumold seinen Herren eine eindringliche Rede, doch vernünftigerweise zu Hause zu bleiben. Und er lobt dabei auch die von ihm geleitete Burgküche aufs trefflichste. In Öl gebratene Schnitzel, meint er, seien

Als es weder Konserven noch Tiefkühlkost gab: Ölgemälde von Peter van den Bosch

Inneres einer Küche mit Koch und Magd, Holzschnitt, 1507

doch mehr ein Grund, zu Hause zu bleiben, als der dubiosen Einladung Kriemhilds zu folgen. Und da er letztlich doch recht behielt, scheint dieser Rumold nicht nur ein guter Küchenchef, sondern auch ein Mann von Hausverstand gewesen zu sein.

Wäre da nicht das handschriftlich erhaltene Kochbuch der Philippine Welser, einer Augsburger Bürgerstochter aus dem 16. Jahrhundert, könnte man meinen, daß von der Antike übers Mittelalter bis in die heutige Zeit die Geschichte der Küche und Kochkunst eine männliche sein müßte. Philippine Welser, die Schloßherrin zu Ambras bei Innsbruck, hatte den Erzherzog Ferdinand II., Statthalter von Tirol, geheiratet und viele hauswirtschaftliche Rezepte mit zierlicher Handschrift in meist schwäbischem Dialekt auf Einzelblätter niedergeschrieben. Nachdem erst Jahre nach der Hochzeit ihre Heirat vom Kaiser anerkannt und sie damit auch in den Adelsstand erhoben wurde, könnte man irrtümlich meinen, dieses später gebundene Kochbuch sei ebenfalls eine der zeitgenössischen adeligen Liebhabereien gewesen. Aber tatsächlich ist es der faktische Beweis von bürgerlicher Hausfrauentüchtigkeit, mit der die Welserin, nunmehrige Markgräfin zu Burgau, das Schloß Ambras verwaltete und bewirtschaftete. Obwohl durchaus anzunehmen ist, daß nicht sie selbst, sondern Männer in der Schloßküche gestanden sind.

Diese Rauchküche aus Irschen, Kärnten, zeigt, daß zur Kunst des Kochens auch die Kunst des Feuermachens gehörte

Nach der Einführung des Rauchfangs rückte der Herd von der Raummitte an die Wand

Mittelalterliche Abbildungen zeigen bei der Küchenarbeit auch stets mehr Männer als Frauen um die großen, gemauerten Herde herum, auf denen über offenem Feuer gebraten und gesotten wurde. Tatsächlich aber waren in den Schloß-, Burg- oder Klosterküchen mehr Frauen als Männer tätig. Denn während die Männer die körperliche Schwerarbeit am Herd leisteten – Kochkessel, Bratspieße, Räderwerke und Kettenzüge hatten große Dimensionen und viel Gewicht –, waren die Frauen an den Arbeitstischen, die rund um die Küche an den Wänden entlang aufgestellt waren, mit der Vorbereitung des Kochgutes beschäftigt. Diese Küchenmägde waren ständig am Hacken, Rupfen, Auslesen, Waschen, Schälen, Schneiden. Eine Großküche des Mittelalters war kein angenehmer Arbeitsplatz. Meist in Kellergewölben angesiedelt, war sie ohne Fenster, also völlig lichtlos, hatte keine Entlüftungseinrichtungen außer dem großen Rauchfang über dem offenen Herd und fließendes Wasser höchstens an den steinernen Mauern herab. Diese Küchen waren ständig voller Hitze, Lärm, Dampf und Dunst vom Herd und nur erleuchtet vom Flackern der Kochfeuer, von Kienspänen oder Fackeln an Wandhalterungen und vom Glühen zusammengeschobener Holzasche. Diese geradezu gespenstisch beleuchtete Küchen-

Auf Burgen und Schlössern waren stets viele Kostgänger zu versorgen. Küche der Burg Hohenwerfen, Salzburg

maschinerie mußte Außenstehenden Schrecken eingeflößt haben. Bis heute ist ja die Redensart, in Teufels Küche zu kommen, erhalten geblieben.

Die Küchen der Bauernhöfe und der städtischen Bürgerhäuser arbeiteten nach demselben Prinzip. In der Mitte des Raums stand ein gemauerter Kochherd, der meist in Tischhöhe, in einigen Gebieten aber auch nur wenig über dem Fußboden erhöht, eine umfaßte Fläche zum Entzünden offenen Feuers bot. In den Bauernhäusern zog der Rauch vom offenen Herd direkt unters Dachgebälk und von dort durch Luken im Dach ins Freie ab. Diese bäuerliche »Rauchkuchel« war in den gemauerten Stadthäusern nur so weit anders, als über den Herd ein gemauerter Rauchfang in einen schliefbaren Kamin führte, sodaß der Rauch des Kochfeuers über Schornsteine ins Freie ging. Und auch diese Küchen waren lichtlos, rußig und voll Asche.

In den Bauernhöfen und in den Stadthäusern standen selbstverständlich Frauen am flackernden Herd. Nur in den ganz großen Patrizierhäusern oder den Stadtresidenzen des Adels waren männliche Köche am Werk. In den Handwerkerhäusern beaufsichtigten die Meisterinnen das weibliche Gesinde und legten selbst Hand an. Im bäuerlichen Bereich kochten entweder die Bäuerinnen mit Hilfe einer oder zweier Dirnen selbst, oder die Küche wurde von ei-

DAS LIED DER KÖCHIN
Um den Herd herum die Köchin springt
und singt ein Lied, das komisch klingt.
Was soll ich denn kochen?
's ist alles zerbrochen:
das Maß und die Pfanne,
das Glas und die Kanne, –
und was ich will kaufen,
es kost' einen Haufen:
Der Weck und der Fladen,
der Speck und der Braten,
das Salz und das Mehl
und das Schmalz und das Öl
und die Eier und 's Feuer
sind heuer so teuer!
Und krieg' keinen Lohn –
ich lauf' noch davon!

Lesestoff für Kinder der zweiten Klasse, 1928

Die Arbeit der Köchin war auch körperliche Schwerarbeit. Die abgebildeten Pfannen und Modeln sind aus Kupfer.

ner eigens bestellten Küchenmagd geführt. Die Oberaufsicht lag aber immer bei der Hausfrau selbst. Bis zur Mitte des 18. Jahrhunderts war also das Kochen geschlechtsspezifisch so verteilt, daß für den Adel und das reichste Bürgertum Männer die Oberaufsicht der Zubereitung der üppigen Tafeln innehatten, während für das Handwerk und den gesamten bäuerlichen Stand bis hinunter zu den ärmsten Familien Frauen den Kochlöffel führten. Eine deutliche Verschiebung brachte das Ende des 18. Jahrhunderts. Aus dem Bürgerstand der Handwerkszünfte und Gilden heraus war ein neues, wohlhabendes Bürgertum entstanden, dessen Reichtum auf der beginnenden Industrialisierung und des internationalen Handels beruhte. Nun war der Anspruch der »unteren Stände« gerade in Österreich ja immer gewesen, es den Kaisern und Königen, den Adelshäusern gleichzutun. Da es vom Barock her »dort oben« Tradition war, in üppigsten Banketten zu schwelgen, hatten die braven Bürger auch stets diese Sitten nach besten Kräften kopiert. Die zürnende Kritik eines Predigers wie Abraham a Sancta Clara gegen die fressenden und saufenden Bürger und Handwerker beweist dies drastisch.

Man sieht ja, daß an einem Fest-Tag fast alle Kucheln rauchen, alle Pfannen schwitzen, alle Wasser sieden, sich alle Bratspieße drehen, alle Roste glühen, alle Schüsseln tragen, alle Teller leiden, alle Tafeln prangen ... O festum infaustum! O Festtag, o Freß-Tag!

Nun, an der Wende zum 19. Jahrhundert, hatte das Bürgertum in seinem neuen Selbstbewußtsein auch vollen Anspruch auf »professionelle Bekochung« zur Bestätigung seines Selbstbildes erworben. Bedienstete, die kochen konnten, wurden also in jedem zweiten Bürgerhaushalt für die neue Lebensart gebraucht. Der Wiener Kongreß im Jahre 1815 mit seinen unzähligen Banketten und Diners stachelte auch noch weitere, bescheidenere Bevölkerungsschichten auf, hier gleichzuziehen. Und während um 1800 die beruflich ausgebildeten Köche immer mehr in die Adelsküchen oder die hochrenommierten Gastronomiebetriebe engagiert wurden, wurde im wohlhabenden Bürgertum geradezu ein neuer Adelsstand der Dienstboten geschaffen – die bürgerliche Herrschaftsköchin, eine erfahrene, aber nur angelernte Fachkraft.

Indirekt abzulesen ist dies auch daran, daß in der zweiten Hälfte des 18. Jahrhunderts plötzlich vermehrt in der Literatur Kochbücher auftauchen, die

Neben der mündlichen Überlieferung der Kochkunst gab es die schriftliche in Form von Kochbüchern. Sie erwiesen sich oft als Bestseller.

Das

neue, große, geprüfte und bewährte

Linzer Kochbuch

in

zehn Abschnitten.

Enthält:

ein tausend sechs hundert ein und sechzig

Kochregeln für Fleisch- und Fasttage,

sehr deutlich und faßlich beschrieben.

Nebst einem

Anhange in zwey Abschnitten,

worin ein allgemeiner Unterricht vom Kochen überhaupt, von der Ordnung, von der Reinlichkeit, von der Zierlichkeit im Anrichten, von dem Fleiße, von der Sparsamkeit, vom Transchiren und Vorlegen gründlich und ausführlich abgehandelt wird.

Beygefügt sind noch:

mehrere bequem eingerichtete Speiszetteln, nebst einem vollständigen alphabetischen Register.

Verfaßt

von

Maria Elisabetha Meirner, geborne Niedererderinn.

Fünfte, verbesserte und mit 2-5 Speisen vermehrte Ausgabe.

Linz, 1822.

Im Verlage der kaiserl. königl. privil. akademischen Kunst- Musik- und Buchhandlung

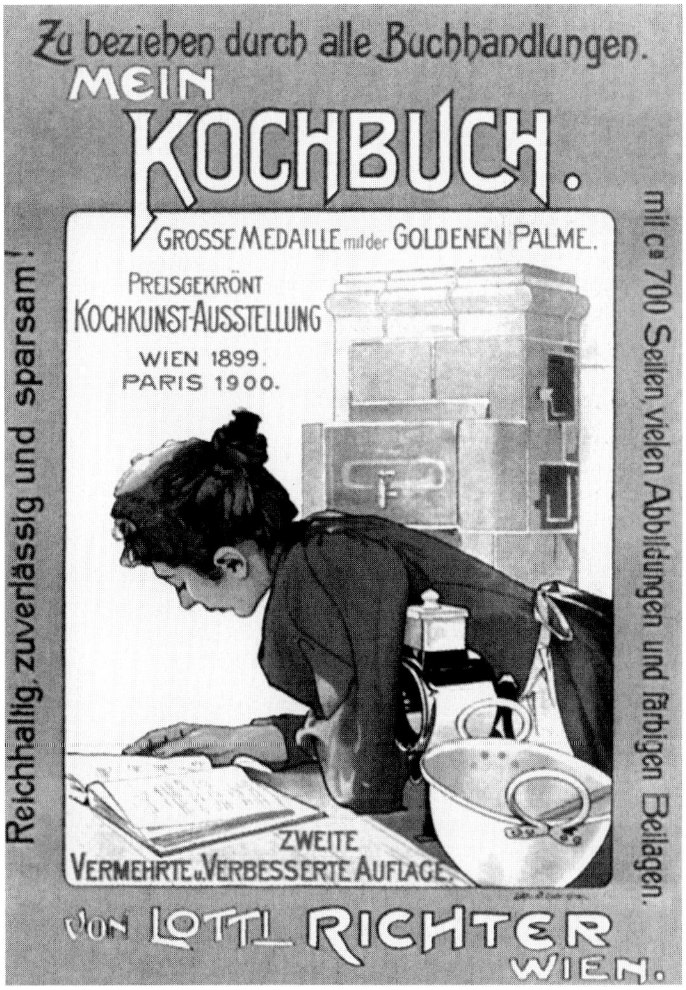

von Frauen geschrieben sind und die sich vor allem an die bürgerliche Küche wenden. Natürlich geben die Autorinnen, die mit einem Auge immer nach dem Höheren schielen, stets bekannt, daß sie ihre Erfahrungen selbstverständlich auch den allerhöchsten Ständen kompetent anbieten können. Sie nennen sich zum Beispiel »gewesene Freyherrliche Köchinn«, bezeichnen sich selbst als berühmt und scheuen kein Adjektiv, das sie besonders hervorhebt. Aber ihr Verdienst sei ungeschmälert anerkannt, die Schallmauer des elitären Kochbuchs »vom Adel für den Adel« zum »bürgerlichen Kochbuch für alle Stände« kochliterarisch durchbrochen zu haben. Die Herrschaftsköchinnen selbst werden allerdings oftmals nicht in der Lage gewesen sein, die ausführlichen und informativen Werke auch zu lesen. Sie waren einfache Frauen von geringer Bildung, und Lesen und Schreiben hat sicher nicht zu ihren Stärken gehört. Das Schmökern in Kochbüchern wird wohl eher die Sache der Hausfrauen gewesen sein.

Ein' Suppen mit Fleckerl

Ein' Suppen mit Fleckerl steht hier aufgeschrieben
Ein Rindfleisch mit Semmelkren und Roten Rüben
Ein Kraut mit Pofesen, ein Eing'macht's mit Krebsen
Gebratene Tauben, ein Ragout von Schöpsen
Kapäuneln und Hühneln, gebratene Vögel
Ein gut's Karbonadl, ein g'fülltes Rostbratel
Ein g'stopft's Indianerl, ein schönes Fasanerl
Gebratene Karpfen, gesott'ne Forellen
Ein welsches Salatl mit frischen Sardellen
Pasteten und Torten von allerey Sorten
Das wär' für Euch wohl ein gar köstlicher Schmaus –
Wär' nur von dem allen ein Bissen im Haus!

Sogenannte Necklieder mit großer Aufzählung umfassender Speisenfolgen sind vom Barock herauf bis weit ins 19. Jahrhundert hinein stets populär gewesen. Diese Neckereien hatten nämlich einen typisch wienerisch-bösartigen Humor als Hintergrund. Der vorige Text aus einem Singspiel aus der Zeit um 1800 beschreibt sehr plastisch die Fülle der gutbürgerlichen Tafel und dient damit dem eitlen Selbstverständnis des wohlhabenden Bürgertums. Und für das breite Volk, den armen Pöbel, waren solche Liedtexte – beachtenswert sind ja die beiden Schlußzeilen in ihrer Doppelbödigkeit – eine sinnliche »Pflanzerei« für die stets knurrenden Mägen der Taglöhner. Jedenfalls ist es eine recht genaue Aufzählung jenes Speisezettels, den eine Herrschaftsköchin entweder schwerpunktmäßig oder bei üppigen Gelagen sogar in seiner Gesamtheit herzustellen hatte. Denn von der Suppe bis zu den süßen Bäckereien ist der Liedtext ein ausgewogener Bankettplan. Interessant wäre es nun, diese Speisenfolge für zehn bis fünfzehn Esser in Arbeitsstunden des Küchenpersonals nach den damaligen technischen Verhältnissen zu berechnen. Als Beispiel sei nur der erste

Köchinnen standen bei der Männerwelt stets hoch im Kurs, Ölgemälde von Hubertus von Hohe

Gang, die Fleckerlsuppe, durchdacht. Es wird sich ja zweifellos um eine klare Rindsuppe mit der Einlage von Nudelteigflecken handeln. Um 1800 wurde auch in den bürgerlichen Stadtküchen noch hauptsächlich über dem offenen Herdfeuer gekocht. Das hieß, daß die Kochgeschirre wie Kessel, Pfannen, Häfen, auch Reinen oder Kasserollen aus massivem Gußeisen oder aus Keramik entweder von einem Dreibein an einer Kette über der offenen Flamme hingen oder auf schmiedeeisenen Pfannen- oder Topfständern über der Flamme oder Glut aufgestellt wurden. Als Brennstoff war bei offenen Herden selbstverständlich nur Holz geeignet, das in großen Mengen benötigt wurde. Einer Köchin wurde hier vor allem Geschicklichkeit im Feuermachen abverlangt. Denn es erforderte große Achtsamkeit, Flammen nicht zu schnell und zu hoch auflodern zu lassen, zusammengesunkene Holzglut so geschickt von einer Feuerstelle zur andern zu manipulieren, daß die Temperatur des Kochguts gleichmäßig blieb. In der Handhabung aller Pfannen und Töpfe samt Ketten und Stelleisen mußte sie so gewandt vorgehen, daß nicht ausgegossenes Fett oder überko-

chende Flüssigkeit die Küche entweder in Vollbrand setzten oder das gerade richtig brennende Herdfeuer ablöschten und die Überschwemmung ein Wiederentzünden in der nächsten Zeit unmöglich machte. Das Braten von Fleischstücken und Geflügel am Spieß, so daß es nicht außen verbrannte und innen roh blieb, war überhaupt eine Tätigkeit, die jahrelange Erfahrung erforderte. Diese Magie des über dem Feuer Bratens und der auch mechanisch gestützten Spießführung hat sich ja bis in unsere Tage erhalten. Die Barbecue-Romantik, die nach dem Zweiten Weltkrieg mit der amerikanischen Freizeitkultur über den großen Teich kam und europäische Gärten ohne eingebauten oder mobilen Gartengrill unvollständig erscheinen läßt, ist nichts anderes als eine »technische Erinnerung« an diese frühen Koch- und Bratmethoden. Und nicht zufällig stehen an den Gartengrillern bei den Sommerparties Männer als selbsternannte Fachleute. So wie diese Arbeit im Mittelalter ja noch eine rein männliche Domäne war. Vor der Zeit des Sparherdes mit eingebauter Back- und Bratröhre hatten aber zu Beginn

Die Bäuerin beim offenen Herdfeuer in ihrer Rauchküche in Obertilliach. Die Aufnahme stammt aus den zwanziger Jahren.

Seltene Mußestunde: das Küchenmädchen Marie König, aufgenommen im Stift Melk, Niederösterreich

des 19. Jahrhunderts die Frauen als Herrschaftsköchin diese Kunst erlernt und übernommen.
Zurück zur Suppe. Zur Bereitung dieser an sich einfachen Speise mußte die Köchin einmal einen zirka zehn Kilo schweren Suppenkessel mit rund zehn Liter Wasser gefüllt über kochtechnisch: »lebhaftes Feuer«, das heißt gut brennende Buchenscheite aufhängen. In das zunehmend siedende Wasser gab sie drei bis vier Hände voll geputztes und grobwürfelig geschnittenes Wurzelwerk, Salz und Gewürze sowie zerhackte Rindsknochen und fügte dann jenes Suppenfleisch von einigen Pfunden bei, das nun an die drei Stunden lang ausgekocht wurde. Die abdampfende Flüssigkeit im Kessel wurde regelmäßig mit warmem Wasser ergänzt, der an der Oberfläche sich bildende graue Schaum mußte mit dem Schöpflöffel immer wieder vorsichtig abgeschöpft werden. Während der ganzen Kochdauer wurden natürlich tausend andere Arbeiten nebenbei erledigt, aber alleine das Kochen der Suppe hatte bedeutet, daß man während der gesamten Zeit die Küche wegen der ständig notwendigen Aufsicht nicht wirklich verlassen konnte. In der letzten Stunde der Kochzeit hat die erfahrene Köchin noch eine in zwei Hälften geschnittene Zwiebel, deren Schnittflächen auf einem heißen Pfannenboden trocken schwarz geröstet worden waren, in den Kessel getan, denn das gab eine schöne gelbe Farbe. Die zweite Möglichkeit der Suppenfärbung mit Safranfäden empfahl sich nur für sehr reiche Haushalte. Damit war die Suppe keineswegs fertig, sie mußte noch abgeseiht und auf einer weiteren Feuerstelle mit einigen Eiklar und Eischalen zur vollkommenen Klärung von Trübstoffen »durchgepeitscht« werden. Insgesamt mußte die hier grob skizzierte Rezeptur von Anbeginn an richtig zusammenstimmen, denn eine Nachwürzung mit heute üblichen Fertigprodukten und Gewürzen war ja damals noch nicht möglich. Die heute übliche Entfettung einer gekochten Rindsuppe ist damals sicher unterblieben. Man schätzte auch bei der klaren Brühe die deftigen Fettaugen »im Supperl«.
Nun die Suppeneinlage nicht zu vergessen. Die Köchin wird aus einem Dutzend Hühnereiern mit gleich schwer Weizenmehl, das selbstverständlich erst fein gesiebt werden mußte, in einer irdenen Schüssel mit den Händen einen glatten, geschmeidigen Teig geknetet haben, der anschließend auf einem sogenannten Nudelbrett auch noch kräftig nach allen Richtungen hin mit dem Handballen abgearbeitet wurde, bis er am Brett nicht mehr kleben blieb und glänzend-seidig war. Diesen Teig ließ man in Herdnähe zugedeckt ruhen, was auch rasten genannt wurde. Die Köchin und ihr Hilfspersonal kamen selbstverständlich nicht zum Rasten, sie hatten ja ständig den Suppenkessel und das Feuer darunter zu beaufsichtigen. Übrigens, wenn das »Rindfleisch mit Semmelkren und Roten Rüben« von vorhin anschließend auch auf dem Speisezettel stand,

wurde das schöne Stück vom Rind – heute Tafelspitz genannt – der vor sich hinbrodelnden Suppe in der letzten Stunde der Kochzeit zugefügt, denn dieses Fleisch durfte nicht »auslaugen«. Der Nudelteig wurde nach angemessener Ruhefrist wieder aufs bemehlte Brett gelegt und mit einem gewaltigen Rollholz – dem Nudelwalker – auf Messerrückendicke ausgerollt. Diese dünne Teigplatte, auf der Oberfläche ebenfalls leicht bemehlt, blieb nun zum Übertrocknen wiederum eine Zeitlang liegen. Heute würde diese Eierteig-Pasta – um nichts anderes handelt es sich hier – mit einem Messer oder »mehrspurigen« scharfen Teigrädern wohl in kleine Quadrate zerschnitten. Damals, und das hat sich in der traditionellen Landküche manchmal sogar noch bis heute erhalten – wurden die Fleckerln mit den Händen vom Teig gerissen, also in unregelmäßigen Größen und Formen abgezupft. Die Teigware wurde in reinem Wasser nebenbei rasch gar gekocht, es reichten hier zwei bis drei Minuten reine Kochzeit, aber das Kochwasser mußte vorher sprudelnd aufwallen, sonst wären die Fleckerln kleben geblieben. Anschließendes Abseihen und Schwemmen mit kaltem Wasser machte die Suppeneinlage für den späteren Service in der heißen Rindsuppe fertig. Ein

Auch in der Küche gab es eine Hierarchie. Die Köchin herrschte über die Küchenmädchen.

Einkochen der Fleckerln in die Rindsuppe direkt hätten die Herrschaften sicher nicht goutiert, denn das macht bekanntlich die Fleischsuppe trübe. Und außerdem war die Köchin stolz auf ihre unvergleichlich goldgelbe Rindsuppe mit den genau auf den Bißpunkt gegarten, darin schwimmenden Teigblättchen …

Rechnet man nun die beschriebenen Arbeitsschritte und Vorgänge nur für die »einfache« Suppe durch, ergibt dies über den Kochlöffel geschätzt eine Auslastung einer Arbeitskraft von mindestens drei Stunden. Eine bürgerliche Herrschaftsköchin, die also an einfachen Tagen nur einen bescheidenen Auszug aus dem oben beschriebenen Menüplan zweimal täglich zuzubereiten hatte, mußte daher über eine »Brigade« von mindestens drei Hilfskräften, den sogenannten Küchenmädchen, verfügen, um manuell durchzukommen. Abgesehen von möglicherweise weiteren Hilfskräften bei der Vorbereitung oder beim Transport des nötigen Brennholzes. Übrigens waren die Transportarbeiten in und um die Küche herum aus heutiger Sicht kaum vorstellbar aufwendig. Nicht nur das Brennholz, auch das Wasser, sei es fürs Kochen oder fürs Waschen der Geschirre, mußte herantransportiert werden, denn es gab in den Küchen damals keine Wasserinstallation. Jedes Lebensmittel, jede Zutat mußte aus einem Nebenraum, der Speisekammer, erst zur Kocharbeit herangebracht werden, denn die Küchen waren aufgrund der Befeuerung ja so heiß, daß in ihnen keine Vorräte gelagert werden konnten. Die Köchin und ihr Hilfspersonal waren daher vom frühen Morgen bis zum späten Abend um den Herd herum im Volleinsatz. Abgesehen von den nötigen Einkäufen wurden Verschnauf- und Ruhepausen, auch die eigene Verköstigung, alles in diesem einen Küchenraum abgehalten.

Kühlschränke gab es noch lange nicht. Frauen holen Eisblöcke zum Kühlen der Vorräte.

Ebenfalls aus dem Jahr 1800 ist eine Textstrophe aus dem Lied über die »Sonntagsfreuden der Dienstmenscher« erhalten, die die Arbeitssituation ganz lapidar so beschreibt: Die Köchin, die muß kochen, die ganze Wochen fort …

Die Köchin, die muß kochen
ganze Wochen fort.
Die Frau tut greinen und zanken,
gibt ihr kein gutes Wort.
Aber am Sonntag Morgen
steht sie auf in aller Früh.
Sie macht sich keine Sorgen,
geht hinaus und wart'
auf ihren Steffel hart.

Das Kuchelmensch ganz schwürig
im Haus heruma brummt.
Sie ist schon ganz begierig
bis der Sonntag kommt.
Die Schüsseln und die Pfannen
wirft sie bald hin und her.
Der Hausknecht tut schon spannen
bis sie kommt daher,
schaut hin und her.

Frauen beim Brotbacken: Auf dem Land war es selbstverständlich, daß die Bäuerin das Brot buk.

Backe, backe Kuchen

Die ländlichen und städtischen Rauchküchen mit den offenen Feuerherden bestimmten prinzipiell auch die Art und Weise der Küche. Wer über offener Flamme kocht, braucht im Kochgeschirr ein wärmetransportierendes Medium, sei es Wasser oder Fett, damit das Kochgut garen kann. Ausgenommen natürlich der Garvorgang am Bratspieß, der die aufsteigende heiße Luft von der Glut oder von nur kurzen Flammen her nutzt. Der Schwerpunkt dieser Küche lag daher in der Herstellung von Suppen, Ragouts, gekochtem Gemüse und dem im heißen Pfannenfett bereiteten sterzartigen Gericht. Das Backen von Teigen war aber damit hauptsächlich an den Backofen, der vor allem zum Brotbacken gebraucht wurde, gebunden. In der Küche mußten Teige entweder in Fett ausgebacken werden – die ehemals reiche Fülle von gebackenen Krapfen als Mehlspeise zu Gemüse- und Krautspeisen gibt davon Zeugnis –, oder es mußte altbackenes Brot zerkleinert und mit Teig in neuer Form gebunden als Knödel gekocht oder – in besonderen Rezepten – ebenfalls im Fett herausgebacken werden. Nur in großen Haushalten besaßen Küchen neben dem Herd auch einen gemauerten Backofen. In der Stadt wurde das Brot ja schon seit dem Mittelalter bei den Bäckern gekauft. Auf dem Land wurden die Brotbacköfen, die zumeist außerhalb der Bauernhöfe im Freien gemauert waren, durchschnittlich nur einmal im Monat für das Brotbacken genutzt, konnten also für die tägliche Küche nicht eingesetzt werden. Das Backen von Kuchen, Strudeln, Aufläufen etc. für die Alltagskost war daher kaum möglich. In den Städten boten nun die gewerblichen Bäcker den Haushaltsküchen die Möglichkeit, die noch heißen Backöfen nach dem Brotbacken dafür zu nutzen. Mit Hilfe eines sogenannten Bäckerhornes oder auch durch lautstarkes

Ausrufen wurden die Köchinnen und Hausfrauen zum richtigen Zeitpunkt von dieser Möglichkeit verständigt und eilten mit den irdenen Backgeschirren zum Bäcker. Nebenbei gab es auch weitverbreitet die Sitte, daß Köchinnen und Hausfrauen den selbst zubereiteten Brotteig beim gewerblichen Bäcker gegen Entgelt backen ließen. Der als Gütezeichen heute verwendete Begriff Hausbrot ist davon abgeleitet. An die Zeit des Ausrufens für das Kuchenbacken erinnert noch das bekannte Kinderlied, in dem es eben heißt: »Der Bäcker hat gerufen«.

Backe backe Kuchen – der Bäcker hat gerufen!
Wer will einen Kuchen machen, der muß haben sieben Sachen:
Eier und Schmalz, Butter und Salz, Milch und Mehl.
Safran macht den Kuchen gel.

Wer nun »über die Gasse« backen ließ, konnte nur Teige herstellen, die den Transport auch unbeschadet überstanden. Ein leichter Souffléteig hätte weder den Weg zum noch vom Bäcker ausgehalten.
Dieses Küchendilemma der beiden voneinander meist räumlich, zeitlich und vor allem technisch getrennten Garungsmethoden wurde erst durch die Einführung des sogenannten Sparherdes endgültig gelöst. Schon im 16. Jahrhundert gab es da oder dort erste Kochöfen aus Gußeisen. Aber mit dem Einsetzen der industriellen Revolution zu Beginn des 19. Jahrhunderts setzte sich der sogenannte Sparherd als völlig neue »Kochmaschine« schlagartig durch. Denn es gab genügend Gießereien und Schmieden, die die dafür nötigen Metallkonstruktionen und -teile lieferten. Der Sparherd, nun nicht mehr nur mit Holz, sondern vor allem mit Kohle beheizt, hatte eine geschlossene eiserne Herdplatte mit eingesetzten Feuerringen und darunter noch ein oder zwei in den Feuerraum hineinragende geschlossene Back- oder Bratröhren, die über Türen von vorne beschickt werden konnten. Jetzt war eine Kochstelle geschaffen, auf der man sowohl Herd- als auch Ofenspeisen bereiten konnte. Die Sparherde, deren Rauch über geschlossene Kamine abgeleitet wurde, waren nicht nur wesentlich wirtschaftlicher und effizienter, sie veränderten sowohl das Einrichtungsbild der Küchen an sich wie auch über ihre vielfältigen Möglichkeiten der Zubereitungsarten die Küche im eigentlichen Sinn. Ob der gute alte

Fortschritt in der Technologie: Kohlenherd mit fahrbarem Kohlenkasten und eingeschliffenen Türen

Nach etwa 1850 wurde der gemauerte Herd vom Sparherd abgelöst. Ohne ihn gäbe es keine Wiener Küche.

In dieser Küche eines Großbauernhofes wurde mit der Familie auch das zahlreiche Gesinde verpflegt

Sparherd gemauert und mit prächtigen Fliesen umrandet zum Dekorationsstück wurde, ob er frei stehend mit schön emaillierten Türen und messingblitzenden Herdstangen zum Küchenprunkstück geriet, bis heute ist er nicht nur in alten Küchen zu finden, sondern auch in den Katalogen moderner Herd- und Ofenhersteller. Und sei es nur als Zusatzherd zu den heute üblichen Gas- oder Elektroherden. In Wien begann der Sparherd um 1840 seinen Siegeszug, bis zum Ende des Ersten Weltkriegs war er im gesamten Raum der ehemaligen k. u. k. Donaumonarchie zum Standard geworden. Ohne ihn, ohne die industrielle Herstellung von Rübenzucker und ohne die im 19. Jahrhundert als Köchinnen arbeitenden Frauen aus Böhmen und Mähren wäre das, was heute international Wiener Küche genannt wird, wohl kaum entstanden. Apfelstrudel, Powidlbuchteln, Guglhupf und Sachertorte konnten nun, wie auch alle anderen Highlights aus der Fleisch- und Fischküche, im bürgerlichen Haushalt zubereitet werden. Und obwohl noch vieles zu einer modernen Küche fehlte – vor allem das fließende Wasser –, hatten die Köchinnen jetzt Küchen als Arbeitsräume, die Tageslicht hatten, weil sie auch Fenster, zumindest zum Lichthof hin, haben konnten.

Mariankas Morgenkaffee – Aus dem Leben einer Herrschaftsköchin

Die Herrschaften frühstücken um sieben Uhr. Daher betritt die Köchin um sechs Uhr die Küche, in der die Küchenmagd, die neben dem Herd übernachtet hat, schon alle Hände voll zu tun hat. Sie hat seit fünf Uhr morgens zuerst die Asche aus den Feuerstellen des Sparherdes ausgeräumt und zu den Sammelstellen in den Hof hinuntergetragen. Am Rückweg hat sie zwei Körbe mit Brennholz und gehackten Spänen hochgebracht. Der nächste Weg führte in den Kohlenkeller, um drei bis vier Vorratseimer mit guter Anthrazitkohle zu füllen und in der Küche bereitzustellen. Dann mußte Wasser in großen Wasserkannen geholt und das Wasser in den Wasserbänken des Herds nachgefüllt werden. Denn warmes Wasser aus den eingebauten Vorratsbehältern im Sparherd würde den ganzen Tag über gebraucht werden. Das Wasser mußte sie zum Glück nicht mehr vom Brunnen im Hof schöpfen, sondern von der Bassena am Korridor holen. Die Wasserleitung führte ja schon in die Beletage, in der die Herrschaften logierten. Außerdem war die Küche zu lüften, um alten Küchendunst und den Bettengeruch des improvisierten Nachtlagers der Magd hinauszukriegen. Die Morgenkälte vom Hof her würde durch die Herdwärme, die den ganzen Tag über die Küche erfüllen würde, rasch wieder ausgeglichen.
Marianka, die Herrschaftsköchin, hat in ihrem winzigen Dienstbotenkämmerchen geschlafen. Das ist zwar spartanisch eingerichtet, aber immerhin ihr persönliches Refugium. In der Küche überprüft sie als erstes das Feuer im Herd, das die Magd in der Zwischenzeit entzündet hat. Ein großer Häfen mit frischem Wasser ist auch bereits aufgesetzt. Aus dem Küchenschrank nimmt Marianka die Blech-

Originaltext: Hoch soll er leben!

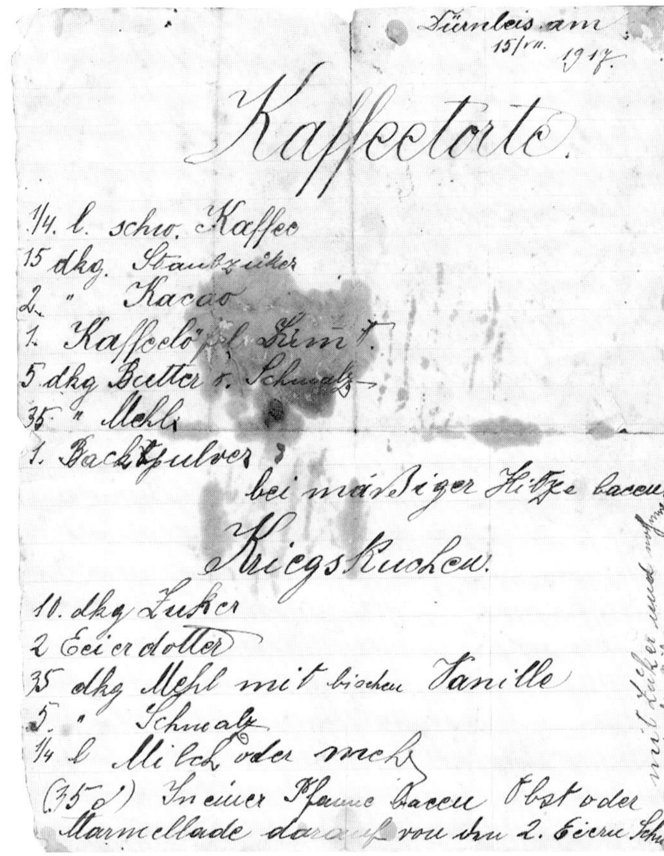
Kaffeetorte.
1/4. l. schw. Kaffee
15 dkg. Staubzucker
2. " Kacao
1. Kaffeelöffel Zimt.
5. dkg Butter o. Schmalz
35. " Mehl
1. Backpulver
bei mäßiger Hitze backen
Kriegskuchen.
10. dkg Zucker
2 Eierdotter
35 dkg Mehl mit bischen Vanille
5. " Schmalz
1/4 l Milch oder mehr
(35 g) In einer Pfanne backen Obst oder
Marmelade darauf von den 2. Eiern

Kochen im Krieg verlangte der Köchin viel Phantasie ab, Rezepte aus dem Kriegsjahr 1917

dose mit dem gut sitzenden Verschluß, in dem die gerösteten Kaffeebohnen aufbewahrt werden. Ein Blick überzeugt sie, daß der Vorrat für heute noch reicht. Für morgen wird sie am Abend wieder frische Kaffeebohnen rösten müssen. Denn der Kaffee vom Kolonialwarenhändler wird ungeröstet eingekauft. Das richtige Bräunen der grauen Kaffeebohnen in der sogenannten Rösttrommel, die ins heiße Backrohr eingehängt wird, ist eine Wissenschaft für sich. Und es hat eine Weile gedauert, bis Marianka den richtigen Bräunungsgrad herausfand, der dem Herrn des Hauses angenehm war. Nur ein wenig Unaufmerksamkeit, und die Bohnen konnten zu dunkel, also bitter werden. Während Marianka die Karlsbader Maschine am Herdrand vorsichtig zusammensetzt – auf eine dickbauchige Porzellankanne kommt ein passender Aufsatz mit einem feinen Durchlaufgitter unten und einem gelochten Einsatz für das Wasseraufgießen oben – wird der Kaffee in der großen Kaffeemühle von der Küchenmagd gemahlen. Das nicht zu fein geschrotete Mahlgut füllt Marianka auf den Siebteil des Karlsbader Aufsatzes und fügt nun aus den Gewürztiegelchen der sogenannten Küchenkredenz noch einige winzige Beigaben hinzu: eine Prise Salz, eine Messerspitze gemahlenen Zimt und einen Kaffeelöffel voll im Mörser gestampfter Kakaobohnen. Und nun – Marianka achtet darauf, daß die Magd das nicht sieht – kommt rasch noch ein halber Würfel vom Feigenkaffee dazu. Der gnädige Herr darf

das nicht wissen, er verabscheut Feigenkaffee und behauptet, dies könnten nur Proletarier vertragen. Aber Marianka weiß, daß gerade diese kleine Prise vom Feigenkaffee den Ausschlag dafür gibt, daß der Herr Advokat und Notar von ihrem so besonders guten und molligen Kaffee schwärmt. Aber vom Feigenkaffee darin darf er nichts erfahren. Die Turmuhr der nächsten Pfarrkirche schlägt halb sieben – selbstverständlich gibt es keine eigene Küchenuhr –, da ist endlich das Wasser am Herd sprudelnd ins Kochen gekommen, und Marianka füllt vorsichtig mit einem Schöpflöffel heißes Wasser über die Siebplatte in den Karlsbader Aufsatz. Da darf sie nicht zu viel erwischen, sonst schäumt der Aufguß über, und auch nicht zu wenig, sonst rinnt der frisch gebrühte Kaffee zu langsam in die Unterkanne. Die Unterkanne, in der später auch der Kaffee serviert wird, wird von der Eisenplatte des Herdrandes warm gehalten. Dadurch verliert der Kaffee nicht die Temperatur. Ruhe, aber auch Eile ist notwendig, damit der Kaffee um sieben servierbereit ist. Das Weißgebäck für das herrschaftliche Frühstück hat die zweite Küchenmagd – sie wohnt nicht im Haus, sie kommt täglich zu Fuß aus der Vorstadt – vom Bäcker mitgebracht. Den bezahlt die gnädige Frau wöchentlich für das über die Tage verbrauchte Brot und Kleingebäck. Das Dienstmädchen, das das Frühstück servieren wird, stellt nun in der Küche das Serviertablett mit dem Gebäck, der Butter, einem Kännchen heißer Milch, die Marianka neben dem Wasserhäfen erwärmt hat, und einigen Schälchen Konfitüre zusammen. Und weil die Zeit schon drängt, saust es wie ein Wiesel zwischen Speisekammer, Küchenkredenz und dem großen Küchen-Uhr-Tisch hin und her. In den letzten Minuten vor dem Sieben-Uhr-Läuten hat die erste Küchenmagd noch zwei Hühnereier in einer kleinen Reine mit kochendem Wasser auf dem neu angeschafften Petroleumkocher, der sozusagen noch blitzblank auf einem Wandtischchen steht, zugesetzt. Wachsweich wünscht sie der junge Herr zum Frühstück. Und das bedeutet, predigt Marianka, die genaue Kochzeit von drei Vaterunser und einem Avemaria. Es wird überhaupt viel gebetet in so einer Küche. Nicht nur darum, daß Mariankas vielgerühmte Spezialitäten gelingen, sondern vor allem als unentbehrliche Kurzzeitmessung. Die gekochten Eier werden auf dem Serviertablett in eine Stoffserviette eingeschlagen, die Karlsbader Kanne erhält statt des Aufsatzes ihren schönen Porzellandeckel, und pünktlich mit dem Glockenläuten ertönt auch die Zugklingel vom Essensraum in der Küche. Während das Dienstmädchen beladen aus der Küche Richtung Speisezimmer manövriert, beginnt die erste Verschnaufpause für Marianka und ihre Küchenmädchen. In aller Ruhe wird eine »Pitschen« Feigenkaffee aufgesetzt, und Marianka holt aus der Speisekammer noch vier Stück vom gestrigen Jausentisch übriggebliebene Kolatschen – mit Powidl gefüllt – für ihre Mädchen und sich zum Frühstück heraus. Da sieht sie drauf, daß die beiden jüngeren Helferinnen nicht hungrig bleiben. Das Dienstmädchen wird sich später schon selbst von

den Resten der Frühstückstafel verköstigen. Sollte vom Bohnenkaffee noch etwas in die Küche zurückgehen, so steht dieser der Herrschaftsköchin alleine zu.
Um acht wird die gnädige Frau mit Marianka über den Tagesspeiseplan verhandeln, das heißt, sie wird die Wünsche ihres Mannes bezüglich eines bescheidenen Mittagstisches – meist Suppe, Rindfleisch mit Gemüse und Nachtisch – an die Köchin weiterleiten. Wenn mittags einmal eine größere Tafel zu bereiten wäre, dann müßte das ja schon am Vorabend geplant worden sein. Weil sich dies mit dem Einkauf am Vormittag zeitlich nie ausginge. Auch das Abendessen wird am Morgen vorbesprochen. Es ist davon abhängig, ob die Herrschaften des Abends vielleicht ausgehen oder ob Gäste zu erwarten sind. Der Arbeitsaufwand des gesamten Tages wird sich danach richten. Bevor Marianka mit einer ihrer Küchenmägde zum Einkauf auf den Markt geht, wird sie dementsprechend der gnädigen Frau das Budget für den Tag vorrechnen. Marianka kann ganz wenig lesen und schreiben, und sie spricht in jenem »Küchenfranzösisch«, das vom singenden Klang ihrer slawischen Muttersprache geprägt ist. Aber im Kopfrechnen kann Marianka keiner schlagen. Und beim Einkauf kann sie keine Markstandlerin, kein Fleischhauer oder kein Kolonialwarenhändler auch nur im geringsten »überheben«. Das Einkaufsgeld, das ihr die Hausfrau mitgegeben hat, wird sie um keinen Heller überschreiten und am Nachmittag mit der Gnädigen penibel abrechnen. Auch heute wird ihr Arbeitstag bis in den späten Abend dauern. Aber dies ist Marianka, die Herrschaftsköchin, von Kindheit an gewohnt. Kochen und Wirtschaften hat sie als Küchenmädchen und Hilfskraft neben ihrer Mutter gelernt, die als Köchin für das Gesinde, als sogenannte Knechtsköchin, auf einem böhmischen Herrensitz und landwirtschaftlichen Gut gedient hat. Als Vierzehnjährige kam sie dann in die Reichshaupt- und Residenzstadt. Zu Fuß und ohne Schuhe. Denn die Holzschuhe, die sie damals besaß, trug sie um den Hals gebunden, damit sie auf dem weiten Weg nicht zu sehr abgenutzt würden. Mit zwanzig konnte sie genügend Deutsch und hatte sich in einigen herrschaftlichen Küchen hochgedient. Die feine Küche der Residenzstadt hatte sie zwar erst hier erlernt, aber mit fünfundzwanzig hatte sie die Referenzen einer tüchtigen Köchin für gutbürgerliche Häuser erworben. Und mit den Jahren war sie mit der angesehenen Stellung und ihren bescheidenen Ersparnissen doch eine recht gute Partie geworden. Johann, der stämmige oberösterreichische Bauernbursche, der als Kutscher bei der Herrschaft vis-à-vis im Dienst steht, denkt offenbar ebenso. Denn bereits mehrmals hatte er sie am Abend nach dem Geschirrabwaschen in der Küche besucht, und schon zweimal hatte er sie Sonntag nachmittag in den Prater ausgeführt. Wie man das um 1900 eben so tat.

Von Köchinnen und jenen, die es werden wollten

Der oft romantisierte Beruf der Herrschaftsköchin war bis weit ins zwanzigste Jahrhundert aus zwei gegenseitigen Aspekten zu betrachten. Einerseits standen die Köchinnen im Ansehen, also auch sozial und versorgungsmäßig über dem anderen weiblichen Hauspersonal. Und innerhalb der einfachen Klassen der unteren sozialen Schichten waren sie tatsächlich hochangesehen. Köchinnen, die einen besonderen Ruf und gute Kenntnisse in der Führung herrschaftlicher, das heißt im allgemeinen großbürgerlicher Küche genossen, wurden von den »Herrschaften« umworben, mit großer Achtung und Respekt behandelt und auch zu guten Bedingungen eingestellt, damit sie nicht so leicht abgeworben werden konnten. Köchinnen wurden im Vergleich zu anderen Dienstboten auch über viel längere Fristen eingestellt. Es gab Häuser, in denen die Dienstmädchen jährlich gewechselt wurden, die Köchin aber blieb über eineinhalb bis zwei Generationen der Herrschaften im Haus. Tatsächlich sind dann auch solche Herrschaftsköchinnen fast schon als fixer Bestandteil des Familienkreises behandelt und von alt und jung der großen bürgerlichen Familie geradezu als Instanz betrachtet worden. Es wird überliefert, daß diese robusten Küchenveteraninnen die Küchenwirtschaft völlig autonom geführt haben, sodaß sie bestimmten, was wann auf den Tisch kam

und den Herrschaften zu schmecken hatte. Eine Art Nachhall dieser freundlichen Betrachtung des ehrbaren Köchinnenhandwerks findet sich auch in der Jugendliteratur. So ist zum Beispiel die Herrschaftsköchin Hanne in Else Urys Nesthäkchen-Büchern eine Figur, die vor Wärme, Herzlichkeit und Mütterlichkeit nur so strahlt. Hanne wird so beschrieben, wie man sich eine Köchin vorstellt: rund, rotbackig, mit kräftigen Oberarmen. Die mußten die Köchinnen zweifellos haben. Die stundenlange Arbeit in der Küche war körperlich anstrengend und erforderte Muskelkraft, denn elektrische Geräte und Küchenmaschinen gab es noch lange nicht.
Zum Beispiel: ein Küchenweitling aus Steingut hat schon mehrere Kilo Gewicht. Eine Hefeteigmasse aus 1,5 bis 2 kg Mehl mit dem Kochlöffel darin richtig »abzuschlagen«, bis sich die Masse seidig glänzend vom Geschirrboden löst – das konnte 45 Minuten brauchen. Das entspricht von der eingesetzten Muskelkraft in Händen, Unter- und Oberarmen einem ausführlichen Kraftkammertraining eines modernen Fitneßstudios. Wie überhaupt alle Knet-, Rühr- und Mischarbeiten händisch und mit reiner Muskelkraft durchgeführt wurden.
Wer immer dies einmal nachempfinden möchte, kann es aber mit einer »leichteren Übung« zum Beispiel so nachvollziehen, indem er einen einfachen Biskuitteig aus vier Eiern und entsprechenden Zuta-

Großküchenbetrieb mit weiblichem Personal. Nur in der Spitzengastronomie war (und ist) die Kochkunst männlich dominiert.

Das Haltbarmachen von Obst und Gemüse durch Einkochen und Einsäuern garantierte die Vitaminversorgung im Winter

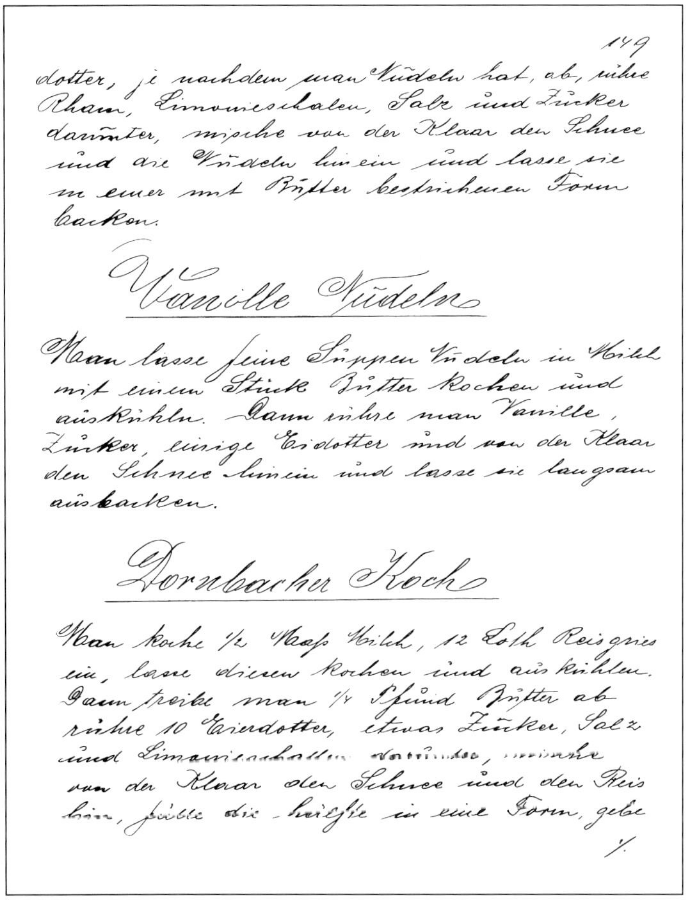

149
dotter, je nachdem man Nudeln hat, ab, rühre
Rham, Limonieschalen, Salz und Zucker
darunter, mische von der Klaar den Schnee
und die Nudeln hinein und lasse sie
in einer mit Butter bestrichenen Form
backen.

Vanille Nudeln

Man lasse feine Suppen Nudeln in Milch
mit einem Stück Butter kochen und
auskühlen. Dann rühre man Vanille,
Zucker, einige Eidotter und von der Klaar
den Schnee hinein und lasse sie langsam
ausbacken.

Dornbacher Koch

Man koche 1/2 Maß Milch, 12 Loth Reisgries
ein, lasse diesen kochen und auskühlen.
Dann treibe man 1/4 Pfund Butter ab
rühre 10 Eierdotter, etwas Zucker, Salz
und Limonieschalen darunter, mische
von der Klaar den Schnee und den Reis
hin, fülle die Hälfte in eine Form, gebe
./.

Die ganz persönlichen Kochtricks wurden von der Mutter auf die Tochter, von der Großmutter auf die Enkelin vererbt

ten in einem Schneekessel mit Schneebesen ohne Verwendung eines elektrischen Handmixers zur richtigen Konsistenz aufschlägt. Das ist somit eine Rührarbeit von zwanzig bis dreißig Minuten, die einem Ungeübten »die Hand vom Gelenk fallen« läßt. Die in einer Herrschaftsküche anfallende grobe Reinigungsarbeit allerdings mußte die Köchin nicht selbst erledigen. Zum Geschirrabwaschen, Pfannenscheuern und zum Reiben des Fußbodens hatte sie die Küchenmädchen. Nur in kleinsten Haushalten mußte die Köchin selbst abwaschen, und auch da half meist das Dienstmädchen. Dennoch hatte sie bei der Reinhaltung von Küche und Küchengeräten die Oberaufsicht. Vor allem aber mußte sie sich um die Vorräte kümmern und achten, daß keine Lebensmittel feucht, schimmlig oder von Ungeziefer befallen wurden.

Im Prinzip kam eine Köchin den ganzen Tag nicht zum Sitzen. Kochen im alten Stil war vor allem eine stehende Arbeit. Dennoch hatten viele Dienstmädchen den Wunsch, Köchin zu werden. Wenn sie als »Mädchen für alles« im Haushalt mit den Jahren gern und gut kochen gelernt hatten, konnten sie den sozialen Aufstieg zur Herrschaftsköchin schaffen. Herrschaftsköchin wurden übrigens auch die Köchinnen der kleinbürgerlichen Haushalte genannt, die Bezeichnung adelte sowohl die »Herrenleute« als auch die Bediente. Auch Küchenmädchen, die aufmerksam und geschickt waren, hatten die Chance, selbst einmal die Herrschaft zu bekochen und damit ihren Lohn, aber vor allem ihre persönliche Position wesentlich zu verbessern. Allerdings mußten sie wirklich gewitzt und klug vorgehen, denn die in der Küche autoritär herrschende Köchin delegierte und kontrollierte die von ihr angeordneten Arbeiten, ließ sich aber beim Kochen selbst nicht gern auf die Finger schauen. Und ihre ganz persönlichen Kochtricks verriet sie schon gar nicht.

Frau Leopoldine, geboren 1906, hat diesen Aufstieg vom Küchenmädchen zur Köchin geschafft. Im Jahr 1920 hat sie als eine von zwei Küchenmägden in einem Konvikt im niederösterreichischen Waldviertel gearbeitet. Die Köchin, so erinnert sie sich, war rechthaberisch und unfreundlich – »eine Bißgurn, die uns Mädchen nicht zum Herd gelassen hat«. Gelernt hat sie dort trotzdem viel, vor allem, wie man plötzlich auftretende Probleme lösen kann. »Eines Tages«, erinnert sich Frau Leopoldine, »ist der Köchin ein Malheur passiert. Für das Mittagessen sind Knödel gekocht worden. Aus irgendeinem Grund, den ich nicht weiß, mußten wir damals für die Bindung der Teigmasse grobes Maismehl verwenden. Den Knödelteig hat die Köchin selbst gemischt, wir Mädchen mußten die Knödel formen und in den riesigen Kessel voll siedendem Wasser einkochen. Und auf einmal höre ich ganz eigenartige Geräusche aus dem Kessel. Die Reserl und ich haben in den Kessel geschaut und gesehen, wie die Knödel langsam aufplatzen. Mit einer gewissen Schadenfreude haben wir der Köchin gesagt, sie soll

Die Lehr- und Küchenmädchen des Stiftes Melk, Niederösterreich, malerisch gruppiert beim Hühnerrupfen

doch in den Kessel schauen, die Knödel zerkochen. Na, die hat fast der Schlag getroffen! Die Knödel waren doch für das Mittagessen bestimmt, wir hatten viele Kinder im Konvikt, da war schon allerhand zu kochen. Keine Knödel – kein Essen. Da war die Köchin auf einmal freundlich, da hat sie winseln können: Bitte, helft mir! Also haben wir zu dritt die aufgeweichten Semmelbröckerl mit großen Sieben aus dem Kessel gefischt. Die Masse hat sie überkühlen lassen und dann neu mit Eiern, Gewürzen und Mehl abgebunden. Die zweite Partie Knödel ist dann gelungen und sehr gut geworden.«

Frau Leopoldine ist zwei Jahre später nach Wien gekommen und dort als Köchin in den Dienst gegangen. Die erste Speise, die sie kochen mußte, war Apfelstrudel. Der Strudel, so erinnert sie sich, war ein beliebtes »Testessen« der Hausfrauen. Eine Köchin, die Strudelteig ausziehen kann, kann auch kochen, hieß es. Die Umstellung vom Kochen im Konvikt zum vergleichsweise kleinen bürgerlichen Arzthaushalt war groß, erinnert sich Frau Leopoldine. Vor allem wegen des Herdes: »Ich war ja nur gewohnt, auf einem großen Herd zu kochen, der mit Holz und Kohle geheizt wurde. In Wien hatten wir eine kleine, aber sehr schöne Küche – und einen Gasherd. Das war sehr schwierig, denn ich mußte erst langsam lernen, mit diesem Gasherd umzugehen. Am Anfang ist mir viel übergekocht und auch angebrannt. Aber mit der Zeit hab ich mich daran gewöhnt.« Einkaufen ist die Köchin Leopoldine auf den nahe gelegenen Naschmarkt gegangen. Abends hat die gnädige Frau den Speiseplan mit ihr besprochen, nach dem Frühstück hat die Köchin eingekauft. Abgerechnet wurde immer am selben Tag. »Und einmal hab ich auf dem Heimweg eine Fleischhauerei gesehen, in der die

Der gemauerte Herd wurde von dem transportablen Metallherd (Gas- oder Elektroherd) abgelöst

Würste äußerst billig waren. Dort hab ich Knackwürste gekauft. Die Herrin war sehr überrascht über den günstigen Preis. Nach dem Mittagessen hat sie gesagt, ich soll ihr doch das Geschäft nennen, in dem ich eingekauft habe. ›Ui, Leopoldin‹, hat sie dann gesagt, ›das ist ja ein Pferdefleischhauer. Wenn das mein Mann erfährt, dreht es ihm den Magen um. Aber dort kaufen Sie jetzt öfter ein. Der ist billig, und meinem Mann hat die Wurst sehr gut geschmeckt. Er muß ja nicht erfahren, wo Sie einkaufen.‹ Na, bin ich zum Pferdefleischhauer gegangen. Die Frau war auch froh, wenn sie Geld gespart hat.«

Nur in kleinbürgerlichen Häusern ging die Gnädige selbst einkaufen. Im Großbürgertum hatten Köchinnen ihr Budget, das sie entweder täglich oder wöchentlich abrechneten. Jede Art von Einkaufen für die Haushaltsführung war schon deshalb aufwendig, weil es ja für jeden Teilbereich der Nahrungsmittel eigene Geschäfte oder Marktstände gab. Selbst wenn sich dem Haushalt ein naher Markt anbot, waren die Wegzeiten für die Summe der Detaileinkäufe beträchtlich. Und außerdem erforderte der Einkauf in einer Zeit, die noch keine modernen Konsumentenschutzbestimmungen praktizierte, hohe Fachkenntnis bei der Beurteilung der Naturalien. Denn es war weit verbreitet, auch die einfachsten Lebensmittel durch Verfälschung zu strecken oder zu schönen, um bessere Gewinne zu erzielen.

Eine stark mit Salz versetzte Butter ist immer ungleich in der Farbe, streifig, knistert unter dem Messer und den Zähnen und schmeckt salzig. Die mit Soda oder Pottasche vermengte Butter ist streifig, trocken, bröckelig, zeigt im Verhältnis zum Gewicht einen geringen Umfang und hat einen etwas bittern Geschmack.
Butter mit Mehl oder Kartoffelmasse ist trocken, zeigt fleckige Stellen und fühlt sich zwischen den Fingern nicht fettig an.
Die mit Eiweiß verfälschte Butter riecht wie alte, und beim Kochen derselben bildet das Eiweiß flockige, geronnene Massen.

Ratschläge für den Einkauf von Butter aus dem Haushaltsbuch »Das Hauswesen nach seinem ganzen Umfange« von Marie Susanne Kübler, Stuttgart 1850
Und im Haushaltsbuch der Henriette Davidis aus 1861 heißt es über die Milch: »Auch dieses unschuldige Getränk bleibt selten in seinem ursprünglichen Zustande, indem es häufig mit Wasser verfälscht wird.«

Die Kriegsausspeisung versuchte, die ärgste Hungersnot im Hinterland zu lindern

In einem echten Wiener Beisel herrscht Familienbetrieb. Hier werken mehrere Generationen einträchtig in der Gasthausküche.

Kriegspropaganda im Ersten Weltkrieg. Die wohlbeleibte Köchin als Soldatenschwarm.

Die einkaufenden Köchinnen wählten daher ihre Geschäfte und Marktstände sehr sorgfältig aus. Es bildeten sich geradezu Vertrauensverhältnisse zwischen den jeweiligen Gemischtwaren- und Kolonialwarenhändlern, den Fleischhauern, Obstständlerinnen und deren Verkäuferinnen mit den Herrschaftsköchinnen heraus. Was einen gegenseitigen Vorteil brachte. Die Köchinnen konnten sich auf »ihre« Geschäfte in punkto Qualität verlassen, andererseits führten die Händler bei ihrer gesamten Kundschaft die bei ihnen einkaufenden Herrschaftsköchinnen geradezu als Referenzen für ihre Güte.

Um die Wende zum 20. Jahrhundert wurde den Hausfrauen grundsätzlich unterstellt, daß sie nicht kochen könnten. Das positive Klischee von der Herrschaftsköchin im städtischen Bereich war nämlich schon so ausgeprägt, daß die Satire und die Karikatur in Zeichenwitzen und Anekdoten, auch im Kabarett und Boulevardtheater geradezu in die andere Richtung ausschlug. Zweifelsohne waren die Töchter »besserer Häuser« schon eher schöngeistigerer Bildung zugeführt worden und setzten selten einen Fuß in die Küche. Wer eine Köchin hatte, brauchte also die Töchter nicht mehr zum Kochen auszubilden. Daß aber alle bürgerlichen Ehefrauen nicht kochen konnten, sondern nur deren Köchinnen, war sicher eine übertriebene Behauptung für den stereotypen »Unsere-Köchin-hat-Ausgang«-Witz.
Selbst noch in den ersten drei Jahrzehnten des 20. Jahrhunderts haben Köchinnen die damals schon im Handel befindlichen, aber für sie doch recht teuren Kochbücher kaum besessen. Diese Bücher waren oft nach Eigendefinition für die »gebildeten Stände« der damaligen Zeit bestimmt. Frau Leopoldine hat nie ein eigenes Kochbuch gehabt, aber stets Rezepte gesammelt. Solche, die auf der Rückseite von Kalenderblättern, auf Backpulver- und Vanillezuckerpäckchen oder in Zeitungen standen. Es war auch üblich, Rezepte von Speisen, vor allem Mehlspeisen, die Verwandte und Bekannte kannten, auf fliegende Zettel zu notieren, diese weiterzugeben, oft auch

Karikatur aus »Wiener Luft«, 1896

auszutauschen. Und so haben es die Köchinnen doch im Lauf der Jahre zu ansehnlichen Rezeptsammlungen gebracht, die entweder in einer Schuhschachtel oder einer alten Pralinenschachtel aufbewahrt wurden. Es gab aber auch Köchinnen, die ein ganz persönliches Kochbuch anlegten, in das sie ihre Lieblingsrezepte eintrugen. Vielen dieser Kochbücher sieht man an, daß sie von Frauen geschrieben wurden, deren Hände anderen Umgang gewohnt waren als den mit Feder und Tinte. Manche aber sind ganz penibel geführt, dicke Bücher, systematisch von der Köchin in großer, ordentlicher Schrift gefüllt. Von der Suppe über die Haupt-, Zu- und Mehlspeisen bis zu den warmen und kalten Getränken sind hier Hunderte Rezepte zu lesen, die Seiten wurden numeriert und sogar ein Inhaltsverzeichnis wurde angelegt. Es scheint, als hätte die Köchin ein gedrucktes Kochbuch Seite für Seite abgeschrieben.

Um zehn Uhr sind Gäste zum Gabelfrühstück gekommen: Rindfleisch mit Apfelkren, Würstl mit Saft oder ein kleines Gulasch, das waren die beliebtesten Speisen. Und ziemlich pünktlich um zwölf Uhr ist das Mittagsgeschäft losgegangen. Rindfleisch ist fast täglich gekocht worden, Gemüse dazu und Kartoffeln. Auch Krautfleisch, Beuschel oder Bruckfleisch war immer fertig, manchmal geröstete Leber, gebratene Blutwurst mit Erdäpfelschmarren und Sauerkraut, Grammelknödel, Schinkenfleckerl, gefüllte Kalbsbrust und am Freitag gebackener Kabeljau mit Erdäpfelsalat. Mehlspeisen haben wir auch oft gemacht: Dukatenbuchteln mit Vanillecreme, Reisauflauf, Apfelstrudel. Es hat keine Speisekarte gegeben, und es ist auch nichts angeschrieben worden. Der Wirt hat einfach aufgezählt, was es heute gibt, und die Gäste haben bestellt.

Frau Leopoldine, Gasthausköchin

In der Herdplatte gab es ein mit einem Deckel verschlossenes Loch. Nahm man den Deckel ab, hatte man offenes Feuer.

Frau Aloisia, geboren 1910 in Bernhardsthal, unmittelbar an der tschechischen Grenze, kam 1932 nach Wien. Sie wurde Köchin im Haus eines wohlhabenden Baumeisters, bei dem schon ihre Mutter im Dienst gewesen war, und hatte dort zwölf Personen mit Frühstück, Mittag- und Abendessen zu bekochen. Frau Aloisia hat kein eigenes Kochbuch besessen, aber in einem offen zugänglichen Schrank ihrer Herrschaft das »Kronenkochbuch« aus dem Jahr 1905 gefunden. »Für mich war das ein Segen, denn ich hab zwar daheim bei meiner Mutter kochen gelernt, aber doch nur diese einfachen Speisen, die wir selbst gegessen haben. Und immer, wenn die Herrschaften etwas essen wollten, von dem ich keine Ahnung hatte, habe ich das Kochbuch aufgeschlagen und nachgelesen. So hab ich im Lauf der Jahre doch ganz gut kochen gelernt.«

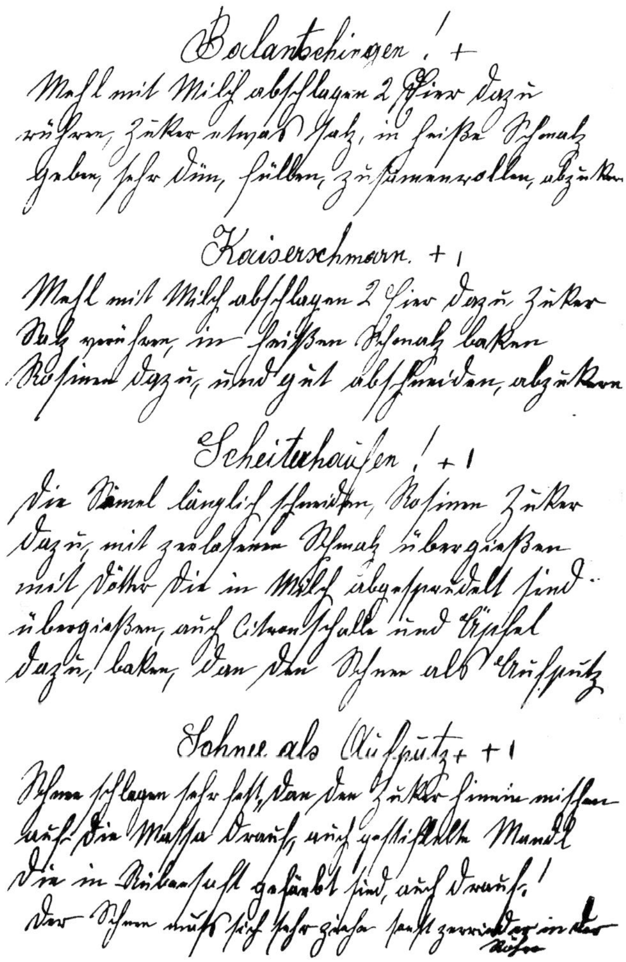
Bolantschingen! +

Kaiserschmarn. + 1

Scheiterhaufen! + 1

Schnee als Aufputz + 1

Die persönlichen Aufzeichnungen einer Köchin. Man sieht der Handschrift an, daß die Köchin schwereres Werkzeug als eine Feder gewohnt war.

Fast alle Herrschaftsköchinnen blieben nur so lange in »ihren Häusern«, solange sie ledig waren. Verheiratete Köchinnen waren bis auf wenige Ausnahmen nicht denkbar, schließlich mußte die Köchin den ganzen Tag präsent sein und konnte daher schlecht außer Haus logieren. Viele Köchinnen blieben unverheiratet und bis ins hohe Alter bei ihrer Herrschaft und ihrer Küche. Diejenigen, die heirateten, mußten ihre Arbeitssituation verändern, aber nicht unbedingt den Beruf wechseln. Köchinnen von gutem Ruf wurden gerne tageweise für große Gesellschaften engagiert. Sie konnten aber auch in den zu Beginn des 20. Jahrhunderts entstandenen öffentlichen Küchen ihren Beruf ausüben. Und sie konnten in einem Gasthaus oder Restaurant ihrem Handwerk nachgehen. Die Position einer Herrschaftsköchin war allerdings der einer Gasthausköchin bei weitem überlegen. In der herrschaftlichen Küche war die Köchin autonom, befahl ihre Küchenmädchen und machte dem Dienstmädchen Beine. In der Gasthausküche war sie die Untergebene und mußte sich nach den Anordnungen der Wirtsleute richten. Frau Leopoldine ist nach ihrer Heirat Wirtshausköchin geworden, dreißig Jahre lang hat sie ihre Gäste bekocht. Frau Aloisia hat gemeinsam mit ihrem Mann eine Fleischhauerei eröffnet, ihre Kenntnisse als Köchin konnte sie auch dort gut brauchen.

Kochkunst-Zeugniß.

Originaltext:

— Unsere Köchin ist unwohl, heute habe ich gekocht. Kann ich schon anrichten?

— Warte noch ein wenig, ich werde vorher noch eine Virginia rauchen.

— Aber, Fritz, da wirst Du Dir ja den Appetit verderben!

— Das beabsichtige ich ja ...!

Grundsätzlich waren von den Zeiten der Monarchie herauf Köchinnen begehrte Bräute und Ehefrauen der »einfachen Stände«. Brachten sie doch schon während der Verlobungszeit den in mehrerer Hinsicht hungrigen Bräutigamen alles mit, was sprichwörtlich sowohl Herz als auch Magen erfreute.

Wie Böhmen noch bei Österreich war …

Die große Zeit der »böhmischen Herrschaftsköchinnen« ist heute zur Legende geraten. Tatsächlich sind die meisten der zugewanderten schwer arbeitenden Frauen an den Sparherden aber zu dem geworden, was ein recht populäres nostalgisches Wienerlied einmal kochtechnisch so beschrieb:

Als Böhmen noch bei Österreich war, vor fünfzig Jahr,
hat sich mein Vater g'holt aus Brünn a echte Wienerin!
Und keine hat gemacht wie sie die Skuwanki.
Er hat ihr dafür beigebracht, wie man a Beinfleisch macht …

Die böhmischen Köchinnen haben daher nicht nur eine der Grundfesten der vielzitierten und hoch gelobten Wiener Küche und Kochkultur gelegt, sie sind als eingewanderte Wienerinnen auch in der großen komplexen Kultur der ehemaligen Reichshaupt- und Residenzstadt unverzichtbar. Wie auch ihre unzähligen Kolleginnen aus Ungarn, aus Italien, aus Bosnien und Galizien, die nicht vergessen werden dürfen. Sie haben im 20. Jahrhundert von den Sparherden an die neuen Gasherde gewechselt. Manche von ihnen haben auch noch das Kochen auf elektrischen Herden erlebt. Und sie mußten lernen, in den Krisen- und Notzeiten, in den Katastrophenjahren der Weltkriege, in den Hunger- und Mangeljahren der Nachkriegszeiten unter schier unvorstellbaren Bedingungen noch irgend etwas auf den Tisch zu zaubern. Sie würden heute mit der Küche ihrer Urururenkelinnen vielleicht nicht mehr zurechtkommen. Sie würden staunen über Heißluft-, Mikrowellen- und vollautomatische Kochherde, wären begeistert von modernen

Ein Gewaltmittel.

Originaltext:
Arzt: Du kannst heute kochen, ich hab' mehrere Freunde eingeladen — vielleicht bringt das einen Patienten.

Kühl- und Gefriereinrichtungen und Küchenhilfsgeräten, die für jeden kleinen Handgriff zur Verfügung stehen. Aber sie würden nicht verstehen, daß man einen Strudelteig fertig kaufen muß, weil in einer modernen Einbauküche mit vielleicht sechs Quadratmeter Raumgröße kein Küchentisch mehr stehen kann, auf dem dieser Strudelteig mit geübten und geschickten Fingern hauchdünn ausgezogen werden könnte. Sie würden auch den Kopf schütteln über die Tatsache, daß zu jeder Jahreszeit prinzipiell jedes Nahrungsmittel gekauft werden kann, denn sie hatten saisonale feste Speisenfolgen im Kopf. Und was sie überhaupt nicht verstehen würden, wäre der heutige Junkfood-Boom, die Snack-Kultur, gefriergetrocknete Fertiggerichte und vor allem die Überflußwirtschaft mit und um Nahrungsmittel, die nach vorgeschriebenen Ablaufdaten einfach weggeworfen werden. Und wenn sie sehen könnten, was Schulkinder heute an Stelle eines von der fürsorglichen Hand der Köchin geschmierten Jausenbrotes in sich hineinstopfen, würde ihnen das Herz brechen.

DIE KERNTRAGERWEIBER VON HALLSTATT

Das karge Zubrot am reichen Salzberg

Idylle mit zwei außergewöhnlichen Denkmälern

Wenn ein fiktives Gremium des österreichischen Fremdenverkehrs den Auftrag bekäme, eine Ortschaft mit den Faktoren wunderbar umrahmende Bergwelt, geheimnisvoll dunkler, aber überschaubarer See, Tausende Jahre alte Kulturgeschichte und selbstverständlich malerisches Ortsbild, das jeden Amateurfotografen in Entzücken ausbrechen läßt, zu designen, dann würde so etwas Ähnliches herauskommen. Wenn dazu noch die Auflage wäre, mit diesem Ort das älteste Salzbergwerk der Welt – rund 4 500 Jahre in Betrieb – zu verbinden, eine frühgeschichtliche Kulturepoche mit dem Namen des Ortes zu benennen, einen der idyllischesten Friedhöfe Mitteleuropas samt Beinhaus und handbemalten Totenschädeln rund um die Kirche anzulegen, dann käme eben nur mehr Hallstatt heraus.

Und tatsächlich, wer an einem schönen Sommertag am Marktplatz inmitten schmuck gefärbelter Bürgerhausfassaden steht und die den Ort überragenden Felswände zum Salztal hinaufblickt, von denen der Mühlbach als rauschender Wasserfall herabstürzt, der bekommt ohnehin den Eindruck, daß diese malerische Marktgemeinde vielleicht nur eine gebaute Filmkulisse einer amerikanischen Produktionsfirma sei, die sich auf alpin-romantische Sagas mit unzähligen Fortsetzungsepisoden spezialisiert hat. Vor allem auch, weil sich in der Sommersaison ein ständiger Strom von kamera- und camcorderbewaffneten Touristen aus aller Welt durch die engen, verwinkelten Gäßchen schiebt, sich bei den Bootsanlegestellen drängelt, Eistüten, Coladosen und Souveniers zu betont hohen Preisen konsumiert und

In Hallstatt wurde bereits in prähistorischer Zeit Salz abgebaut. Umseitig ein Tragkorb für den Salztransport aus dem vorgeschichtlichen Bergwerk.

– Tourenkarten studierend – sich teilweise auch als erfahrene Bergwanderer und Gletschergeher verkleidet. Doch Hallstatt ist keine Erfindung der Filmindustrie, keine Holo-Projektion des Raumschiffes Enterprise, Hallstatt ist bis in den letzten Winkel seines Daseins echt.

Aber diese Authentizität der alten »Salzstätte« – was ja die Ortsbezeichnung Hallstatt eigentlich bedeutet – wird dem vom Autobus herangekarrten Tagestouristen in der malerischen Idylle kaum auffallen, obwohl sie sich an zwei Punkten augenfällig anbietet. Zehn Minuten vom Ortszentrum, dem Marktplatz, schon dicht am Ortsteil Lahn, finden sich kaum hundert Meter voneinander entfernt zwei interessante Erinnerungspunkte. Wo sich der Dr.-Friedrich-Morton-Weg – früher war dies der Hauptweg durch Hallstatt und nicht die heute am See liegende Straße – bereits in Richtung Seeufer hinunter senkt, ist auf einem Steinsockel eine Holzplatte gelagert, die wie ein kleines Tischchen am Wegesrand wirkt. An einer Stadelwand unmittelbar daneben ist ein Bild in naiver Malerei angebracht mit einer Inschrift, die diesen Ort als »Kernbank« bezeichnet. Dazu die Erläuterungen:

Hier rasteten die Kerntragweiber, die täglich zweimal schwere Lasten von Kern (Steinsalz) bis zum Jahre 1890 vom Salzberge zum Kernmagazinplatz hinabtrugen.

Am Haus gegenüber der Einmündung des Morton-Wegs in die Seestraße ist wiederum ein modernes, fast expressionistisch gestaltetes Relief zu sehen, das ebenfalls drei lastenschleppende Frauen zeigt. Hier läßt der Künstler schon mehr von der unsäglichen Mühe dieser Frauenarbeit spüren. Der Kurztext unter dem Relief erinnert ebenfalls an die sogenannten Kerntragerinnen und weist auf die bereits beschriebene Kernbank hin. Tatsächlich sind sowohl der Er-

Eine Aufschrift an einer Hauswand erinnert an die Arbeit der Kerntragerweiber

innerungspunkt als auch die Erinnerungsbilder die letzten Spuren einer wahrscheinlich in ganz Europa einmaligen Form der Frauenarbeit im Hallstatt früherer Zeiten, die der Kerntragerweiber.

Kern und Sole

Das Hallstätter Salzbergwerk liegt vom Ort aus gesehen hoch oben, im weiten Hochtal unter dem Gipfel des Plassen, des großen Salzberges. In der Frühgeschichte haben die salzabbauenden Menschen dort oben auch ihre Siedlungen gehabt. Vor allem, weil sie dort auf den natürlichen Schutz des nur schwer zugänglichen Hochtals rechnen konnten. Das im Jahr 1846 vom Bergmeister Johann Georg Ramsauer entdeckte große Gräberfeld bewies als erstes, daß nicht unten am See, sondern hoch oben im Salztal ab 800 v. Chr. eine blühende Kultur entstanden war. Ramsauers großartige Entdeckung und die damit verbundene archäologische Sensation gab auch international für einen ganzen Kulturabschnitt einen bis heute noch verwendeten Namen: Hallstattzeit und Hallstattkultur. Bis heute forschen Archäologen und Wissenschaftler sowohl im Hochtal wie auch unter Tage, im Bergwerk, nach den Spuren der Menschen, die in der Abfolge der Geschichte das Hochtal besiedelten, Salz abbauten und von hier aus weithin das begehrte Gut transportierten und verhandelten. Den unbekannten Menschen der Hallstattkultur – möglicherweise waren es Illyrer – folgten die Kelten, auch aus der Römerzeit finden sich Besiedlungsspuren in Seehöhe, allerdings war das Siedlungszentrum damals der heutige Ortsteil Lahn. In allen frühgeschichtlichen Zeiten wurde das Salz in Gesteinsform aus dem Berg gebrochen, obwohl die allerälteste Salzgewinnung wahrscheinlich so erfolgte, daß das Wasser salzhältiger Quellen, die aus dem Berginneren austraten, gesammelt wurde. Nach Verdunstung oder Verdampfung dieses Wassers blieb das Salz zurück. Als im Mittelalter in Hallstatt der Salzbergbau wieder an Bedeutung gewann, wurde gerade diese allerälteste Abbautechnik in neuer Form effizient genutzt. Nämlich das Auslaugen des Salzes aus dem Berggestein. Die Bergleute brachen nicht mehr das Kernsalz im großen Stollen aus dem Vortrieb, das dann mühsam in Fellsäcken zu Tal getragen werden mußte und wahrscheinlich mit Tragtieren in Richtung der Handelszentren über die nahe liegenden Pässe und Engstellen des Gebirges transportiert wurde. Sie hatten bereits gelernt, in sogenannten Sinkwerken – künstlich geschaffenen Kavernen im Bergesinneren – durch Wasserbefüllung die so bezeichnete Sole (stark salzhältiges Wasser aus dem Berg) zu erzeugen, die in Rohrleitungen zu Tal fließen konnte. Diese Sole mußte nun nur mehr in den Pfannhäusern in großen, beheizten Sudpfannen zu reinem Salz eingedampft werden. Ende des 16. Jahrhunderts wurden Soleleitungen sogar bis Ischl und Ebensee geführt, wo ebenfalls große Sud- oder Pfannhäuser standen. Ab dem Mittelalter war also ein rund tausend Jahre lang üblicher Abbau des Salzes in Gesteinsform – des sogenannten Salzkerns aus dem Haselgebirge – unwirtschaftlich und damit auch überflüssig geworden.

Arm und reich

Diese Sudhäuser bieten zugleich das empörendste Schauspiel menschlichen Elends dar. Gleich beim Eintritte sahen wir uns von einem Heere bleicher, hohlwangiger, leichenähnlicher Menschen umringt, die uns von allen Seiten stießen und zupften und stumm mit flehentlichen Gebärden um ein Almosen baten. Diese Menschen, die fast ganz nackt arbeiten und in Wachen zu 6 Stunden einander ablösen, vegetieren, da die Sudarbeit Tag und Nacht ununterbrochen fortdauert, die Hälfte ihrer Lebenszeit in einem ihre Gesundheit, ihre Seelenkräfte, und ihren Frohsinn zerstöhrenden Elemente.

Diese Beschreibung aus dem Reisebericht des Johann Eduard Mader von 1807 – die Aufzeichnung stammt aus seinem Buch »Reise von Böhmisch-Krumau durch das obderennsische Salzkammergut nach Berchtesgaden« – zeigt die schon lang vor dieser Zeit entstandenen Schattenseiten der reichen Salzzentren des Salzkammergutes. Einer dünnen Oberschicht von wohlbestallten Salzherren und hohen Beamten stand eine breite verelendende Bevölkerung gegenüber. Wobei angenommen werden kann, daß es den Bergleuten dabei noch wesentlich besser ging als den Pfannhausern, den Arbeitern in den Sudhäusern. Hallstatt hatte bis ins 20. Jahrhundert dazu noch eine ganz besondere Extremsituation aufgrund seiner Abgeschiedenheit. Es liegt am Westufer des auch gerne als fjordähnlich bezeichneten Hallstättersees, an den bis zum Jahr 1875 keine Straße führte. Die um 1880 gebaute Eisenbahnlinie führt am Ostufer entlang. Auch heute noch liegt die Bahnstation Hallstatt der Ortschaft genau über dem See gegenüber. Reisende müssen also mit dem Schiff zur Bahn oder von dieser nach Hallstatt gebracht werden. Bis zum Bau der Straße am Westufer des Sees gab es also keine direkte Verbindung von Hallstatt zur Außenwelt des Salzkammergutes – ausgenommen per Schiff über den See zur Ortschaft Steeg. In und um Hallstatt gab es keine nennenswerte Landwirtschaft, auch fast keine Viehwirtschaft, die als Lebensgrundlage hätte dienen können. So wie das Salz über den See früher gerudert, später mit Dampfschiffen transportiert werden mußte, so kamen auch alle Versorgungsgüter und Lebensmittel per Schiff in den Ort, der trotz seines so wichtigen Salzbergwerks am Ende der Welt lag. Die sich seit dem Spätmittelalter immer mehr öffnende Schere zwischen wenigen Reichen und der großen Not der arbeitenden Bevölkerung driftete also durch diese Versorgungsenge in Hallstatt noch weiter auseinander, weil es weder verkehrstechnisch noch sonstwie eine Möglichkeit für die Armen gab, in irgendwelche Nebenarbeiten oder Nebenerträge auszuweichen. Bis heute wird erzählt, daß in früheren Zeiten es für Frauen eine große Lebensentscheidung war, »nach Hallstatt einzuheiraten«. Denn sie wußten, daß sie dieser »Salzkolonie« wahrscheinlich zeit ihres Lebens nie wieder entkamen. Was also heute für den Tagestouristen ein idyllisches Ortsbild ist, in dem sich die Häuser zwischen See und Bergwand drängen und stufenförmig überragen, muß für viele Menschen in Hallstatt bis zum Ende des 19. Jahrhunderts eine qualvolle Enge der Not und der Ausweglosigkeit gewesen sein. Alle Bergleute waren die ganze Woche lang bei der Arbeit im Salzbergwerk im Hochtal kaserniert und durften nicht nach Hause. Nur die Pfannhauser wohnten auch während der Woche bei ihren Familien im Ort. Vor allem diese Familien waren bettelarm. Je wohlbestallter und reicher die Salzfertiger – die Salzherren – wurden, desto elender erging es den Arbeiterfamilien. Der Arzt und Forschungsreisende Josef August Schultes besuchte Hallstatt in der Zeit zwischen 1790 und 1806 mehrmals und hat viele Berichte über Land und Leute, Naturschönheiten und soziale Mißstände aufgezeichnet. 1809 sind diese Reiseberichte unter dem Titel »Reisen durch Oberösterreich« in Tübingen als Buch erschienen. Von Schultes stammt eine Einnahmen-Ausgaben-Kalkulation für einen Pfannhauser und seine Familie mit vier Kindern. Sie umschließt alle nötigen Posten von Ernährung, Kleidung, Gerät und was anzuschaffen war. Aus dieser Aufstellung geht hervor, daß ein jährliches Defizit von 58 Gulden auch unter bescheidensten Verhältnissen unausbleiblich war. Diese bittere Not führte zeitweise dazu, daß die Arbeiter nicht mehr genug Körperkraft hatten, um ihren Dienst zu versehen. Und man erinnert sich in Hallstatt an Kinder, die aus Hunger in jene Seile bissen und daran nagten und kauten, die die Häuserfronten gegen den See sicherten und absperrten. Diese Sicherungsseile waren vor 1890 notwendig, weil die Häuser direkt an den See herangebaut wurden. Die heutige Seestraße gab es noch nicht. Und Schultes sah und beschrieb Ende des 18. Jahrhunderts daher auch schon jene spezifisch hallstätterische Frauenarbeit, die aus der Not heraus die einzige Möglichkeit war, das langsame Verhungern der Familien zu verhindern – die Arbeit der Kerntragerweiber.

Kernsalz für das Wild – Arbeit für die Frauen

Der gelegentlichen Gewinnung festen Salzes neben der Salzsole wurde bis vor wenigen Decennien noch größere Aufmerksamkeit gewidmet. Dieses Bergsalz ließ man nach Hallstatt herabtragen, und den Trägerdienst versahen die Weiber der Hallstätter Bergarbeiter, die den überaus kärglichen Trägerlohn als

Eine »Kernkraxe« faßte ungefähr 30 bis 40 Kilogramm. Diese Last trugen die Frauen den Salzberg hinunter. Zeichnung von F. Simony, um 1860.

Maria Binder, die »Kohlermutter« bei der Arbeit

ein Recht in Anspruch nahmen. Ich selbst habe noch solche Züge von Trägerweibern gesehen, die im Gänsemarsch den Schlangenweg herabkamen, mittels eigenthümlicher, auf Scheitel und Schultern sich stützender Buckelkraxen die bis über den Kopf hinauf gethürmte Fracht von etwa einem halben alten Centner Stücksalz zu Thal schleppend. (Josef Szombathy, in den Mittheilungen der Anthropologischen Gesellschaft in Wien, XXX. Band, 1900)

Seit 1311 war das Salz aus dem Bergwerk im Hochtal in Form von Sole gewonnen worden. Der Abbau von salzhaltigem Stein, dem sogenannten Kernsalz, war völlig unwichtig geworden. Dies änderte sich mit der steigenden Bedeutung der Jagd in den folgenden Jahrhunderten. Denn der Salzkern wurde fast ausschließlich für die Jagd gebraucht. Und zwar für das Wild als Lecksteine. Das Hallstätter Salzbergwerk mußte also wieder neben der hauptsächlichen Solegewinnung in zunehmendem Maße den Salzkern abbauen, damit die Deputatslieferungen an die bezugsberechtigten Jagdherren, Klöster und die kaiserliche Jagd erfolgen konnten. Die Fachliteratur nennt hier einige Zahlen: 1743 benötigten die Deputatparteien im Jahr 800 Zentner Kernsalz, die kaiserlichen Forste etwas weniger. Schon 1796 sollten bereits 6 000 Zentner Kernsalz gewonnen und gelagert werden, so stark war der Verbrauch gestiegen. Die Bergleute waren personell und gerätemäßig gar nicht darauf eingerichtet. Eine Hallstätter Bergmannsdelegation wurde daher im Bergwerk Aussee auf diese besondere Art der Salzgewinnung eingeschult. Denn es war ein noch stärkerer Abbau von Kernsalz vorgesehen, da eine Salmiakfabrik, die viel Steinsalz verarbeiten sollte, geplant war. Obwohl diese Fabrik nicht errichtet wurde, stieg der Bedarf weiter. 1805 wurden bereits vom k.k. Salzamt bis zu 10 000 Zentner veranschlagt. Die Erzeugung so großer Mengen Steinsalz hatte die Errichtung eines Magazins am Katharina-Theresia-Stollen des Bergwerks notwendig gemacht. In der Lahn, unten am Ufer des Sees, wurde ebenfalls extra für das Kernsalz ein Magazin, das sogenannte Kernmagazin, gebaut. Dies alles waren große Investitionen für durchaus respektablen Gewinn. So hatte zum Beispiel 1743 der Zentner Speisesalz einen Verkaufspreis von 5 Gulden und 6 Kreuzern. Scheinbar offen blieb nur die Frage, wie denn nun der Salzkern zu Tal gebracht werden könnte. Tatsächlich aber scheint es nie eine ernste Frage gewesen zu sein. Gab es nicht genug arme Frauen der Bergleute und der Sudhausarbeiter? Konnten die nicht das Kernsalz – so wie in frühgeschichtlicher Zeit – einfach zu Tal tragen? Waren die nicht sogar froh, für diese Schinderei ein paar Münzen und ein paar Naturalien zu bekommen? War dies nicht eine gute Aufbesserung für die notleidenden und hungernden Familien?

Wann die Ära der Hallstätter Kerntragerweiber tatsächlich begonnen hat, ist unklar; aber von 1750 bis 1890 dauerte sie sicher. Wer immer damals Hallstatt besuchte, ob Forschungsreisende, Kaufleute, Händler, kaiserliche Beamte und in der zweiten Hälfte des 19. Jahrhunderts auch schon Kulturtouristen, sogar aus allerhöchsten Kreisen, der konnte sie nicht übersehen: den steilen Serpentinenweg zum Hochtal hinauf hastende oder von oben schwer bepackt absteigende Frauen in abgetragener, mehrfach geflickter Arbeitstracht, in schweren, genagelten Bergschuhen. Die sogenannte Buckelkraxen, die sie leer hinauftrugen und bis hoch über den Kopf bepackt hinunterschleppten, trugen sie auf Kopf und Rücken. Es war dies das universelle Traggerät der Bergbevölkerung, insbesondere der Almerinnen auf den hochgelegenen Almwirtschaften. Das hölzerne Traggerüst saß mit einem nach vorne angebauten Plattenteil gewichtsmäßig nur durch einen Zwischenpolster gedämpft auf dem Kopf auf. Der Rückenteil wurde mit Tragriemen über den Schultern, wie bei einem Rucksack, gehalten. Das Traggestell reichte bis ins Kreuz hinunter und fand dort mit einer Trageplatte wieder seinen Abschluß. Unerläßlich für das Begehen der steilen Wege war auch der Stachelstecken, ein massiver, mannshoher Wanderstab mit einer Eisenspitze, die fest in den Boden gestoßen werden konnte. Der zu bewältigende Höhenunterschied vom Kernmagazin am Seeufer zum Katharina-Theresia-Stollen des Bergwerks im Hochtal beträgt rund 520 Meter. Der alte Serpentinenweg, der von Hallstatt über den weithin sichtbaren Rudolphsturm zum Bergwerk hin führte, war ohnehin die einzige Möglichkeit, zu Fuß zum Bergwerk aufzusteigen. Heute sind nur mehr kurze Stücke des alten Wegs im steilen Gelände erkennbar.

Die letzten Kerntragerweiber: Maria Binder (links) und Anna Maria Wimmer, 1925

Aber wer den gut ausgebauten neuen Fußweg nach oben nimmt – für die Bergwerksbesucher ist die moderne Standseilbahn viel bequemer – der bekommt ein gutes Gefühl für die körperliche Leistung der damaligen Zeit. Und die Wegführung des alten Saumpfades, die sich den Gegebenheiten des Geländes anpassen mußte, war über gewisse Distanzen fast eben, dann wieder atemberaubend steil und zog sich in Dutzenden Spitzkehren nach oben.
Vor Erreichen des Hochtals beim Aufstieg bzw. vor den ersten Hallstätter Häusern beim Abstieg standen offene Holzhütten, die bei Schlechtwetter zu einer kurzen Rast benutzt wurden, die sogenannten Salettln. Eine Kernträgerin hatte mit leerer Buckelkraxen von Hallstatt zum oberen Magazin auch bei zügigem und berggewohntem Aufstieg mit guter Kondition eine Wegzeit von eineinhalb Stunden zu bewältigen. Nach dem Bepacken des Tragegeräts mit Kernsalz, das mit Tüchern abgedeckt und Schnüren sorgfältig zusammengebunden wurde, folgte nun der Abstieg mit einer Rückenlast, die im Durchschnitt auf dreißig bis vierzig Kilogramm zu schätzen ist.
Da mit der schweren Last der steile und vor allem bei Schlechtwetter gefährliche Weg bei guter Trittsicherheit und geschickter Balancehaltung mit Hilfe des Stachelsteckens bewältigt werden mußte, ist die Abstiegszeit bestimmt nicht kürzer, wenn nicht sogar länger als die Aufstiegsdauer gewesen. Nur an wenigen Punkten konnte Rast gemacht werden. Der einzige erhaltene Rastplatz ist jedenfalls die bereits beschriebene Kernbank kurz vor dem Erreichen des Ziels. Die Frauen müssen an dieser Stelle von der Last bereits sehr erschöpft gewesen sein und mußten daher die letzte Kraft zusammenraffen, um nach einigen hundert Metern das Magazin zu erreichen. Anders, als das die naive Malerei beim Erinnerungsbild der Kernbank zeigt, haben sich die Kernträgerinnen nicht hingesetzt. Sie stützten im Stehen die Rückenlast auf dieser Bank ab, um zu verschnaufen. Dies läßt sich heute noch aus der Höhe der Holzplatte rekonstruieren. Ein wirkliches Hinsetzen der schwerbepackten Frauen wäre ohnehin fatal gewesen. Wahrscheinlich wären die bereits überanstrengten Muskeln nicht mehr in der Lage gewesen, das eigene

»Für ein paar Kreuzer und einen Laib Brot ist die Großmutter um das Kernsalz gegangen.«

Körpergewicht und die aufgeladene Last wieder hochzubringen. Aus diesem grob kalkulierten Zeit- und Leistungsbudget geht somit deutlich hervor, daß es einer Kerntragerin, einem Kerntragerweib also, bestenfalls zweimal am Tag möglich war, aufzusteigen und Kernsalz herunterzutragen. Denn alle diese Frauen hatten ja »nebenbei« noch den täglichen Haushalt und vor allem die Kinder zu versorgen.

Offene Fragen – verschollene Antworten

Am 26. Februar 1865 ist Johanna Dengler, wahrscheinlich Ehefrau eines Salinenarbeiters, mit Kernsalz bepackt nach Hallstatt absteigend, schon nahe den ersten Häusern des Ortes. Wir wissen nichts über die Wettersituation, aber der Steig muß trotz des Winters gangbar gewesen sein. Auch ist im Volksmund keine Erzählung über etwas diesbezüglich Besonderes erhalten geblieben. Aber erhalten geblieben ist das Wissen darum, daß bei der Denglerin vor Erreichen des zweiten Salettls – der Rasthütte oberhalb Hallstatts – die Wehen eingesetzt haben müssen. Und zwar heftig, denn sonst wäre sie sicher weiter abgestiegen. Im Salettl angelangt, hat sie die schwere Buckelkraxen abgesetzt und dann ihr Kind entbunden. Da sie allein und nicht in einer Gruppe ging, hat sie, so wird erzählt, das Neugeborene in ihre Schürze – das Fichta – eingewickelt und ist so nach Hallstatt und nach Hause gegangen. Das zurückgelassene Traggestell mit dem Kernsalz hat ein nachfolgendes Kerntragerweib gefunden und für die Johanna Dengler später extra zum Kernmagazin gebracht. Aktenkundig ist, daß dieses neugeborene Kind – Johann Dengler – als Hallstätter Bürger 1938 im vierundsiebzigsten Lebensjahr verstorben ist. Er selbst hatte zwar keine Nachkommen, aber es gibt noch betagte Hallstätter, die sich an ihn und seine Geschichte gut erinnern.

Geschichten über die Kerntragerweiber und die Erinnerung an sie sind – auch wegen der Gedenkstellen – in Hallstatt noch lebendig. Auch sind sich die älteren Hallstätter durchaus bewußt, daß ihre so schwer arbeitenden Ururgroßmütter nicht nur in der Geschichte des Salzbergbaus, sondern wahrscheinlich überhaupt in der Bergbaugeschichte einmalig sind. Aber auf die meisten Fragen, auf die ein interessierter Rechercheur nun verfällt, gibt es keine gesicherten Antworten mehr, sondern bestenfalls heimatkundliche Vermutungen. So ist zum Beispiel nicht mehr zu eruieren, wieviel Lohn die Frauen für die Schlepperei wirklich bekommen haben. Eine Nachfahrin, Enkelin einer der letzten Kerntragerweiber-Generation, kennt noch aus der Familienüberlieferung die Phrase »Für ein paar Kreuzer und einen Laib Brot«. Dies muß wohl sinnbildlich sein, denn die Kärglichkeit der Bezahlung darf als gesichert angesehen werden, aber die Form ist völlig unbekannt. Außerdem ist ein Laib Brot sicher kein Zahlungsmittel gewesen, denn die Saline hat nicht mit gebackenem Brot bezahlt, sondern nur – wenn mit Naturalien – mit Getreide. Wahrscheinlich, so überlegen Insider, wird es wohl eine Mischform aus Geld- und Naturalienzahlung gewesen sein. Und die Höhe wird davon abhängig gewesen sein, wie schwer die abgelieferte Traglast war. Die ist nämlich nicht vorgegeben worden, sondern die Frauen haben sich so viel aufgeladen, als sie ihrer Einschätzung nach tragen konnten. Und da es zweifellos ohnehin ein Hungerlohn war, den sie bekommen haben, werden sie sich bei der Traglast wohl selbst an die äußerste Grenze belastet haben. Übrigens, Bezahlung? Es müßte doch in der pedantischen Salinenbuchhaltung genaue Aufzeichnungen über das Entgelt der Kerntragerinnen geben? Doch in den Archiven findet sich darüber nicht ein Wort, nicht die kleinste Ziffer. Buchhalterisch kommen die Kerntragerweiber einfach nicht vor. Schlußfolgerung: Aus der Sicht der Verwaltung war diese Fronarbeit der armen Hallstätter Frauen eine rein nebensächlich entgoltene Taglöhnerleistung. Es bleibt also im dunkeln, wann und wie viele Frauen als Kerntragerweiber gearbeitet haben, und der Schluß liegt nahe, daß die Frauen diese Arbeit nach eigener Notwendigkeit, Maßgabe und Möglichkeit durchgeführt haben. Sicher sind schon Mädchen ab dem 14. Lebensjahr um das Salz gegangen, denn mit diesem Alter galten sie auch sonst als volle Arbeitskräfte. Bestimmt werden Frauen auch noch im Alter von 45, vielleicht 50 Salzkern getragen haben – wenn sie dann noch rüstig genug waren. Unter den herrschenden Lebensbedingungen war ja eine Frau ab 45 bereits alt und abgearbeitet, und die Lebenserwartung lag statistisch ohnehin sogar darunter. Über schwere Unfälle, Verletzungen, Todesfälle bei Ausübung dieser Arbeit ist nichts bekannt. Auch über die aus dieser schweren körperlichen Belastung resultierenden Erkrankungen oder Schäden im Bewegungsapparat, in den Gelenken, eventuell Mißbildungen, kann nur spekuliert werden. Sie waren in jener Zeit scheinbar keiner Erwähnung wert. Und überhaupt, meint ein seriöser volkskundlicher Kenner Hallstatts, möge diese Frauenarbeit nicht journalistisch überdramatisiert werden. Denn bei aller Würdigung der Arbeitshaltung und der Arbeitsleistung der Kerntragerweiber sei es doch für ihre Zeit und ihre gesellschaftliche Situation eine ihnen vertraute und auch selbstverständliche Arbeit gewesen. Das ganze Leben sei damals eine einzige Schinderei gewesen, und sich am Berg hinauf- oder absteigend abzuschleppen war für fast alle arbeitenden Menschen eine Selbstverständlichkeit. Sie waren sie von Jugend an gewohnt. Nüchterne Überlegungen, denen nachgegeben werden muß, die aber trotzdem heute schwer nachvollziehbar sind.

Kerntrager-Kinder

Eines ist sicher, die meisten der Kerntragerweiber waren Mütter. Und ihr größtes Problem wird es gewesen sein, die Kleinkinder während ihrer stundenlangen Abwesenheit »sicherzustellen«. Wo keine Aufsichtspersonen, zum Beispiel im gemeinsamen Haushalt lebende Ahnl und Ähnl, also Großeltern, oder etwas größere Kinder, die noch nicht arbeiten mußten, zur Verfügung standen, gab es für die Mütter – so wird es bis heute mündlich tradiert – offensichtlich nur eine Methode, die Kleinkinder ruhigzustellen: den »Schnapszutzler«.
»Man legte in die Mitte eines Leinen- oder Baumwolltüchleins Brotstückchen, band es zusammen und tauchte es in Schnaps und Zucker, so bekamen es die Kinder zum Saugen in den Mund«, erinnert sich eine alte Hallstätterin an diese Methode. Der schon erwähnte Anthropologe Josef Szombathy beschreibt aber noch 1900 eine andere Methode der Kinderaufbewahrung:
Im Zusammenhang mit dieser Trägerrolle der Weiber standen, wie ich nebenbei bemerken will, die oben offenen, übelriechenden Tonnen, die man in den Arbeiterhäusern stehen sah und in die man die kleinen Kinder einzeln hineinsetzte, damit sie während der langen Abwesenheit der Mutter sicher untergebracht waren. Man hat dieser Einrichtung die Hauptschuld an der mangelhaften Entwicklung der Kinder und an dem in Hallstatt früher ziemlich häufigen, gewöhnlich mit Hydrocephalie verbundenen Cretinismus beigemessen. Seit dem Aufhören des Salztragens und damit auch des Tonnensystems bei der Kindererziehung hat, wie mir scheint, auch der Cretinismus in Hallstatt aufgehört.
Ob nun der Schnapszutzler zur Betäubung oder die alten Krautfässer als Kinderkäfige gängige Praxis war, oder ob, wie bei den meisten volkstümlichen Erinnerungen, hier nachträglich vielleicht auch übertrieben wird: Hallstatt hatte tatsächlich in den früheren Jahrhunderten offensichtlich eine höhere Anzahl von geistig Zurückgebliebenen und Debilen. Dies wird auch noch von alten Hallstättern bis in die erste Hälfte des 20. Jahrhunderts bestätigt. Und bis heute gibt es im Volksmund der umliegenden Gemeinden die spöttische Bezeichnung der Hallstätter als »Dodeln« und »Deppen«, was durch diese selbst aber wieder aufs deftigste zurückgegeben wird. Jedenfalls sehen die Hallstätter dieses Phänomen als Folge der in der Vergangenheit üblichen Kinderaufbewahrung, vor allem der Schnaps im Kleinkindal-

Kerntragweib Veverl:

„Dreimal am Tag seilauf zum Stollen,
um für die Salin den Kern zu holen.
Ob d' Hitz' dir in dein Hirnkastl greift,
oder der Schneewind untern Kittl pfeift.
Das tu ich alles für mein Liab',
wer mir die Arbeit nimmt, gilt mir als Diab.
Mein herzliab Bübl in der Wiagn
soll meine Tagwerkkreuzer kriagn.
Meines Bübls winzig kleine Seel
ich unsrer lieben Frau empfehl.
Daß' Bübl nicht den ganzen Tag kraht,
ein Schnapszuzl ins Goscherl, scho is stad.

Relief an einem Hallstätter Haus am Seeufer

ter hätte so viel Unheil angerichtet. Bei kritischer Überlegung und ohne die ehemaligen Schnaps- oder Krautfaßmethoden verharmlosen zu wollen, wird die Hauptursache für die hohe Debilitäts- und Unterentwicklungsrate der Hallstätter Kinder wohl in den häufigen Hungerzeiten und somit in der ständigen Unter- und Mangelernährung der Kinder zu finden sein.

Obst war bis in die fünfziger Jahre unseres Jahrhunderts in Hallstatt kaum angeboten, und, wie Insider erzählen, haben Hallstätter Kinder, die in Bad Goisern zur Schule gingen, dort Äpfel gestohlen und gegessen, welche die Goiserer selbst kaum vom Boden aufgelesen hätten. Wie schlimm muß dies noch im 19. Jahrhundert gewesen sein! Andererseits wird übereinstimmend berichtet, daß die geistig Unterentwickelten in Hallstatt nicht »weggesperrt« und abgesondert wurden, sondern im täglichen Leben der Marktgemeinde mit einfachen Arbeiten und Aufgaben integriert waren. Wahrscheinlich wiederum ein Grund, weshalb in alten Reiseberichten soviel darüber geschrieben wurde. Denn wenn schrullige und scheinbar nicht zurechnungsfähige Figuren bei der Schiffsanlegestelle in der Sonne saßen, während die übrige Bevölkerung schwer arbeitete, konnte schon der Eindruck entstehen, der Ort wäre hauptsächlich von Debilen bewohnt.

Und suchst du nach den Frauen, du findest sie nicht mehr ...

Während des Jahres 1889 ließ die Salinenverwaltung den Weg von Hallstatt zum oberen Salztal ausbauen. Ein Beschäftigungsprogramm für arbeitslose Salzarbeiter, das vorerst bei den Kerntragerweibern kein Mißtrauen auslöste. Wegabschnitte wurden verbreitert, Spitzkehren ausgebaut und gesichert, der jahrhundertealte ausgetretene Saumpfad gangbarer und sicherer gemacht. Der dahinter steckende Plan wurde den Frauen erst im nächsten Winter einsichtig. Denn plötzlich fuhren junge Burschen auf diesem Weg mit den Hörnerschlitten, wie sie auch die Holzknechte benutzten, schneestiebend und jauchzend zu Tal. Ein Schlitten konnte aber – je nach Können und Wagemut des Schlittenführers – bis zu 200 Kilogramm Kernsalz befördern. Daher gilt 1890 als das Schlußjahr für die Hallstätter Kerntragerweiber. Wahrscheinlich werden einige von ihnen noch einige Monate versucht haben, weiter mit den schlittenfahrenden Männern zu konkurrenzieren. Aber es war vergeblich, ihre Zeit war vorüber. Allerdings dankten die Frauen den Schlittenburschen das Ende der Schindarbeit nicht, im Gegenteil. »Brotdiebe!« schrien sie den zu Tal sausenden Schlitten nach, schüttelten drohend die Fäuste und warfen Steine nach ihnen. Denn für die Frauen von 1890 gab es nur eine Sorge – wie und wo jetzt weiterhin für ein paar Kreuzer und einen Laib Brot ihre Arbeitskraft auszuschöpfen?

Die letzten Kerntragerweiber waren in Hallstatt nur mehr im Rahmen einer Veranstaltung, einer wie Dr. Friedrich Morton berichtet, »großen Vorführung« im Jahr 1925 zu sehen. Dabei wurden die letzten lebenden Veteraninnen des Kerntragens in ihrer typischen Kleidung und Ausrüstung auch fotografiert. Frau Anna Maria Wimmer, genannt Kohler-Mutter, ist auf diesen wenigen Bildern dabei. Sie dürfte die am längsten lebende letzte Kerntragerin gewesen sein. Sie ist 1958 in Hallstatt gestorben und am Urnenfriedhof im Echerntal begraben. Aber sogar ihr Enkel, heute ein hochbetagter Mann, hat nur mehr schattenhafte Erinnerungen an sie. Obwohl die Geschichte der Hallstätter Kerntragerweiber eine einmalige und außergewöhnliche Geschichte von schwerer und schwerster Frauenarbeit ist, wahrscheinlich einzigartig in Europa, ist sie doch bis heute kaum wissenschaftlich aufgearbeitet und erforscht. Die Wissenschaft wäre gut beraten, möglichst schnell noch aufzuarbeiten, was an verschollenen Dokumenten, halb verschütteten Erinnerungen und tradierten Erzählmythen noch vorhanden ist, bevor es dem Vergessen anheimfällt.

VOM LEBEN AUF DEM LANDE

Über bäuerliche Frauenarbeit
ohne verlogene Heimatromantik

Idylle, Posse und Komödie

Wenn die Wiesen so appetitlich hoch und saftig stehen, daß sie sogar der Kinobesucher von der Leinwand weg abgrasen möchte, oder wenn das Korn so goldreif ist, daß es im Technicolor schon knalliger nicht mehr geht, dann ist auch der Himmel hoch und blau, in dem die Lerchen fromme Lieder zu Ehren Gottes singen. Unter diesen erfaßt das Kameraauge dann die frohen und emsigen Menschengeschöpfe. Wadenstramme Mäherburschen lassen die blitzenden Sensenklingen sirrend durch das Halmwerk fliegen, während eine Riege von Landmädchen im schlichten Trachtenoutfit Krüge voll des kühlen Mosts und üppige Picknickkörbe voll geräuchertem Speck und echtem Bauernbrot – natürlich singend – herantragen und zur Brotzeit im Schatten der alten Eiche rüsten. Da riskiert schon noch mitten in der Mahd stehend so mancher Bursch ein begehrlich Auge auf die Schönen, wofür der eine oder andere sanfte Rehblick zurückschimmert. Die Frisuren der Schönen sind sittsam zopfig geflochten, die wippenden Röckchen mit den Schürzen lassen noch keine Knie sehen, aber die Haferlschuhe sind blank geputzt. Überhaupt sind die Maiden so natürlich geschminkt, daß ihre Wangen wie frische Äpfel, die mit Wachs behandelt wurden, glänzen. Die Keuschheit dringt lustvoll aus den obersten Blusenknöpfen, die wegen der großen Sommerhitze geöffnet sind.
Das Kameraauge fährt noch ahnungsvoll in die Weite des umliegenden Ansichtskartengebirges und fängt in einem zügigen Rechtsschwenk auch noch ein hinter den Zinnen entfernt herandräuendes Gewitter ein, das aber erst später handlungsbedeutend wird. Schnitt.
Szenenwechsel vom klassischen Heimatfilm der fünfziger Jahre, einer technisch verbesserten Ausformung der Blut-und-Boden-Romantik (Blubo) des gerade beendeten, aber nicht bewältigten Dritten Reichs zur postmodernen Bauernkomödie, wie sie noch in den späten achtziger Jahren zum Standardrepertoire der TV-Kulturgesellschaft gehörte. Da tummeln sich in einer zirbenholzgeschnitzten Bauernstube, wie sie jedem Alpenkitsch-gestylten Möbelhaus entspringen kann, die unerläßlichen Standardfiguren:
Der Altbauer – knorrig, fromm, hart, aber ungerecht. Die Bäuerin ist natürlich bereits verstorben. Warum, wird nicht erklärt. Aber wie später noch zu beschreiben sein wird, kann sicher angenommen werden, daß sie sich früh zu Tode gearbeitet hat. Der mit dem Altbauern im Clinch lebende Jungbauer, ein zur Fülle neigender Enddreißiger im Lodenjanker, ist noch unbeweibt und wird vom Großknecht, einem Charakterdarsteller, der den Bauernkalender stets philosophisch interpretieren kann, väterlich betreut. Um den unerläßlich simplen Plot endgültig zu schnüren, ist soeben eine neue Großdirn – die erste Magd mit Hausverwaltungsaufgaben – einge-

Sennerinnen vor der Bärenlackenalm in Osttirol

Sennerin bei der Arbeit, 1935

stellt worden. Diese ist so um die fünfundzwanzig, Tochter eines armen Bauern aus dem Umland, unendlich tüchtig und so sittsam, resch und keusch, daß sie der Junbauer am Stückende heiraten muß. In Wahrheit ist es die Theaterchefin, von fünfzig Jahren aufwärts anzusiedeln, mit atemberaubender Perückenfrisur, engst geschnürtem Korsett und hoch gestütztem Busen, die zum 362. Mal die angehende Hofbäuerin mimt. In den Frauenrollen stehen ihr zur Seite: eine sehr füllige, mondgesichtige und irrsinnig lustige Hofmagd, die ihre Pointen mit präziser Dümmlichkeit über die Rampe wirft. Weitere Weibspersonen kommen aus der Stadt und sind zickig. Wichtig ist noch das Seniorenpärchen, bestehend aus verwandtem Altbauern, der senil bis kretinös dem Trinkerwahnsinn frönt, und seiner angetrauten, noch überlebenden Ehefrau, die ihm das Leben zur Hölle macht und gegen die eine Reisbürste ein Samthandschuh ist. Selbstverständlich sind alle CharakterdarstellerInnen so beliebt, daß sie nie ohne Auftrittsapplaus die Bühne betreten.

So sehr die Beschreibung der Standardfilmwerke oder der Rustikalkomödien vorerst einmal ironisch übertrieben scheint, oder so sehr die Darstellung von Stereotypen aus dem bäuerlichen Leben gegen jede Realität ist, so sehr stecken in all diesen Kunst- und Kitschfiguren aber doch Wahrheiten,

Von der Alpe ragt ein Haus lieblich übers Tal in hinaus.
Drinnen wohnt mit frohem Sinn eine schöne Sennerin.
Senn'rin, sing so manches Lied, wenn durchs Tal der Nebel zieht.
Horch, es klingt so leis' und lind:
Auf der Alm, auf der Alm, auf der Alm da gibt's koa Sünd!

Im Volksmund wurde dieses Lied meist so abgeändert:
»Auf der Alm, da gibt's ka Sünd'. Des hat's g'glaubt. Jetzt kriagt's a Kind.«

wenn auch in ganz anderem Zusammenhang. Das letzt beschriebene Senioren-Bühnenpärchen ist durchaus verständlich. Ein Altbauer, dessen einzige Lebensfreude das Wirtshaus geworden ist, weil er ja sonst zeit seines Lebens nichts anderes kennengelernt hat, ist aus verständlichen Gründen die Ursache dafür, daß seine noch leibhaftige Altbäuerin in menschlicher Verbitterung und wie der Teufel hinter ihm her sein muß. Denn die Frau hat ihr Leben lang mit persönlicher Schwerstarbeit Hof und Erbgut erhalten, das über lange Strecken durch den männlichen Chauvinismus und die stumpfe Leichtsinnigkeit des Hofbauern gefährdet worden war. Wie sollte sie nicht verbittert und zänkisch sein?
Die Klischees vom Landleben und vom bäuerlichen Dasein, von Heimatverbundenheit und Bodenständigkeit sind in der Populärkultur, in Literatur und Groschenromanen, in Filmepen und in unzähligen Bauernpossen und -tragödien von der Bühne herab gefestigt worden. Da gibt es keinen Silberwald, durch den nicht ein Jäger mit treuem Hund stapft, kein Forsthaus ohne Tannenrauschen und keine Almhütte ohne jodelnde Filmschöne. Es thomatelt, anzengrubert und ganghofert, daß es nur so jauchzt. Und die, die die Wahrheit über dieses Leben geschrieben haben – hier seien nur Oskar Maria Graf oder Felix Mitterer genannt –, sind nur unter Kennern geschätzt. Denn sie haben eine andere Wahrheit geschrieben. »Es waren Jahre meines Lebens, die voll waren von ununterbrochenem Gestank, von endlosem Dreck und von einer monotonen, stumpfsinnigen Arbeit, die vom Morgen bis in den Abend hinein dauerte. Dazu kam noch die geistige Enge, das völlige Abgeschnittensein von den Vorgängen irgendwo da draußen in der Welt und die drückende Beengtheit der am Hof lebenden Menschen. Diese ewigen kleinen Streitereien und Zänkereien, die aus diesem förmlichen Aneinanderkleben entstanden, dieses ständige Bereden ein und derselben Nichtigkeiten. Ich bin als Jugendlicher vom Hof geflüchtet, als ich alt genug war.« Der dies erzählte, ist ein großartiger Dramaturg und geachteter Theaterregisseur geworden. Er war als Kleinkind zu Verwandten auf einen Bauernhof gekommen und ist dort aufgewachsen. Der Hof lag aber nicht irgendwo in der Einschicht eines hintersten Gebirgstals, sondern im südlichen Niederösterreich sehr nahe einer Bezirkshauptstadt. Was den Buben »aus der Art schlagen« ließ, war die Merkwürdigkeit, daß er in der Schule nicht nur lesen lernte, sondern dies auch noch gern tat. Man nahm ihm die Bücher weg, die er heimlich am Heuboden las, und trieb ihn mit Ohrfeigen wieder zur Arbeit.
Wie, fragte ihn der Zuhörer, ist es aber auf diesem Hof den Frauen ergangen? »Hundertmal schlimmer«, antwortete der Erzähler. »Denn ich bin abgehauen. Aber die hatten keine Chance zu flüchten.«

Jäger, Sammler, Ackerbauern – Das Arbeitsleben als Schicksal und Erbe

Auf den ersten Blick scheint die Rolle der Frau – in Wahrheit ist es natürlich ihre Arbeitskraft – in der Geschichte des bäuerlichen Lebens so selbstverständlich wie unverzichtbar zu sein. Obwohl es im dunkeln liegt, wie sich die hierarchische und organisatorische Funktion der Frau im bäuerlichen Leben – zumindest was den europäischen Kulturraum betrifft – entwickelt hat. Die Wurzeln mögen in vorgeschichtlicher Zeit, in den sogenannten Wildbeutergesellschaften, liegen. Diese altsteinzeitlichen Menschengruppen betrieben sowohl die Jagd als auch eine nomadische Sammlertätigkeit. Wahrscheinlich kam es hier bereits zu einer ersten Vorstrukturierung von unterschiedlichen Arbeiten beziehungsweise Aufgaben von Männern und Frauen. Die Jagd, also der unmittelbare Kampf mit dem zu erlegenden Wild, war sicherlich hauptsächlich Männersache. Weniger aus der immer wieder zitierten körperlichen Überlegenheit des Mannes, sondern wahrscheinlich aus einem schon in der Urzeit vorliegenden Grundverständnis. Wenn ein Jäger zu Tode kam oder schwer verletzt wurde, dann war es für die kleine Gemeinschaft ein geringerer Schaden, als wenn eine gebärfähige Frau verletzt oder umgekommen wäre. Denn der Fortbestand der Gruppe lag in ihrer Reproduktionsfähigkeit, und da sind nun einmal aus biologischen Gründen Männer zahlenmäßig weniger notwendig als Frauen. Den Frauen oblag neben der Aufsicht und Bewahrung der Kinder und Jugendlichen damit automatisch die etwas langsamere und ungefährlichere Sammlertätigkeit. Denn zweifellos waren bestimmte Grassamen – die Vorläufer der Getreidesorten –, Wurzeln, Beeren und Früchte absolut unverzichtbare Lebensmittel neben dem hauptsächlich konsumierten Wildfleisch. Bestimmt waren diese Tätigkeiten aber nicht absolut voneinander getrennt. Frauen werden bei der Jagd, vor allem bei der Treibjagd, ganz wichtige Assistenzleistungen erbracht haben. Und außerhalb der Jagdmöglichkeiten werden auch Männer als sammelnde Wildbeuter gearbeitet haben. Auch eine vorschnelle Lagerfeuerromantik – Frauen kochen den Jägern das erbeutete Wild – ist nicht angebracht. Solche arbeitsteilige Gesellschaften können erst bei viel später einsetzenden kulturellen Entwicklungen, wie z. B. bei den Jagdgruppen der Eskimovölker, studiert werden. Die Seßhaftwerdung, also der Kulturschub zum Bauerntum und zur Landwirtschaft, wird sicherlich vieles weiter in Richtung Spezialisierung von Männer- und Frauenarbeit gebracht haben. Bei den alten, bereits seßhaften Indianerkulturen war es offensichtlich so, daß die Jagd ungebrochen in den Händen der Männer lag, während die

Vorarlberger Bäuerin beim Heuen

bereits hochentwickelte Landwirtschaft in Feld und Gartenkultur ausschließlich Frauensache war. Aber – das sei hier festgehalten – weltweit gibt es keinen einheitlichen und gemeinsamen Trend in dieser Entwicklung. Denn kulturelle Fortschritte in Richtung Urbanität und Zivilisation haben in erster Linie ökologische, das heißt vor allem klimatische und geologische Hintergründe. Und sind sicher nicht mit irgendeiner »speziellen Wesensart der menschlichen Geschlechter« verbunden. In Mitteleuropa ist die Entwicklung der Landwirtschaft ab der Jungsteinzeit und die damit verbundene Seßhaftwerdung von Familien-, Klein- und Stammesgruppen durchaus mit einer sich deutlich abzeichnenden Arbeitsteilung zwischen Männer- und Frauenarbeit verbunden. Und schon in der Zeit der Antike haben die keltischen, später germanischen Großfamilien, deren Lebensgrundlage neben räuberischen Kriegszügen in Wahrheit die Landwirtschaft war, strenge hierarchische Ordnungen in bezug auf Freie und Sklaven, Herren und Knechte, Gutsherren und Gesinde gehabt. Das Schicksal der Unfreien war es eben, ihr Leben durch Arbeit zu rechtfertigen. Ein Blick in die Etymologie des Wortes Arbeit gibt über-

Bei der Weinlese helfen Familienmitglieder, Freunde und Verwandte zusammen

Flachsbrecheln in Annaberg, um 1900

raschend gleichbedeutende Auskunft. Das Wort Arbeit geht auf die indogermanischen Silben »orbho-s« zurück, was im Ursprung »verwaist sein« bedeutet. Da aus diesem Stammwort die modernen deutschen Begriffe Arbeit und Erbe stammen, kann man die Ursprungsbedeutung frei als »Schicksal elternloser Kinder« übersetzen. In den seßhaft werdenden germanischen Sippen der Völkerwanderungszeit gab es die bodenbesitzenden, erbberechtigten Familienmitglieder und eine große Zahl arbeitsintegrierter rechtloser, das heißt elternloser, Jugendlicher und Erwachsener. Und diese hatten zu ihrer Existenzerhaltung nichts als ihre Arbeit, ihr alleiniges Erbe.

Mägde mußten auch mit dem Ochsengespann umgehen können

War dieses ausgeschöpft, also konnte aus Alters- oder anderen Gründen ein unfreier Mensch, Magd oder Knecht, nicht mehr arbeiten, war es durchaus rechtens und üblich, ihn einfach zu töten, denn der war für die Wirtschaftsorganisation der Sippe wertlos geworden. Es ist also aus dieser Sicht heraus keine Überraschung, daß im Mittelhochdeutschen das Wort »arebeit« noch immer »Mühsal, Not und Plage« bedeutet und diese Bedeutung bis weit ins Neuhochdeutsche hinein behielt. Erst ab dem

19. Jahrhundert wird durch viele soziale und sozialistische Bewegungen und Philosophien der Begriff Arbeit neu gedeutet und später zu einem Adelsbegriff des Industrieproletariats hochstilisiert. Wie auch immer in der Kulturgeschichte des Mittelalters, der Renaissance und der Neuzeit die Begrifflichkeit des Wortes Arbeit sich gewandelt hat, für die in der Landwirtschaft arbeitenden Dienstboten – aber auch für die durchaus besitzenden und erbberechtigten Frauen – blieb die Semantik des Wortes Arbeit vom Frühmittelalter bis in jüngste Vergangenheit gleich: lebenslange knochenschinderische Ausbeutung. Was bis in jüngste Vergangenheit aber gar nicht so verstanden und empfunden wurde, sondern – durch viele gesellschaftliche Einflüsse, vor allem aber auch durch die Kirche – als selbstverständliches Lebensbild und Schicksal akzeptiert und hingenommen wurde. Und trotz der heutigen industrialisierten und vollmechanisierten Landwirtschaft finden sich im agrarischen Sozialgefüge, im Verhalten zwischen Männern und Frauen, Knechten und Mägden, im bäuerlichen Leben noch immer, wenn auch nicht mehr leicht erkennbar, geradezu archaische und atavistische Spannungspunkte und Gegensätze.

Wer streicht die Farm?

Ein aus den USA importierter »Bauernwitz« erzählt die Geschichte eines früh verwitweten texanischen Farmers. Er ist kein Rinderbaron, aber auch nicht gerade arm. Nach dem Verlust der Ehefrau zeigt er sich in den nächsten Jahren nicht sehr daran interessiert, sich wiederzuverheiraten, obwohl ihn Freunde im Saloon immer wieder dazu animieren. Plötzlich aber kündigt er bei einem doppelten Whisky seine unmittelbar bevorstehende Verehelichung an.
»Wieso so plötzlich, Joe?« fragen die anderen Farmer. »Wieso hast du es dir nun doch anders überlegt?«
»Tja«, antwortet der Umringte lakonisch, während er den Hut in den Nacken schiebt. »Es ist höchste Zeit, daß das Farmhaus und die Scheune wieder gestrichen werden.«

Wie immer die Sitten und Gebräuche zwischen Texas und Swerdlowsk, Palermo und Hammerfest sein mögen, dieser Texaner-Witz zeigt letztlich etwas allgemein Verbreitetes auf: In der Landwirtschaft gibt es offensichtlich klare hierarchische Ebenen in bezug auf die Arbeitsverteilung zwischen Männern und Frauen. Während es am gegebenen Beispiel also in Texas niemals geschehen könnte, daß ein Mann Haus und Nebengebäude frisch anstreicht – es gilt als klassische Frauenarbeit – wäre es demnach möglicherweise in Tirol nicht denkbar, daß der Bauer oder einer der Knechte Küchen- oder Gartenarbeit verrichtet. Oder die Hühner füttert. Und es besteht, wenn auch regional unterschiedlich, jedenfalls im bäuerlichen Arbeitsleben nicht nur eine strikte Trennung der Aufgabengebiete, sondern auch eine durchgehende Hierarchie, die von oben bis unten das Leben des Gesindes und insbesondere das der Bauersfrauen und Mägde bestimmt. Als Beispiel sei hier die Rangordnung am Hof eines großen Bauern im Salzburger Pinzgau aus dem Jahr 1784 angeführt. Dem Bauern unterstand direkt der sogenannte Bauknecht, oft auch Großknecht genannt. Dieser war der eigentliche verantwortliche Leiter sowie auch der oberste Aufseher aller Knechtsarbeiten. Er besprach sich sonntags regelmäßig mit dem Bauern über die kommende Arbeitswoche, und es ist glaubhaft überliefert, daß ein Bauer sich auf das fachliche Urteil seines Großknechts stets verlassen konnte und ihm daher im Zweifelsfalle nachgab. Modern gesagt wäre also der Bauknecht der eigentliche Manager des Agrarunternehmens. Unter dem Hofgesinde genoß dieser erste Knecht absolute Autorität. Niemand unter ihm durfte in seiner Anwesenheit ungefragt reden. Zweifellos genoß er, genauso wie der Bauer, auch ohne jede Hinterfragung volles Sanktions- und wahrscheinlich auch Züchtigungsrecht. In der männlichen Hierarchie unterstanden ihm weitere siebzehn Rangstufen, vom »Einwerfer« über den »Ober-Roßknecht«, den »Stadler« und so weiter bis zum »Haimgasser« in der untersten Rangstufe. Dieser hatte eine Hüteraufgabe für die Ziegen, die er für mehrere Bauern gleichzeitig ausübte. Mit jeder Rangstufe war selbstverständlich auch der Arbeitsbereich und das Verantwortungsfeld definiert und abgegrenzt. Parallel dazu existierte nun auch eine

Betreuung und Fütterung der Tiere lagen in Frauenhand

Bevor es Melkmaschinen gab, war auch das Melken Frauenarbeit

Die Stallmagd posiert für den Fotografen

weibliche Rangordnung und Befehlsstruktur. Hier stand an oberster Stufe die Bäuerin, der die Baudirn, auch Großdirn genannt, die sogenannte erste Magd, direkt unterstand. Ihr Aufgabengebiet, ihr Status und ihre Verantwortung waren der des Bauknechtes vollkommen ähnlich. Jeden Sonntag nahm sie alle Weisungen der Bäuerin direkt entgegen und war somit die Generalmanagerin für alle weiblichen Arbeiten der kommenden Woche.

Stallarbeit war Frauenarbeit. Die »Saudirn« präsentiert eine Zuchtsau.

In den weiteren Rangstufen folgten ihr:
Die Garberin. Sie ist neben den allgemein gültigen Aufgaben aller Mägde wie Feldarbeit, Spinnen, Stricken vor allem für das Ausführen und das Ausbreiten des Düngers zuständig.
Die Kuchlinn, oft auch Knechtköchin genannt, ist die Köchin für die Dienstboten. Im Sommer, wenn das Gesinde auf den Feldern arbeitet, trägt sie den Männern und Frauen das Essen aufs Feld. Wird jemand aus dem Gesinde krank, so wird er von der Kuchlinn betreut und versorgt.
Die Melcherin ist die Gehilfin des Melkers. Im Sommer ist sie für die Versorgung der Kühe, die nicht auf die Almen geschickt werden, zuständig.
Die Blaikerin muß, wie ihr Name sagt, im Sommer die Leinwand bleichen. Auch um die Wäsche des Gesindes muß sie sich kümmern. Nebenbei versorgt sie das Geflügel.
Die Biescherin ist die geringste der Mägde. Sie muß täglich die Stuben kehren und säubern, Feuer machen und alle anfallenden Hilfsarbeiten erledigen.
Die Unterbiescherin ist ein junges Mädchen von etwa zwölf bis vierzehn Jahren. Sie erhält keinen Lohn und soll den Dienst erlernen.

Am vorstehenden Beispiel läßt sich vorerst eine sehr geordnete und fast militärisch arbeitsteilige Organisation erkennen. Tatsächlich aber zeigt diese Bestandsaufnahme aus dem 18. Jahrhundert die Gesindestruktur eines sogenannten Herrenbauernhofs. Dies meint, daß der Bauer und die Bäuerin selbst nicht im Arbeitsprozeß tätig waren, sondern den Hof eben nur direktiv und kaufmännisch führten. Bei kleineren Höfen war diese Arbeitsorganisation zwar immer noch Grundlage, wurde aber insgesamt von viel weniger Menschen bewältigt. Da mußten auch Bauer und Bäuerin selbst mitarbeiten. Zum Beispiel wurde bei einem Hof von etwa fünfzig Hektar Ackerland das Auskommen mit drei Mägden und drei Knechten gefunden. Es hatte also jeder im

Als die Männer im Krieg waren: eine Frau beim Säen

Gesinde mehrere Tätigkeitsbereiche in Personalunion zu leisten.
Darüber hinaus war es grundsätzlich so, daß die männlichen und weiblichen Gesindehierarchien einander nicht gleichwertig gegenüberstanden. Denn erstens entschied in allen Zweifelsfragen immer noch die männliche Autorität über die weiblichen Agenden hinweg. Und zweitens ist bei kritischer Betrachtung der Arbeitsteilung zwischen männlich und weiblich ganz klar festzustellen, daß die im ländlichen Leben angeseheneren Arbeiten und Aufgabengebiete sowie alle diesbezüglichen

Hitze und Staub machten das Dreschen zur Schwerstarbeit

Während der Ernte waren Frauen und Kinder auf den Feldern, hier beim Hopfenpflücken

Tätigkeiten außerhalb des Hofes in männlichen Händen waren. Es sind dies vor allem die Feld-, Wiesen- und Waldarbeit und die Arbeit mit den Zug- und Gespanntieren, insbesondere den Pferden. Die normale Stallarbeit dagegen mußten voll die Frauen leisten. Selbstverständlich wird arbeitstechnisch dagegenzuhalten sein, daß die vorher bezeichneten Männerarbeiten auch die größere Körperkraft benötigen und daher im Hoheitsbereich der Männer lagen. Aber die sehr wechselhafte und in den letzten hundert Jahren durch zwei Großkriege gekennzeichnete Arbeitssituation in der Landwirtschaft hat doch klar bewiesen, daß Frauen ebenfalls in der Lage und bereit sind, diese Männerarbeiten zu bewältigen. Und so ist es über die gesamte Geschichte des Bauernlebens hinweg gewesen: Während Frauen immer bereit oder gezwungen waren, Männerarbeit zu leisten, gibt es andererseits keine verbrieften Dokumente oder Erinnerungen, daß Männer aufgrund von Frauenmangel typische Frauenarbeit übernom-

Frauen lernten sehr schnell, landwirtschaftliche Maschinen zu bedienen. Hier ist eine Kartoffel Erntemaschine im Einsatz.

Wie selbstverständlich übernahmen Frauen Männerarbeit, wenn die Situation es erforderte

men hätten. Acker-, Wiesen- und Feldarbeit wurde auch in besten Zeiten immer von weiblicher Hilfsarbeit – wie z. B. Garbenbinden, Rechen- und Heuwendearbeiten – begleitet. Während am Beispiel eines Salzburgischen Bauernhofs auch aus jüngster Vergangenheit der Spruch überliefert ist, daß ein echter Bauer den Stall nicht einmal betritt. So definitiv ist dort das Füttern, Melken und Ausmisten in Frauenhände übergewälzt worden. Daß die Bäuerin oder die erste Magd aber das preiszukrönende Zuchtvieh auf einer Landwirtschaftsmesse präsentieren dürfte, wäre aus der Sicht desselben Mannes nicht einmal diskutabel.

4. Szene: Der Gesindemarkt
Puntila: Ah, du hast eine Familie? Ich kann alle brauchen, die Frau kann aufs Feld, ist sie kräftig? Wieviel Kinder sind's? Wie alt?
Der Arbeiter: Drei sind's. Acht, elf und zwölf. Das älteste ein Mädchen.
Puntila: Die ist gut für die Küche. Ihr seid wie geschaffen für mich.

Aus: Bertolt Brecht, Herr Puntila und sein Knecht Matti. Volksstück.
Suhrkamp Verlag

Man wird geben, wenn die Zeit ist

»Wie ich das erste Mal in den Dienst gegangen bin, war ich dreizehn Jahre alt. Die Mutter hat mich zur Bäuerin gebracht. Meine wenigen Kleider waren in ein Bündel gepackt, auch meine Schuhe. Ich bin barfuß hingegangen. Das Bündel hab ich fest an mich gedrückt. Ich war das erste Mal von zu Haus weg und habe schreckliche Angst gehabt. Die Bäuerin war freundlich, aber streng. Ein Bett hab ich in der Kammer einer älteren Magd bekommen. Der Raum war sehr klein, aber dort war ich ohnehin nur für ein paar Stunden Schlaf. Den ganzen Tag und oft auch die halbe Nacht hieß es arbeiten. In der Erntezeit hat der Bauer oft schon um drei Uhr früh an die Kammer geklopft: Aufstehen! Auch am Sonntag hab ich oft gearbeitet. Im Stall, am Feld, im Haus. Für mich hat es immer Arbeit gegeben. Am Abend Nähen, Flicken, Spinnen. Freizeit hab ich gar nie gekannt und Bezahlung auch nicht. Nach einem Jahr ist die Mutter fragen gekommen, wie es denn mit einem Lohn ausschaut. ›Man wird schon geben, wenn die Zeit ist‹, hat der Bauer gesagt. Und wie die Mutter weg war, hat die Bäuerin gemeint, das Mensch soll froh sein, daß es ein Dach über dem Kopf hat, essen bekommt und arbeiten lernen kann. Erst nach drei Jahren hab ich auch Lohn bekommen.« Erinnerungen von Frau Theresia, geboren 1901, an ihren ersten Dienst als Magd auf einem Bauernhof im Waldviertel.

Meistens fand das Reisigmachen im Spätherbst oder im Winter statt

Die meisten Mädchen, die sich bereits im Kindesalter auf Bauernhöfen als Mägde verdingten, stammten wie Frau Theresia selbst aus kleinbäuerlichen Verhältnissen oder aus Keuschlerfamilien, den sogenannten Taglöhnern. Nur Großbauern oder Herrenbauern konnten es sich leisten, ihre Kinder am eigenen Hof als Gesinde zu beschäftigen oder an andere große Höfe schon in höheren Diensträngen weiterzuvermitteln. Das heißt aber keineswegs, daß diese »bessergestellten« Mägde und Knechte deswegen grundsätzlich ein leichteres Leben gehabt hätten. Sie hatten nur einfach, was ihren Lebenslauf betraf, bessere Aussichten als die überwiegende Anzahl der Armen, aus denen sich das bäuerliche Gesinde rekrutierte. Weibliches Gesinde konnte aber auch zu bestimmten Terminen – im Raum Salzburg war es zum Beispiel der dritte Februar, der sogenannte Blasiustag – auf den Gesindemärkten ausgesucht und aufgenommen werden. Diesen Gesindemärkten hat Bertolt Brecht in seinem Theaterstück »Herr Puntila und sein Knecht Matti« ein literarisches Denkmal gesetzt, denn es gab sie in Europa noch bis in die dreißiger Jahre des 20. Jahrhunderts. Gesindemärkte waren

Auch das Reisigmachen war Frauenarbeit

im Prinzip nichts anderes als die antiken Sklavenmärkte, wenn auch der Unterschied darin bestand, daß diese modernen Sklaven nicht in Ketten herangeführt wurden, sondern sich selbst zur Auswahl stellten beziehungsweise von ihren Eltern ausgestellt wurden. Und es gibt noch lebhafte Erinnerungen, daß diese Auswahl methodisch genauso erfolgte, als würde Arbeitsvieh ausgesucht: Prüfen der Muskeln, Beschau der Zähne, Kontrolle von Beweglichkeit und Tragfähigkeit. Es fehlen in diesem Bereich sogar romantisierende Erinnerungen. So ist zum Beispiel nirgends überliefert, daß ein Bauer eine Magd auch nach ihrer Hübschheit und Sex-Appeal ausgewählt hätte. Es war tatsächlich

Federnschleißen im Winter: eine typische Frauenarbeit

Erntezeit: zu Hausarbeit und Kinderbetreuung kam noch die Arbeit auf dem Feld

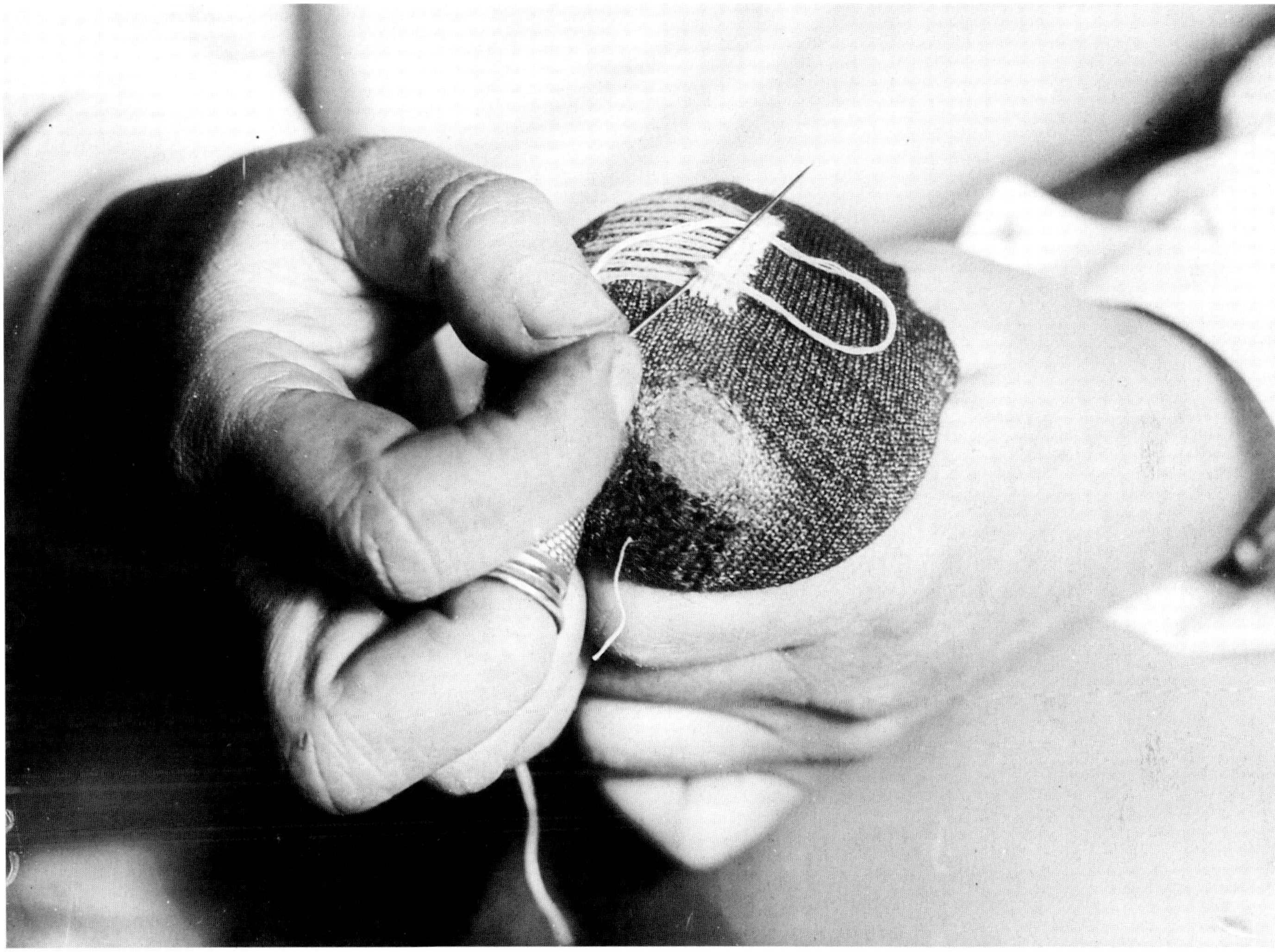

nur die Arbeitskraft wesentlich. Der dritte Februar war nicht zufällig der Tag des Gesindemarktes, er hing mit dem Vortag Maria Lichtmeß – 2. Februar – zusammen, an dem nach der bäuerlichen Tradition Dienstverhältnisse eingegangen oder gelöst werden konnten. Dieser Tag lag nämlich vor der Aussaat. Die zweite Möglichkeit, ein Dienstverhältnis zu beginnen, zu verlängern oder zu beenden, war der Michaelitag, der 29. September. Dieser Termin lag nämlich nach der Ernte. Verträge mit erwachsenen Dienstboten wurden per Handschlag geschlossen, bei den Kindern galt der Handschlag der Eltern oder des Vormunds. Wo dem Gesinde auch eine Bezahlung zustand, konnte auch bei Dienstantritt ein sogenanntes Angeld bereits gezahlt werden.

Zur Feldarbeit kann auch noch die Arbeit im Haushalt mit Kochen, Nähen, Flicken, Stopfen

Ein Abbrechen des Dienstverhältnisses außerhalb dieser Termine galt als unehrenhaft und führte zu einem förmlichen Ausschluß aus der regionalen Gesellschaft. Nur wichtige Gründe wie Krankheit, Gebrechlichkeit oder – bei Bauerskindern – eine sogenannte gute Heirat konnten das Dienstverhältnis während des Jahres kurzfristig lösen. Bis ins 20. Jahrhundert hinein war es üblich, entlaufene Dienstboten von der Polizei suchen und aufgreifen zu lassen.

Die Bezahlung war abhängig von der hierarchischen Position der Dienstboten, auch von den Vor-

Die Frau

24 Seiten

Wöchentlich 70 Groschen

früher: Die Unzufriedene

Nr. 34 / Wien, 21. August 1954

10. Jahrgang

Bauernalltag

Nach der Arbeit auf dem Feld kam die Hausarbeit. Auch das Flicken des Arbeitsgewandes gehörte dazu.

kenntnissen und Erfahrungen, auf die sie verweisen konnten. Wer sich zum Beispiel als junges Mädchen als Magd verdingte, konnte auch, wie erzählt, jahrelang warten, um überhaupt entlohnungswürdig zu werden. Wenn aber schon gelöhnt wurde, dann, wenn überhaupt, nur in geringerem Teil in Geld. Als hauptsächlicher Lohnbestandteil wurde allgemein die Unterkunft und die Verpflegung des Dienstboten betrachtet. In den meisten Fällen bestand der gesamte Lohn aus Naturalien, wie zum Beispiel Textilien, zusätzlichen Nahrungsmitteln oder in Schuhen oder anderen, bereits fertigen Kleidungsstücken. Erst mit der Abnahme der bäuerlichen Heimproduktion von Stoffen, Garnen beziehungsweise des Verschwindens von Wanderhandwerkern, die auf der sogenannten Stör im Winter auf den Höfen als Schneider und Schuster arbeiteten, kam es vermehrt zu einer Geldauszahlung ans Gesinde. Bei großzügigen Bauern konnte das Gesinde bei Verkauf von Vieh oder bei einer ertragreichen Ernte ebenfalls mit kleinen ausgezahlten Anerkennungsbeträgen rechnen. Im

Pferdehandel hat sich diese Sitte bis heute als sogenanntes »Zaumgeld« für die Stallburschen erhalten.
Hat ein Bauer als Dienstgeber seine Verpflichtungen nicht eingehalten, wurde ihm das zwar gesellschaftlich als amoralisch angerechnet, aber keine Magd hätte die Möglichkeit gehabt, einen Lohn rechtlich einzufordern, denn es gab ja lange keine gesetzlichen Bestimmungen oder gar festgelegte Tarife. Aus den ersten Nachkriegsjahren nach dem Zweiten Weltkrieg ist eine Erzählung einer Frau aus der Großstadt erhalten geblieben, die bei einem Bauern auf dem Land ein kostengünstiges Quartier gefunden hatte. Sie berichtete: »Die Bauersleute hatten zwei Mägde, die gemeinsam ein Zimmer bewohnt haben. Die Wohnverhältnisse waren mehr als spartanisch. Das Zimmer war eiskalt, Badezimmer gab es ohnehin keines, aber auch kein warmes Wasser. Selbst im Winter mußten sich die Frauen mit kaltem Wasser waschen. Gearbeitet haben sie den ganzen Tag, zeitig in der Früh hat die Stallarbeit begonnen, und bis sie endlich mit allen Küchen- und Näharbeiten fertig waren, war es

Eine Magd reinigt am Brunnen das Butterfaß

meist schon an Mitternacht. Die Bezahlung war lächerlich gering, dabei war der Bauer wohlhabend. Einmal hat er mir eine Zeitung gezeigt, in der zu lesen stand, daß die Mägde Anspruch auf hundert Schilling Gehalt im Monat hätten, das war etwa zehnmal soviel wie jenes, das er ihnen bezahlte. Außerdem müßte auch Krankenversicherung für die Dienstboten bezahlt werden. Er war fassungslos über solche Zustände und hat mich empört gefragt, ob man so etwas tatsächlich verlangen kann. Vor den Mägden hat er die Zeitung natürlich versteckt.«

Vergleicht man die früher übliche Entlohnung eines Großknechtes mit der einer ersten Magd, so war auch hier der Lohn des Mannes um dreißig bis fünfzig Prozent höher. In wirtschaftlichen Krisenzeiten haben daher Bauern lieber Mägde als Knechte eingestellt. Das gesamte Dienst- und Lohnsystem entsprang einem alten gemeinsamen Grundverständnis. Dienstboten, und vor allem weibliche, waren am Hof innerhalb eines autoritären patriarchalischen »Familiensystems« gebunden. Neuromantisch wird auch oft behauptet, dies sei eben – im Gegensatz zum städtischen Industrieproletariat – der große Vorteil einer persönlichen Geborgenheit gewesen. Erinnernde Zeitzeuginnen reden aber meist eine Sprache, die geradezu hoffnunglos gefangene Lebenssituationen zeigt. Die Aussichten einer jungen Magd für das kommende Leben waren schlichtweg trist.

Eine lange Jugend

»Ländliches Gesinde hatte eine lange Jugendzeit«, schreibt lapidar eine wissenschaftliche Arbeit aus dem Jahr 1993 zu diesem Thema. Gemeint ist, daß das Gesinde – Männer wie Frauen – während der Dienstzeit nicht heiraten durfte. Eine Bauernmagd hatte im Prinzip nur drei Chancen: Entweder sie wurde von irgendeinem Kleinhäusler oder Keuschler geheiratet, dann hatte sie ein Leben als Häuslerin, Mutter und vor allem als Taglöhnerin vor sich. Die zweite Möglichkeit war, ohne Verehelichung im

Die Knecht-Köchin war für das Gesinde zuständig, 1891

Dienst bei einem oder mehreren Bauern alt zu werden. Dann war die Frau, die ja keine Alterspension erhielt, auf eine mildtätige Altersversorgung angewiesen. In den meisten Fällen endete aber so ein Leben in irgendeiner Holzkiste am Heuboden, die als Schlafstelle zur Verfügung gestellt wurde. Arbeitsunfähige Dienstboten mußten nämlich von Hof zu Hof ziehen, um dort für eine Weile verköstigt zu werden. Die Bauern sind diesen von der dörflichen Gemeinschaft auferlegten sozialen Verpflichtungen aber meist in der eben beschriebenen Form nachgekommen. Es ist hier nicht zu vergessen, daß auch die Bauersleute selbst, wenn sie ins Ausgedinge gingen, von ihren Nachfahren eher in Not und Elend gehalten wurden als in Ehren. Noch 1973 wurde im Weinviertel ein Fall beobachtet, wo eine bettlägrige Altbäuerin am Weihnachtsabend in einer eiskalten Kammer untergebracht, mit einem gekochten Ei und einem harten Stück Brot, das sie gar nicht mehr kauen konnte, als »versorgt« betrachtet wurde. Ein Lebensende im Armenhaus wäre für diese Menschen wahrscheinlich gnädiger gewesen.
Die dritte Möglichkeit einer Dienstmagd bestand letztlich aber nur in der Flucht aus dem ländlichen Raum in die nächste Stadt. Dort gab es Nachfrage nach Dienstmädchen, auch nach Industriearbeiterinnen, und je nach persönlicher Entscheidung und Glück waren dann die weiteren Lebenswege gekennzeichnet. Die Groschenheft-Idylle von der armen Magd, die vom reichen Bauernsohn geheiratet wird, haben höchstwahrscheinlich nicht einmal die Autoren selbst geglaubt.
Statistisch haben im 19. Jahrhundert Mägde sehr selten vor dem dreißigsten Lebensjahr geheiratet. Und diese sogenannte lange Jugend war ja von Kindesbeinen an erfüllt mit täglicher Vollauslastung. Dem männlichen Gesinde, den Knechten, wurden – sowohl wegen der körperlichen Schwerarbeit als auch wegen der nötigen Ruhepausen für Zugtiere! – meist im Drei-Stunden-Rhythmus Arbeitspausen zugestanden. Für das weibliche Gesinde gab es nur die Essenszeiten als Arbeitspausen. Denn von den jungen Frauen wurde verlangt, daß sie ständig »fleißig, rege und rührig« seien.
Und in vielen Fällen hatte diese lange Jugend auch noch andere Folgen. Denn trotz oder gerade wegen patriarchalischer »Zucht und Ordnung«, kirchlich ständig angedrohter Höllenstrafen und -qualen führten sehr oft das enge Zusammenleben der Geschlechter am Hof, dieses förmliche »Aneinanderkleben« in der einzigen geheizten winterlichen Stube und viele andere Situationen des täglichen Arbeitslebens zum Ausleben der angestauten Sexualität. Im Gegensatz zu der im Heimatfilm, im Groschenroman oder von traditionellen Heimatverbänden beschworenen ländlich-frommen Sittsamkeit war der Umgang zwischen den Geschlechtern auf den bäuerlichen Gehöften tatsächlich ein ungeheuer derber, rücksichtsloser und auch in diesem Bereich völlig ausbeuterischer. Wenn heute – zu Recht – über sexuelle Belästigungen am Arbeitsplatz diskutiert wird, dann scheinen die zumeist aufgezeigten Fälle im Verhältnis zu den Erinnerungen an das »fromme Landleben« geradezu Kavaliersdelikte zu sein. Die folkloristisch tradierte Sitte des »Fensterlns« kann durchaus auch anders genannt werden: gewaltsames Eindringen mit anschließender Notzucht unter Ausnutzung der autoritären Vormachtstellung. Bis in die jüngste Vergangenheit hatten im ländlichen Raum die aus armen Verhältnissen stammenden Dienstmägde selbstverständlich keine Ahnung von Empfängnisverhütung, trotz des oft zitierten Lebens in freier Natur waren auch die meisten dieser »Naturkinder« keineswegs aufgeklärt. Vielmehr gibt es verbriefte Erinnerungen, daß dies in folgender Art und Weise geschah: Die als halbe Kinder in den Dienst tretenden Jungmägde wurden aus Quartiernot zu älteren Dienstboten in die Kammer und oft auch in ein gemeinsames Bett gelegt. Die wie »fensterlnden« Knechte, Alt- und Jungbauern störte dies selbstverständlich nicht. Wenn die Jungmagd schon das Glück hatte, nicht irrtümlich selbst erwischt zu werden, dann hatte sie zumindest hautnah die volle Information, wie es ihrer älteren Bettgenossin erging.
Es ist in diesem Zusammenhang auch verständlich, wieso es gerade aus diesem sozialen Ambiente eine ungeheure Fülle von derbsten zotigen Witzen und Anekdoten gibt. Es handelt sich dabei – sowohl quantitativ wie qualitativ – offensichtlich nicht nur um die immer wieder zitierten »verschwitzten Männerphantasien« einer katholisch verklemmten Ge-

sellschaft, sondern tatsächlich um soziale Reflexionen und Erinnerungen. Übrigens gilt dies auch für das ähnliche Anekdotenmodell mit den Standardfiguren der Sennerin und des feschen Jägersmannes. Sennerinnen waren ja noch in extremerer Arbeits- und sexueller Situation. Die Almerinnen, die alleine eine Sommersaison lang im Gebirge lebten, waren sehr oft nicht freiwillig in dieser Isolation. Aber wie auch immer, de facto waren sie schutzlos den vorbeikommenden, rastmachenden oder hilfesuchenden Bergwanderern ausgeliefert. Der ulkige Standardspruch, daß es »auf der Alm koa Sünd'« gibt, muß unter diesen Gesichtspunkten anders herum gelesen und verstanden werden. Er könnte eben auch bedeuten, daß dort alles erlaubt sei. Vom Ende des 18. Jahrhunderts ist diesbezüglich ein in einem Reisebericht des großen Alpenforschers Schultes enthaltener Vermerk über eine Nacht in einer Almhütte noch ein recht deutliches Echo der aus heutiger Sicht so verkitschten Sitten und Gebräuche erhalten:

Kaum waren wir eingeschlafen, als ungefähr in der zweyten Stunde nach Mitternacht ein rüstiger Bursche, ein Holzknecht, mit Steigeisen an den Beinen und einem mächtigen Griespeile herantrat, und durch die Gewalt seiner Tritte uns weckte. Wir stutzten anfangs über diesen Besuch, als wir aber bald sahen, daß er nicht uns, sondern unserer Hausjungfer galt, waren wir beruhigt, und wir wären wieder eingeschlafen, wenn nicht Scenen, die kein Dichter der alten Priapeinden und der neuen Aretinismen und Grécourtismen üppiger und derber mahlen kann, und die wir unglücklicherweise durch die offen stehenden Fugen unseres Verschlages sehen mußten, uns hätten ein Auge schließen lassen. Wenn ein Dichter mir solche Scenen erzählt, so eckeln sie mich an; wenn ein Wüstling mir davon spricht, so empört er mich: und hier konnte ich sie sehen, und der Kraft mich wundern, die noch in des Mannes Lenden ist. Diaboli virtus in lumbis est, sagte St. Hieronymus, und er war noch nicht einmal auf einer Alpenhütte. Bedenken Sie nicht, daß dieser Heraklide 5 Stunden weit des Nachts von einer anderen Alpe herstieg, nachdem er den ganzen Tag vorher Bäume gefällt hat! Und die Nixe war auch nicht müßig geblieben den Tag über: sie hatte 16 Kühe zu melken und zu warten. Wenn die Menschenrasse einst ganz ausgeartet seyn wird, und ausgemergelt in den Städten, so mögen wir uns damit trösten, daß sie sich auf den Alpen verjüngt. Ich habe ähnliche Orgyen oft gesehen auf den Alpen vom Schneeberge bey Wien bis zum Unterberge: sie scheinen allgemeine Sitte zu seyn unter diesen Nomadinnen, und ich glaube noch darf man von ihnen sagen: honni soit qui mal y pense.

Bemerkenswert an diesem Text ist, daß der sonst eher emotionslose Reiseschriftsteller und Forscher hier wieder in jene typische Haltung verfällt, die eher die »Lendenkraft« des nächtlichen Gastes bestaunt und bewundert, als sich mit der Problematik der besuchten Almerin zu beschäftigen. Für alle weiblichen Dienstboten im bäuerlichen Bereich waren ja die Folgen dieser meist nur mühsam geduldeten Übergriffe, nämlich die unehelichen Kinder, das anschließende Problem. In den wenigsten Fällen durften Mägde ihre Kinder bei sich behalten. Andererseits wieder wurden sie so gut wie nie wegen eines unehelichen Kindes vom Hof gewiesen, aber – das Kind mußte weg. Diese Entscheidung traf der Bauer oder die Bäuerin allein. Es ging hier ganz bestimmt nicht um pseudo-moralische Haltungen, sondern schlicht und einfach um ökonomische Überlegungen. Denn das uneheliche Kind, das eine Dienstmagd großzieht, ist erst in ungefähr acht bis zehn Jahren eine bereits brauchbare Hilfsarbeitskraft und muß bis dorthin also nutzlos großgefüttert werden. Weiters behindert ein Kleinkind auch bei nachlässigster Versorgung die Mutter bei der täglichen Arbeit, reduziert also die Arbeitsleistung der Magd. Solchen Kindern drohte daher in vielen Fällen ein schlimmes, wenn auch sehr kurzes Schicksal. Waisenhaus oder die Übergabe an entfernte Verwandte war da noch das bessere Los. Das Kind in gute Pflege zu geben war den meisten Mägden finanziell unmöglich, aber es gab ja Pflegestellen, die das Problem Kind kurzfristig lösen konnten. Alte Landhebammen erzählen oft von Fällen, in denen sie der Bäuerin gut zugeredet haben, sie mögen doch das Kind bei der Mutter belassen. Oft war ja ohnehin ein Kleinkind am Hof, das auch beaufsichtigt werden mußte. Das Kind der

Magd hätte mit dem Kind der Bäuerin gemeinsam aufwachsen können. Aber in den überwiegenden Fällen lehnten die Bauersleute diesen Vorschlag ab. Nur selten gelang es der Hebamme, für das Kind einen Platz bei einem kinderlosen Ehepaar zu finden. Und so mußte sie zusehen, wie die Kindesmutter den Säugling zur einschlägig bekannten »Pflegerin«, einer Engelmacherin, brachte. Nach durchschnittlich drei Monaten solcher Kindesbetreuung war der Säugling verstorben. Die zitierten Erinnerungen stammen nun aber nicht aus »alter Zeit«, sondern aus den späten vierziger Jahren des 20. Jahrhunderts. Durfte ein Kind einmal bei der Mutter bleiben, so wurde es von kleinst auf zu Hilfsarbeiten eingesetzt: Hühnerfüttern, Gänsehüten, Stubenkehren, Geschirrabwaschen. Dienstbotenkinder galten nicht als Kinder, sie waren kleine Dienstboten. In die Schule wurden sie nur geschickt, solange es die Bauersleute für nötig befanden. Und spätestens im Alter von zehn Jahren wurden sie als vollwertige Arbeitskräfte eingesetzt, die gegen oft karge Kost am Hof arbeiteten.

Die Kinder auf dem Land lernten schon früh, was Arbeit heißt

Landarbeit war Schwerstarbeit. Hier trägt eine Frau eine Butte voll Kraut.

Ich bin mit zwölf Jahren in den Dienst gegangen. Das war 1916. Die Bauersleute waren sehr streng. Ein eigenes Bett hab ich nicht besessen. Ich hab in der Lade eines großen Kasten geschlafen. Ich war ja nicht sehr groß. Gleich in der ersten Woche hat mich die Bäuerin hinaus geschickt. Ich soll ein Hendl abstechen, hat sie gesagt. Für mich war das ganz furchtbar. Ich bin nur dort gestanden und hab geweint. Einem Tier hätt ich doch nie etwas antun können. Schließlich hab ich das Hendl hochgenommen, an mich gedrückt und geweint. Eine Nachbarin hat mich gesehen und sich erbarmt. ›Gib's her, Katherl‹, hat sie gesagt. ›Ich werd es für dich abstechen.‹ Sie hat mir das Tier weggenommen, aber es hat sich nicht mehr bewegt. In meiner Angst hab ich es erdrückt.

Frau Katharina war bei einem Bauern im Burgenland im Dienst.

Hörndl, Körndl, Wein – Gesindebedarf nach Agrarkultur

Der Bedarf an bäuerlichem Gesinde hing und hängt selbstverständlich von der Landwirtschaftsform ab. Bauernhöfe, die entweder völlig oder zum großen Teil auf der Basis von Viehzucht und -haltung standen, brauchten über den gesamten Jahresverlauf eine ständige und größere Gesindeanzahl. Wobei der Anteil des weiblichen Gesindes umso höher war, je mehr die Stallarbeit und die Viehversorgung eben als typische Frauenarbeiten betrachtet wurden. Die Weinbauern brauchten wiederum fast überhaupt kein Gesinde, ausgenommen in der Zeit ihrer Hochleistungsarbeiten, Lese, Pressen und Rebschnitt. Für die sonst anfallende Betreuung des Weinkellers und die Weingartenpflege über das Jahr hin reichte die Familie des Weinbauern vollkommen aus. Die Körndlbauern, also jene Agrarökonomen, deren Hauptarbeitsgebiet der Ackerbau war, waren bis zum Aufkommen der großen landwirtschaftlichen Traktoren und Maschinen zu bestimmten Jahreszeiten auf viele Mitarbeiter angewiesen, die aber zu anderen Zeiten nicht benötigt wurden. Die arbeitsintensivste Zeit der Ernte benötigte doppelt bis dreimal soviel »Man-Power« als die ruhige Herbst- und Winterzeit. Mit zunehmender Größe der Landwirtschaften reichten die neben den Höfen angesiedelten Keuschler und Taglöhner nicht mehr aus. Die Ackerbauern gingen daher Ende des 19. Jahrhunderts dazu über, sich nur für die Hofarbeit einen kleinen Stock an ganzjährigem Gesinde zu leisten. Für die großen Arbeitskampagnen auf den Feldern aber dingten sie zusätzlich zu den Taglöhnern Wanderarbeiter. Mit zunehmender Bedeutung des Feldbaus als Grundlage für die Nahrungsmittelindustrie oder für die Chemie – Zuckerrüben-, Kartoffel- und Getreideanbau – war damit um die Wende zum 20. Jahrhundert bereits der Höchststand am Einsatz von Wanderarbeitern im landwirtschaftlichen Bereich erreicht.

Die arbeitsintensivsten landwirtschaftlichen Kulturen waren dabei die Rübenfelder. Das im Frühjahr notwendige Vereinzeln oder auch Verziehen der Rübenpflanzen war eine klassische Kinder- und Frauenarbeit. Die im Herbst erfolgende Ernte der Zuckerrüben – vor dem Einsatz der Erntemaschinen, wie es sie heute gibt, eine ungeheuer kräfteraubende manuelle Menschenarbeit – brauchte Tausende von Lohnarbeitskräften. Diese wurden von Werbern saisonal in jenen Gebieten zusammengezogen, wo die ärmsten Bevölkerungen für diese »Fremdarbeit« zur Verfügung standen, den östlichen Provinzen der Monarchien, aber auch aus einsamen Wald- und Gebirgsdörfern in den Kronländern. Unter diesen Wanderarbeitern waren überwiegend Frauen, die auch Kleinkinder bei sich hatten. Sie wurden oft weit mit der Eisenbahn in ihre Einsatzgebiete gebracht, hatten aber auch weite Strecken von Fußmärschen vor sich. In den Zuckerrübenanbaugebieten Deutschlands, zum Beispiel im Magdeburgischen und Braunschweigischen, war die Zahl der benötigten und eingesetzten Wanderarbeiter aus Polen 1890: 17 275, 1905: 250 000 und 1908: 265 485.

Lebens- und Arbeitsumstände dieser Menschen waren erbärmlichst. Auch im österreichischen Raum war es üblich, daß sie keine feste Unterkunft bekamen, sondern im Freien in extra dafür gezimmerten Holzkisten schliefen. Die Bezahlung war rein auf die Arbeitsleistung hin ausgerichtet, im wahrsten Sinne des Wortes schon so etwas wie ein Akkordlohn, die Verpflegung war kärglichst und der täglichen Schwerarbeit keineswegs entsprechend. Aufgrund der schon beschriebenen Unterbringung braucht über die sanitären Verhältnisse, die diese Menschen ertragen mußten, kaum mehr etwas gesagt werden. Und selbst wo feste Unterkünfte angeboten wurden, werden sie so beschrieben:

In einem Dorfe neun Bauern, die ihre Äcker mit Rüben für die Fabrik bebauen. Vier darunter brauchen fremde Arbeiter. Im Haus des reichsten unter ihnen, eines frommen Mannes, 16 Arbeiter aus dem Eichsfeld, drunter 10 Mädchen. Sie schlafen in einem engen, ganz fensterlosen Raume, dicht aneinander. Die Magd hatte sie früh oft nackend in die Stube gehen sehen. (Pastor Johannes Hesekiel war von 1868 bis 1886 Pfarrer in Sudenburg, einem Vorort Magdeburgs, der Seelsorger einer Arbeitergemeinde und besuchte als Reisepastor häufig Zuckerfabriken und die Unterkünfte der Wanderarbeiter.)

Frauen bei der Rübenernte

Der Wohlstand der Großbauern, der spezialisierten Gutshöfe und der Fabriksbarone in der Zucker- und Alkoholindustrie stützte sich auf das elende Leben und Schicksal dieser Tausenden Wanderarbeiter, unter denen die überwiegende Mehrzahl Frauen und Jugendliche war. Nur in Dänemark, in Sakskobing auf Lolland, hat man diesen Frauen – polnischen Wanderarbeiterinnen – 1940 ein Denkmal gesetzt. Sonst scheint dieses hunderttausendfache Schicksal in Europa vergessen zu sein. Oder doch nicht?

Wenn der Herrenbauer Hermann O. in einer Grenzstadt in Niederösterreich für seine Rübenfelder Arbeitskräfte brauchte, dann fuhr er eben noch 1990 mit Traktor und Anhänger durch die Kleinstadt, um, wie er zu sagen pflegte, »ein paar Weiber einzusammeln«, um sie aufs Feld hinauszuführen. Selbstverständlich gab es noch genügend Frauen – für Hermann genügte ein halbes Dutzend –, die darauf angewiesen und bereit waren, im Stundenlohn auf dem Rüben- oder Kartoffelfeld die Erde zu lockern. Und billige »Ostarbeiter« werden in Österreich seit dem Fallen des Eisernen Vorhangs selbstverständlich jedes Jahr zur Ernte auf Gurken- und Erdbeerplantagen zu »günstigsten Löhnen« eingesetzt. Wenn dies einmal von den Medien aufgedeckt wird, führt es höchstens zu einem Klagechor der Bauern über ihre schlechte finanzielle Erwerbslage. Denn die Pflückerinnen »aus dem Osten« sind ja auf die Niedriglöhne wie ihre Ururgroßmütter letztlich angewiesen …

Tschechische Wanderarbeiterinnen im Ernteeinsatz, 1918

Lebensarbeit – Arbeitsleben

Das traditionelle Selbstbild, die bis heute erhaltene Selbstdarstellung von bäuerlichem Gesinde ist nichts anderes als die reine persönliche Arbeitskraft. »*Die* kann arbeiten« war die einzige, aber auch die wichtigste Etikettierung einer Magd – oder auch einer Kleinbäuerin – wie sich Frau Theresia noch erinnerte. Und es war einer der wesentlichsten Gründe – neben Besitz natürlich – für die Verheiratung. Noch einige Jahre vor 1970 war es in bäuerlichen Kreisen üblich, zu den künftigen Schwiegereltern »probearbeiten« zu gehen. Auf den Feldern, aber auch im Haus, beim Bodenschrubben zeigten die jungen Frauen Arbeitskraft und -energie. »Die kannst nehmen, die kann arbeiten«, lautete dann das positive Urteil. Fiel die Bewertung der Arbeitsleistung negativ aus, hieß es: »Die zieht keinen schweren Wagen.«

Die Frauen auf den Bauernhöfen hatten nie etwas anderes gelernt als zu arbeiten. Und es ist zu beobachten, daß, wo immer es noch Frauen aus dieser Zeit gibt, sie auch im hohen Alter nicht fähig sind auszuspannen. Da sie die heute so selbstverständlich scheinenden Begriffe Freizeit, Wochenende, Urlaub nie kennengelernt, nie erlebt hatten, können sie auch mit dem Begriff Ruhestand im besten Sinne des Wortes nichts anfangen. Frau Theresia zum Beispiel war bis zu ihrem Lebensende psychisch nicht in der Lage, irgendwo ruhig zu sitzen. Es trieb sie förmlich immer zu irgendeiner manuellen Tätigkeit, auch wenn diese gar nicht nötig oder oft sinnlos war. »Nichtstun« hielt sie nicht aus.

In einem kleinen Dorf in den Salzburger Bergen lebte die Landarbeiterin Franziska Huttegger. Sie war das uneheliche Kind einer Bauerntochter. Gemeinsam mit ihrer Mutter war sie bei einem Bergbauern im Dienst. Franziska Huttegger war kränklich und zu schwach für die schwere Arbeit auf dem Bergbauernhof. Sie wäre gerne länger zur Schule gegangen. Sie las gerne und – das ist für eine Bauernmagd sicher das Ungewöhnlichste – sie führte Tagebuch. Am 1. Juli 1937 ist sie im Alter von einunddreißig Jahren in Hüttschlag in Salzburg gestorben. Hier einige Auszüge aus dem Tagebuch:
»Die Unterordnung unter Menschen, die mir innerlich fremd sind, hat mir von Jugend auf die Lebensbejahung genommen. Denn meine Mutter war selbst nur zum Arbeiten in unserem Hause, nicht zum Gebieten. Ich könnte das Glück gar nicht fassen, in einem Hause zu wohnen, wo meine Eltern regieren.« (2. Dezember 1932)
»Die ›Rugat‹, die schönste Kuh im Stalle, sehr krank. Immer kranke Tiere, die viel Arbeit und Sorge machen. Blieb bis zwölf auf bei der Kuh und beschäftigte mich nebenher mit dem Abschreiben der Gedichte.« (12. Dezember 1932)
»Ich hatte manchmal eine fast krankhafte Abneigung gegen jede körperliche Arbeit. Ich hatte immer das Gefühl, als versäumte ich auf einer anderen Seite etwas. Es trat wohl schon damals die Liebe zur Kunst manchmal hervor, wenn auch unbewußt. Das liebste waren mir die Bücher. Wenn ich sonst in der Schule nichts erlernte, kaum meinen Namen ordentlich schreiben konnte, vom Rechnen gar nicht zu reden, so erfaßte ich das Lesen desto früher. Sobald ich die Buchstaben kannte, tat sich mir eine ganz neue Welt auf. (…)
Man sagte mir immer, aus mir wird sicher einmal nichts Gescheites, wenn ich zur Arbeit nicht mehr Lust zeigte. Das weckte meinen Stolz und ich tat geduldig, was man mir anschaffte.« (1. Dezember 1932)

(Zitate aus: Dr. Josef Walleitner: »Treue Helfer am Hof«. Beitrag zur Lebens- und Volkskunde des Land- und Forstarbeiter Berufsstandes. 1950 im Selbstverlag des Verfassers erschienen. Glasenbach)

Auf den Bauernhöfen, im landwirtschaftlichen Leben wurde jeder, vor allem die Frauen, von Kindheit an in seiner sozialen und funktionalen Stellung nur durch die erbrachte Arbeitsleistung bestimmt und gesichert. Daß man Mägde, die nicht mehr arbeitsfähig waren, erschlagen konnte und durfte, war wahrscheinlich seit dem Spätmittelalter vorüber. Aber die betroffenen Frauen wußten, daß sie jeden sozialen Schutz, jedes Ansehen fast endgültig verloren, wenn sie nicht mehr arbeitsfähig waren. Die Arbeit von früh bis spät wurde daher ins innerste Wert- und Normsystem des eigenen Lebensgefühls übernommen. Sie wurde förmlich zum Selbstzweck der Existenz. In der Schweiz gibt es ein Seniorenheim für Menschen, die ihr Leben lang in landwirtschaftlichen Betrieben als Mägde oder Knechte gearbeitet haben. Diese meist schon steinalten Leute, die nur von einer Mindestrente kärglichst leben könnten, verbringen dort den ihnen einzig möglichen Lebensabend: Solange sie nicht bettlägrig werden, arbeiten sie in ihren gewohnten Aufgabenbereichen. Sie machen Holz, arbeiten im Stall, machen Heu, helfen in der Küche, pflegen den Garten. Alles sehr bedächtig und altersmäßig langsam. Aber unermüdlich und von morgens bis abends.
Diese Menschen sind noch das letzte Zeugnis einer verklungenen Zeit, denn die moderne Landwirtschaft ist eine der Großmaschinen, der Traktoren, der Mähdrescher geworden. Mit anderen Arbeitsbegriffen.

VON STENOTYPISTINNEN, TIPPMAMSELLEN UND KLINGELFEEN

Billiger und geduldiger – Frauen dringen in ursprünglich männliche Spezialberufe ein

Traumjob Chefsekretärin

Die Volksschule für Mädchen lag zwar nicht wirklich in der Provinz oder »am Land«, wie so gerne abschätzig gesagt wird, aber doch in einer Kleinstadt mit durchaus konservativen Strukturen. Was 1964 keinen Widerspruch dazu darstellte, daß aufgrund des dominanten großen Industriebetriebs die gesamte Gemeindeverwaltung sozialdemokratisch war. Als damals in einer vierten Klasse die Lehrerin zum obligaten Thema »Was wollt ihr denn später einmal werden?« kam, fielen daher aus Mädchenmund die zu erwartenden Berufsbilder: Friseurin, Schneiderin, Verkäuferin, Säuglingsschwester. Ein Mädchen sagte »Schauspielerin«, und da mußten alle furchtbar lachen. »Lehrerin« sagte die mit den Brillen und den Zöpfen, und das wunderte keine, weil ihr Vater Lehrer von Beruf war. Ein Mädchen aber piepste: »Chefsekretärin.« Und das ergab ratloses Gemurmel. Denn die anderen Kinder konnten sich darunter überhaupt nichts vorstellen. Damals hatten nämlich noch sehr wenige Familien zu Hause einen Fernsehapparat.

»Eine Chefsekretärin ist jung und hübsch und hat lange, spitze Fingernägel, die sie immer in Ordnung halten muß. Sie kocht für ihren Direktor Kaffee, tut furchtbar viel telefonieren, sie kann ganz schnell stenographieren und auch maschineschreiben, ohne daß ihr auch nur ein einziger Nagel abbricht. Und sie verdient sehr gut, weil sie hat immer schöne Kleider an. Und am Ende heiratet sie den Direktor und braucht nie wieder arbeiten.« So – etwas gerafft – lauteten die Erläuterungen zum Berufsbild, die die Kleine in der folgenden Pause ihren Mitschülerinnen auf stürmisches Befragen hin darlegte. Und wenn man nun dieses reproduzierte Wunschbild kritisch analysiert, erkennt man die typisch kindliche scharfe Beobachtungsgabe des berichtenden Mädchens, das offensichtlich bereits einen oder mehrere amerikanische Spielfilme im damals noch schwarz-weißen Fernsehen gesehen hatte. Eine andere kühne These ist, daß dieses Klischeebild auch genausogut aus den ungeordneten Bemerkungen der Eltern herausgefiltert worden war. Denn beide waren Arbeiter im großen Industriebetrieb der Stadt.

Traumberuf? Die Sekretärin hört mit Kopfhörer das Diktat des Chefs und schreibt.

Und hatten gegenüber einer aus ihrer Sicht mächtig überlegenen Chefsekretärin vielleicht auch diese Wunschvorstellungen in ihre kleine Tochter projiziert.

Jedenfalls war in den Wirtschaftswunderjahren das Berufsziel einer Sekretärin, noch besser einer Chefsekretärin, für Mädchen ein attraktives und von der Unterhaltungsliteratur her ein zu Lebensglück und -erfolg führendes. Und ungefähr zur selben Zeit konnte man beim Einkaufen, beim Friseur oder in den Wartezimmern der Arztpraxen von reiferen Müttern sehr oft die stolze Bemerkung hören, daß ihre Tochter jetzt bereits »einen besonders guten Posten«

Diktierender Chef mit Stenotypistin

innehabe, denn sie sei immerhin schon Sekretärin »mit einem eigenen Büro«, worunter natürlich ein Vorzimmer zu verstehen war. Und bei solchen Ausführungen kam auch immer auf der einen Seite satter Stolz zum Ausdruck, weil doch der Nachwuchs den Aufstieg vom proletarischen zum kleinbürgerlichen Leben offensichtlich geschafft hatte. Und bei den anderen Müttern, deren Töchter vielleicht »nur« Friseurin, Verkäuferin, Schneiderin gelernt hatten, mischte sich etwas vom gelben Neid ins Gesprächsklima. Rund fünfunddreißig Jahre später steht diese Überlegung noch immer im Raum, ob es nicht richtiger gewesen wäre, einen guten Posten anzunehmen, statt einsam am Computer Bücher zu schreiben.

Quod non est in acta …

Was nicht geschrieben steht, das ist nicht auf der Welt, sagt ein antikes lateinisches Sprichwort. Und dieser weise Satz soll ja in Verwaltungs- und Juristenkreisen heute noch als oberste Maxime gelten. Traditionell werden ja auch geschichtlich jene Kulturen als Hochkulturen definiert, die sich einer entwickelten Schrift bedienten. Und dadurch auch Zeugnisse hinterließen, die uns, wenn wir die Chiffren und Codes entschlüsselt haben, berichten, warum diese in den Jahrtausenden versunkenen Staatskulturen Schriftkulturen waren – Verwaltung, Wirtschaft, Militärorganisation waren so groß geworden, daß sie der genauen Dokumente und einer exakten Informationsweitergabe bedurften. Schrift- und Schreibkultur haben, das darf nicht vergessen werden, selbstverständlich auch Kunst und Kultur nicht nur weitervermittelt, sondern besonders zur Entwicklung gebracht. Die eigene Geschichte, wie und woraus sich Schriften entwickelt haben, wie diese von Schreibtechniken und Schreibgeräten stets beeinflußt waren, wie dies alles mit der Entwicklung von Hochsprachen, Machtstrukturen, Rechtsprechung, Glaubenssystemen und vielem anderen mehr aufs engste zusammenhängt und bis heute unsere Welt beeinflußt, ist kulturgeschichtliches Material für ganze Bibliotheken. Eines ist dabei besonders festzuhalten: Schreiben und Lesen ist von alters her kein allgemein verbreitetes Gut und schon gar nicht vom Ursprung her eine »Kunst«. Ob auf Tontäfelchen, Wachsplatten, Pergamenthäuten, Papyrusrollen, Steinplatten, Holztafeln, Baumrinden, worauf auch immer notiert wurde, es waren männliche Handwerker, die es taten. Der Beruf des Schreibers – von Sklaven oder von freien Handwerkern ausgeübt – war ein genauso spezifisches Handwerk wie Weber, Töpfer oder Barbier. Darüber hinaus konnte ohnehin nur die alleroberste gebildete Schichte wie Priester, Großhandelskaufleute, hohe Verwaltungsbeamte und Offiziere lesen und schreiben; Könige und Adelige nur dann, wenn sie eine diesbezügliche Ausbildung erfahren hatten. Große Dichter und Philosophen mußten nicht unbedingt schreiben können. Der sagenhafte Homer hat als

Wovon viele Mädchen träumen: Arbeitsplatz im Büro

Blinder ohnehin keine Zeile geschrieben, von Sokrates ist nicht ein Wort überliefert, das er selbst notiert hätte. Jesus und seine Apostel waren zwar keine Analphabeten, das Judentum kannte damals schon eine allgemeine Schulbildung über die Synagogen, aber geschrieben haben das Neue Testament erst spätere Autoren. Und es ist historisch so gut wie sicher, daß der Arzt Lukas oder der Zeltmacher Paulus ihre Schriften nicht selbst verfertigten. Denn sie diktierten ihre Briefe und Berichte den Berufsschreibern. Im europäischen Mittelalter war es fast ausschließlich die Geistlichkeit, die lesen und schreiben konnte. Schon deshalb saß auf jeder Ritterburg ein Kastellan, damit wenigstens einer die notwendige Buchhaltung und den wenigen Schriftverkehr durchführen konnte. Der Ritteradel, bis hinauf zum obersten Monarchen, war analphabetisch. Eine Ausnahme bestätigt die Regel: Karl der Große mühte sich zeitlebens durchaus mit Erfolg, lesen zu lernen, aber schreiben schaffte er nie. Im Englischen steckt in einem verräterischen Vokabel noch die vergangene Wirklichkeit. Das Wort »clerk« bedeutet soviel wie Schreiber, Buchhalter, Kontorist. Das Wort clerk ist aber abgeleitet vom Lateinischen klerus für Geistlichkeit. Es darf nicht übersehen werden, daß das Schreiben und Lesen sich auch in Frauenklöstern im Mittelalter »breitmachte«. Dem wurde aber von der Gegenreformation rasch wieder ein Riegel vorgeschoben. 1579 wurde in einem Konzil beschlossen, daß »keine Nonne Tinte oder Schreibzeug in ihrer Zelle haben« sollte. Damit sollte verboten werden, daß Frauen die heiligen Texte der Bibel kopierten. Wahrscheinlich waren aber die aus den Nonnenklöstern zur Verfügung stehenden Schreiberinnen eine zu große Konkurrenz für die Mönche geworden, die das Monopol des Schreibens innehatten.

Früher bedeutete das Wort clerk im Englischen auch Sekretär. Der Beruf des Sekretärs – vom Lateinischen »sekretum« für geheim und abgesondert – steht mit diesem Vokabel wiederum logisch in Zusammenhang, denn von der alten Geschichte über die Antike bis ins späte 19. Jahrhundert war der Sekretär – der persönliche Geheimschreiber – ein ausschließlich männlicher Beruf. Was hätten Frauen da auch zu suchen gehabt? Da ging es um Staatsgeschäfte, um internationale Politik, um Handel, Geldgeschäfte, Buchhaltung, Verwaltung, um Religion, um Krieg und Frieden, alles selbstverständlich keine Bereiche, in denen Frauen tätig waren. Obwohl durchaus viele Frauen der Oberschicht bereits schreiben und lesen konnten, in diesen Bereichen hätten sie kaum als kompetent oder vertrauenswürdig gelten können. Übrigens, die große Kaiserin Maria Theresia, in Österreich fälschlicherweise als Mutterfigur tradiert, hatte zwar eine Privatsekretärin, die ihr auch vorlas, aber in den politischen Bereichen nur Sekretäre. Sie selbst konnte zwar lesen und schreiben, aber in der deutschen Sprache nur höchst mangelhaft. Die von ihr eingeführte allgemeine Schulpflicht wiederum hatte speziell den Hintergrund, der niederen Bevölkerung nur so weit Lesen und Schreiben durch ausgemusterte Unteroffiziere einbleuen zu lassen, damit diese besser in der Lage waren, ihren steuerlichen Verpflichtungen nachzukommen, bzw. sollte der männliche Nachwuchs jene Grundausbildung erhalten, die das Militär des 18. Jahrhunderts für Unteroffiziere bereits benötigte. Denn der Militärapparat dehnte sich ja, so wie das Wirtschaftssystem, ständig aus. Von einer wirklichen Alphabetisierung der Gesellschaft konnte aber auch im 18. Jahrhundert noch nicht die Rede sein. Kurz zusammengefaßt: bis zur Mitte des 19. Jahrhunderts waren – mit wenigen Ausnahmen und nur in einigen Sonderfällen – alle schreibenden Berufe von Männern besetzt. Griffel, Rollsiegel, Rohrfeder, Stilus, Gänsekiel und Stahlfedern waren seit Tausenden Jahren Werkzeuge in hauptsächlich männlichen Händen.

Frauen im Büro?

Um 1850 begann nach den Wirren der bürgerlichen Revolution in Europa eine stete und ständige Ausweitung vor allem des internationalen Handels. Es entstanden die ersten großen Warenhäuser, Güter wurden mit Eisenbahnen und Dampfschiffen weltweit gehandelt, die Industrialisierung nahm ihren entscheidenden Aufschwung, die Zeit des Hochkapitalismus begann. Die männlichen Angestellten in den Kontoren der Handelshäuser, in Banken und Versicherungsgesellschaften, den vielen privaten und öffentlichen Kanzleien standen einer wachsenden Fülle von Schreibarbeiten gegenüber, die nicht mehr im herkömmlichen Stil bewältigt werden konnten. Denn neue Handelsgesetze forderten auch immer mehr bürokratische und administrative Vorgänge im internationalen Warenverkehr, immer mehr Korrespondenz und immer mehr Dokumentationen. Alle diese männlichen Büroangestellten kämpften aber ab 1850 auch mit der Tatsache, daß die Lohnerhöhungen nicht mit den Teuerungen Schritt halten konnten. Diese gegenüber der Arbeiterschaft ohnehin hoch privilegierte Berufsklasse

Büroarbeit war (und ist) Frauenarbeit

begann daher an Wohlstand und an Ansehen deutlich zu verlieren. Der dritte Faktor des gesellschaftlichen Umbruchs bezüglich der Büroarbeit war, daß auch ab diesem Zeitpunkt immer mehr gebildete Frauen aus dem Bürgertum, später auch aus dem Kleinbürgertum, aus wirtschaftlichen Gründen, aber auch aus einem erwachenden gesellschaftlichen Bewußtsein heraus einen Beruf ausüben wollten. Für diese Frauen, die durchwegs eine gute Schulausbildung besaßen, war es aber wieder undenkbar, in die Berufe der niederen Klassen einzutreten. Der beginnende »Einbruch« der Frauen in die Bürowelt zeichnet sich nun aus diesen drei Gründen ab: gestiegener Arbeitsaufwand, Ansehens- und Positionsverlust einer ehemals privilegierten männlichen Kaste und wirtschaftlicher Druck auf bürgerliche Frauen.

Interessant ist dazu im Vergleich die zeitgleiche Entwicklungsgeschichte weiblicher Büroarbeit in den USA. Ab 1850 vergaben amerikanische Firmen des industrialisierten Nordens Schreibarbeiten an Frauen. Allerdings arbeiteten diese Frauen nicht in den Büros, sondern daheim, quasi als Heimarbeiterinnen, sie bekamen Schreib- und Kopierarbeiten für die Bereiche Korrespondenz, Verwaltung, Buchhaltung. Dieses System konnte unter den damals gültigen gesellschaftlichen Normen

funktionieren. Die Frauen traten als Firmenmitarbeiterinnen nicht öffentlich auf. Damit blieb das Firmenbild männlich und die »Schreibdame« eine sittlich-bürgerliche Hausfrau. Erst mit Beginn des amerikanischen Bürgerkriegs 1861 änderten die damit verbundenen Zwänge diese Methode. Da die Büroangestellten – meist Reserveoffiziere der nun kämpfenden Nordstaatenarmee – im Feld standen, war es gesellschaftlich legitim geworden, daß die vormals heimarbeitenden Frauen nun in den Büros ihrer Tätigkeit nachgingen. Nach dem Bürgerkrieg war zumindest im siegreichen Norden der USA das gesellschaftliche Klima für Frauenarbeit im Büro so weit positiv, daß fünfzehn Jahre später in Boston 85 Prozent aller Kopisten – damals die

Die Männer diktieren und die Frauen schreiben. Großraumbüro um 1910.

umfassendste Schreibarbeit, es gab ja noch keine Schreibmaschinen oder Vervielfältigungsgeräte! – Frauen waren, die sowohl als Heimarbeiterinnen, aber auch schon im Büro diesen Schreibarbeiten nachgingen.

In Europa wurden der allgemeinen Entwicklung und dem steigenden Bedarf entsprechend auch die ersten kaufmännischen Berufsschulen für Mädchen gegründet. So in Leipzig 1863 die »Lehranstalt für erwachsene Töchter zur Ausbildung für den kaufmännischen Geschäfts- und Gewerbebetrieb«. Für die zweijährige Ausbildung mußte ein hohes Schul-

geld bezahlt werden. Dieses sorgte dafür, daß die für den Bürobetrieb auszubildenden Schülerinnen natürlich nur besten Kreisen entstammen konnten. Es waren Töchter der höheren Beamten, der selbständigen Kaufleute und Fabrikanten, später auch der mittleren Beamten und Lehrer. Es gab vierzehn kostenlose Schulplätze für die Töchter verarmter Bürgerfamilien. Zweifellos wurde dabei aber ebenfalls auf korrekte Klassenzugehörigkeit geachtet.
In Österreich wurden schon ab 1842 Unterrichtskurse zur Erlernung der Gabelsberger Stenographie abgehalten, aber diese durften nicht von »Frauenzimmern« besucht werden. Erst 1876, vierunddreißig Jahre später, wurde die erste Frau zur Prü-

Vom ersten Modell einer Holzschreibmaschine zur neuartigen Reiseschreibmaschine, die auf der Leipziger Messe 1939 gezeigt wurde

fung vor einer Kommission zugelassen. Es mußte dann auf private Initiative ein eigener Damen-Stenographie-Verein gegründet werden, um Unterricht für Frauen zu ermöglichen. Dieses Ausbildungs-, Auslese- und Rekrutierungssystem für »Bürodamen« sorgte also in der zweiten Hälfte des 19. Jahrhunderts sehr penibel dafür, daß nur Frauen aus besten bürgerlichen Kreisen in die vormals rein männlich besetzten Büros und Comptoirs vorstoßen konnten. Mädchen der unteren Ständen und Klassen hätten ja aus der Sicht der damals herrschenden Oberschicht weder die grundlegende Schul- und Allgemeinbildung besessen, noch das entsprechende Benehmen oder gar die geforderte Sittlichkeit. Sie wären also einer qualifizierten Ausbildung für Handels- und Verwaltungsaufgaben gar nicht würdig gewesen. Nebenbei, ungeachtet aller gesellschaftlichen Veränderungen, die sich bis heute ergeben haben, ist dies durchaus noch im Sprachgebrauch der Wirtschaft als fernes Echo vorhanden. Denn jeder Firmenchef spricht, ohne lang nachzudenken, selbstverständlich über die »Frauen« oder die »weiblichen Mitarbeiter in den Fertigungsstätten«, aber immer nur über die Zahl der »Damen im Büro«.

Wettbewerb im Blind-Schreibmaschinenschreiben

Kleine Hände – Flinke Finger

Das zu Ende gehende 19. Jahrhundert stand, was die Büroarbeit betrifft, bereits voll im Zeichen der Schreibmaschine. Das erste Patent für eine Schreibmaschine war 1868 in den USA angemeldet worden, ab 1873 kamen die ersten Maschinen in den Verkauf. Dann ging es Schlag auf Schlag: 1874 kam Remington No.1 in Großbritannien heraus, 1875 Wirth in Deutschland. Aber erst in den neunziger Jahren kamen preisgünstige Schreibmaschinen auf den Markt. Der Preis für eine Maschine entsprach aber immer noch der Hälfte des Jahresgehalts eines Bürofräuleins.

Auffallenderweise ist das Bild der Schreibmaschine mit dem Bild einer weiblichen Arbeitskraft im Büro schon von Anfang an verbunden gewesen. Für die erste Präsentation der Firma Remington 1873 wurden Frauen, die maschinschreibgeschult waren, zur Vorführung eingesetzt. Sowohl in den USA wie auch in Mitteleuropa wurden mit den neuen gekauften Schreibmaschinen vom Hersteller auch maschinschreibkundige Frauen »mitgeliefert«, die die Kunden einschulen, aber auch als Angestellte der jeweiligen Firma die Schreibmaschine bedienen sollten. Die ersten Maschinschreibkurse wurden von den Herstellerfirmen selbst veranstaltet und durchgeführt, die späteren privaten Schulen standen ebenfalls in direkter Geschäftsverbindung mit den Schreibmaschinen-Firmen. Geschult und ausgebildet wurden hauptsächlich Frauen. Denn – die cle-

Zwei Schreibdamen an der Maschine in einer Künstleragentur

veren Vertriebsleute der Schreibmaschinenhersteller mochten das bei den schon erwähnten ersten Vorführungen bereits richtig vorhergesehen haben – die Schreibmaschine paßte nicht ins Bild der herkömmlichen Arbeitsteilung. Männer lehnten nämlich die Innovation des Maschineschreibens zum großen Teil ab. Zu stark war ihre Fixierung auf die Vorstellung, daß diese Arbeit grundsätzlich eine Frauensache sei und daher einem »höheren Angestellten« nicht zu Gesicht stünde. Dieser Dünkel ergab nun wieder eine neue Chance für das Vordringen der Frauen in die Büroarbeit. Die Frauen waren nämlich bereit, die neue Technik zu erlernen, und sie waren auch wahrscheinlich aus mehreren Gründen dazu geeignet. Während die Männer fürchteten, durch das Arbeiten an einer Schreibmaschine »proletarisiert«, mit Arbeitern auf eine Stufe gestellt zu werden, und auch behaupteten, daß Maschineschreiben keine geistige Tätigkeit sei, nutzten die Frauen ihre kleineren Hände und geschickteren Finger, diese im ersten Moment minder geachtete Tätigkeit perfekt zu erlernen. Nun muß aus heutiger Sicht das Arbeiten an einer Schreibmaschine um 1900 auch als körperlich harte Arbeit gesehen werden. Denn die superweichen Anschläge moderner Keybords gab es ja noch nicht. Um eine damalige Tastatur richtig anzuschlagen, bedurfte es gut trainierter Finger und Unterarme. Die körperliche Belastung für Handgelenke, Sehnen und Bänder war damals so groß, daß eine Frau nur drei bis vier Stunden pro Tag auf einer Schreibmaschine arbeiten konnte.

Wettbewerb im Maschinschreiben. Als Preis winkte eine Italienreise oder eine Reiseschreibmaschine, 1939

Ein Schreibfräulein aus gutem Hause. Töchter aus bürgerlichen Familien hatten durch Klavierspielen trainierte Finger.

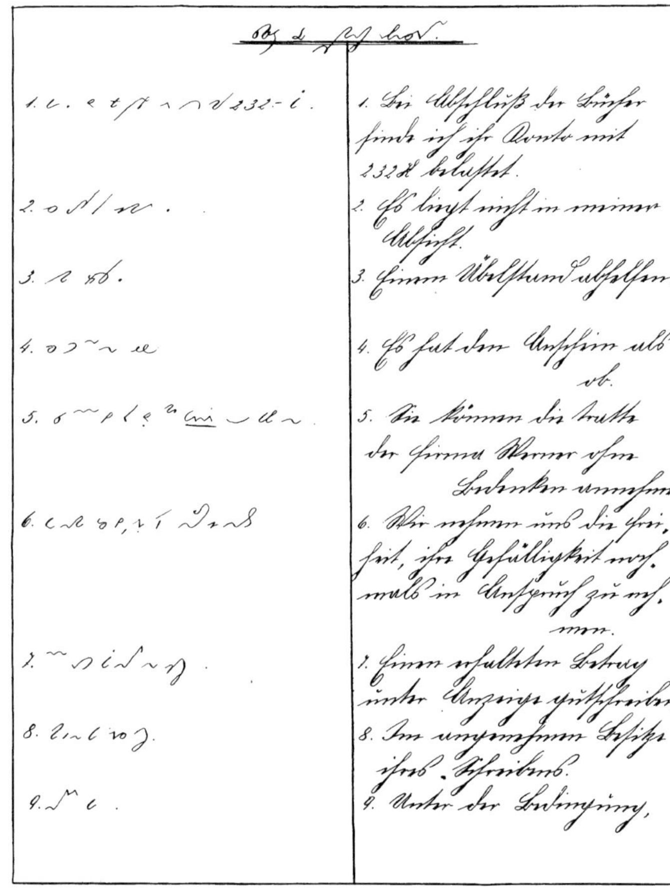

Kurzschrift und Schönschreiben gehörten zur Ausbildung eines Schreibfräuleins

Da jedoch die meisten dieser Frauen aus besten bürgerlichen Kreisen stammten, brachten sie sehr gut trainierte Handgelenke und Finger mit: als höhere Töchter waren die meisten von ihnen von Kindheit an im Klavierspielen unterrichtet worden, und das bedeutete bis in die jüngste Vergangenheit einen ungeheuren Vorteil bei der Ausbildung zum Maschineschreiben.

Über Vorbehalte, Probleme und die realistische Situation von Schreibdamen gibt auch die Frauenenquete von 1896, die in Wien zur Lage der arbeitenden Frau abgehalten wurde, beredte Auskunft. Für dieses, heute würde man sagen »hearing« wurden Frauen aller Berufsklassen eingeladen, anonym über ihre Arbeitsbedingungen zu berichten. Da zu ihrem persönlichen Schutz vor Repressalien ihre Identität geheimgehalten wurde, scheinen sie in den Protokollen nur als sogenannte Expertinnen mit einer der Reihenfolge entsprechenden Nummer auf. Mitglieder christlich- und sozialdemokratischer Parteien, bürgerlicher Vereine und sozialer Organisationen saßen in der Kommission, darunter berühmte Namen wie Adelheid Popp, Marie Baronin von Vogelsang, Dr. Victor Adler, Therese Schlesinger und der spätere Bundespräsident Dr. Michael Hainisch. Vier Wochen lang tagte die Enquete, die Kommission hörte den zumeist jungen Frauen zu, stellte Fragen. Die Damen und Herren der Kommission besaßen politisches Bewußtsein, waren sozial engagiert und wußten über das Elend der arbeitenden Menschen grundsätzlich Bescheid. Dennoch waren sie betroffen von dem Ausmaß an Ausbeutung und Unge-

Ich habe die Bürgerschule absolvirt und nebenbei Sprachstudien in Französisch und Englisch betrieben. Überdies spreche ich auch italienisch, böhmisch und deutsch. Auch habe ich Clavier gelernt. Nach der Bürgerschule war ich ein Jahr lang zu Hause und bin Vormittags in die Nähschule gegangen; Nachmittags hatte ich Sprachstunden genommen, hierauf war ich zwei Jahre lang in der Handelsschule Porges.
Die jungen Fräulein, die um die Jahrhundertwende in die Büros gehen, stammen zumeist aus bürgerlichem Haus und sind sehr gut ausgebildet.

rechtigkeit, dem die Frauen in den Fabriken und Werkstätten ausgesetzt waren. Aus den später veröffentlichten Protokollen geht hervor, daß es im Vergleich zu den Arbeits- und Lebensbedingungen der proletarischen Frauen den Frauen in den Büros vorerst einmal wesentlich besser ging. Sie arbeiteten in zumeist sauberen Räumen, hatten kürzere Arbeitszeiten, wurden besser bezahlt. Arbeitsbedingungen, von denen die Fabrikmädel nur träumen konnten. Bei näherer Befragung stellte sich jedoch heraus, daß auch die Bürofräulein – zwar in viel eleganterer Weise – aber trotzdem schamlos ausgenutzt wurden. Die meist sehr jungen Mädchen waren gut ausgebildet, hatten nach Volks- und Bürgerschule eine zweijährige Handelschule besucht. Sie hatten Englisch und Französisch gelernt, beherrschten Stenographie, manche auch schon das Maschinschreiben. Einige hatten sogar die Staatsprüfung für das Lehramt in Stenographie gemacht, eine Prüfung, für deren Ablegung sie vom Ministerium eine Ausnahme-Erlaubnis erhalten mußten. Die jungen Frauen arbeiteten gewissenhaft und waren oft sehr ehrgeizig. Oft waren sie die erste Frau ihrer Familie, die einen Beruf ausübte. Die meisten wurden durch persönliche Kontakte in die Kanzleien und Kontore vermittelt. Für die dort beschäftigten Männer, die Buchhalter, Stenographen, Kontoristen und Handlungsgehilfen war es klar, daß die jungen Frauen »unten« anfangen mußten. Und es war für alle – den Chef wie auch die männlichen Mitarbeiter – selbstverständlich, daß den Frauen nur ein Bruchteil des Gehaltes zustand, das die Männer bekamen.

Die »Expertin Nr. 149«, ein siebzehnjähriges Mädchen, berichtet: »Ich bin Stenographin in einer Advocaturskanzlei. Ich bin geprüfte Lehrerin der Stenographie, übe aber diesen Beruf nicht aus. In der Kanzlei ist außer mir gewöhnlich noch eine Dame, jetzt aber bin ich seit zwei Monaten allein und muß den Dienst der anderen Dame und noch den eines Herrn verrichten. Es sind außer mir in der Kanzlei noch fünf Herren angestellt. Ich bin durch Protection von der Schule aus, in welcher ich gelernt habe, in die Kanzlei gekommen, da ich beim Wettschreiben den ersten Preis erhielt. Es wurde mir von Seiten des Herrn, der mich in die Kanzlei gebracht hat, gesagt, daß ich 40 bis 45 Gulden erhalten würde. In dieser Voraussetzung bin ich hingegangen, der Advocat hat mir aber erklärt: ›Sie wissen ja, Damen werden nicht hoch bezahlt; man kann sie billig haben, ich kann Ihnen nur 24 Gulden geben.‹ Darauf habe ich gesagt: ›Das kann ich nicht thun‹, und so hat er mir dann 30 Gulden gegeben. Die andere Dame, welche dort arbeitete, bekam nur 25 Gulden.«

Büro der Firma Siemens in Klagenfurt, 1948

Ich bin seit ganz kurzer Zeit bei einer Versicherungs-Gesellschaft angestellt. Früher war ich acht Monate lang als Comptoiristin und Stenographin bei einem anderen Institute beschäftigt. Es waren in dem Bureau Männer und auch Mädchen. Der Oberchef ist zugleich Chef eines anderen Bureaus, so daß meist nur sein Stellvertreter bei uns war. Sonst war in dem Bureau noch ein Buchhalter, ein Fräulein bei der Schreibmaschine und ich. Ich bin durch Empfehlung zu dieser Stelle gekommen. Die Arbeitszeit war von 8 bis 12 und von 2 bis 7 Uhr. Wenn mehr zu thun war, mußten wir auch bis 8 Uhr dort bleiben. Anfangs war das nur ausnahmsweise; später hat sich das so eingebürgert, daß wir nie vor 1/4 oder 1/2 8 Uhr fortkamen. Mein Gehalt war dort 25 Gulden, und zwar gleich anfangs. Es war jedoch keine Aussicht auf Besserung vorhanden. Ich hatte jeden zweiten Sonntag frei, indem ich mit dem anderen Fräulein abwechselte.

Der Stellvertreter des Chefs hatte sehr viel Arbeit. Wenn jemand gekommen ist, zeigte er immer, was er alles zu thun hat. In Wirklichkeit hat er aber die Arbeit nicht allein gemacht, sondern ich habe einen sehr großen Theil davon besorgt. Wenn der Chef heraufgekommen ist, und fragte was ich thue, so hat der Stellvertreter immer nur gesagt, ich ›helfe‹ bei der Arbeit mit.

»Expertin Nr. 152« ist 17 Jahre alt, sie wohnt bei ihrer Familie. Ihr Vater ist selbständiger Kaufmann.

Die männlichen Angestellten nahmen sich abends oft Schreibarbeiten mit nach Hause, dafür wurden sie extra bezahlt. Die Frauen wurden angehalten, alle Arbeiten in der Kanzlei zu verrichten. Oft arbeiteten sie in der Mittagspause durch, auch zwei bis drei Stunden nach offiziellem Büroschluß weiter, Überstunden bekamen sie nicht bezahlt. »Der Chef pflegt das so aufzufassen, als ob das eine Gefälligkeit unsererseits wäre; er bedankt sich dafür sehr liebenswürdig, aber entlohnt wird man nicht«, sagt Expertin Nr. 149. Der Umgangston in der Kanzlei war höflich, auch die Angestellten gingen korrekt miteinander um. Die jungen Frauen, die zum Großteil aus bürgerlichen Familien stammten, waren gebildet, hatten höfliche Umgangsformen, aber keine Ahnung vom praktischen Berufsleben. Sie ließen sich mit Arbeiten überhäufen, ärgerten sich über die geringere Bezahlung und die Nichtbezahlung von Mehrleistungen, aber sie waren aufgrund ihrer Erziehung nicht in der Lage, dagegen zu protestieren. Sie akzeptierten sie stillschweigend. Vielleicht auch deshalb, weil sie wußten, daß schon andere junge, gut ausgebildete Frauen darauf warteten, ihren Platz einzunehmen. Ein gern verwendetes Argument für dies Unterbezahlung war jenes, daß ein männlicher Stenograph »zu manchen Leistungen verwendet werden kann, wozu ein Fräulein nach unseren gegenwärtigen Gesellschaftsverhältnissen nicht verwendbar ist«. Die Expertin Nr. 149 erklärte dies vor der Enquete an einem praktischen Beispiel: »Wir Mädchen können eben nicht zu Gericht geschickt werden. Wir können ja keine Substitutionsvollmacht bekommen.« Denn Frauen hatten damals weniger staatsbürgerliche Rechte als Männer.

»Expertin Nr. 149« stenographierte 120 Worte pro Minute – 90 wurden gefordert –, ihrem Chef, dem Advokaten, kam das sehr entgegen. Er bediente sich ihrer bevorzugt zum Diktat. Oft stenographierte die junge Frau sieben Stunden lang, unterbrochen wurde nur für kurze Zigarettenpausen des Chefs. Nach dem Diktat mußte sie das Stenogramm in Kurrentschrift übertragen. All diese Arbeiten wurden bei oft sehr schlechter Beleuchtung erledigt. Ein Kommissionsmitglied fragte die junge Frau, ob ihre Augen schwächer geworden seien, seit sie in die Kanzlei eingetreten war. Und die Expertin antwortete: »Gewiß. Beim Stenographieren ist es immer so.« Augenleiden, entzündete Augen, Fehlsichtigkeit gehörten zu den »typischen« Leiden der Schreibfräulein. Dazu kamen Haltungsschäden, Rückenleiden, Kreuzschmerzen und Kopfschmerzen.

Der Kommission von 1896 berichtete eine Achtzehnjährige – »die Expertin Nr. 157« – daß sie nach einigen wenigen Monaten, in denen sie in einer privaten Anwaltskanzlei ausgebeutet worden war, es dann doch zu einer Anstellung bei einer Bank gebracht hatte, von der sie in jeder Beziehung zufrieden und lobend sprach. Dabei taucht zum erstenmal in den Protokollen eine Beurteilung der Arbeit an der Schreibmaschine auf.

Der Vorsitzende: »Wo haben sie das Maschinschreiben gelernt?«
Expertin Nr. 157: »In der Bank.«
Vorsitzender: »Finden Sie das beschwerlicher als das Stenographiren und Übertragen?«
Expertin Nr. 157: »Gegenüber der Currentschrift gar nicht. Ich ermüde nicht, es geht bedeutend rascher als Currentschreiben.«
Vorsitzender: »Hat es aber nicht gewisse Nachteile, wenn man die Stenogramme auf der Schreibmaschine überträgt?«
Expertin Nr. 157: »Nein, man darf nur nicht gestört werden.«

Tik, tik, tak, mit geschäft'ger Miene ...

Was sich in der 1896 abgehaltenen Frauenenquete noch so bescheiden andeutet, wird in den nächsten Jahren geradezu lawinenartig ansteigen: weibliche Büroarbeit, Frauen an den immer mehr werdenden Schreibmaschinen. Überhaupt scheint der »schreibende Beruf« über das Fin de siècle hinweg plötzlich eine weibliche Domäne zu werden. Statistische Ziffern aus Deutschland sagen, daß 1895 nur zwei Prozent der Büroangestellten Frauen waren. Im Jahr 1907 waren es bereits 50 Prozent. In Österreich wird 1907 eine Operette uraufgeführt, in der bereits ein Chor von »Schreibmaschinenmädeln« zu rauschender Musik mit hellen Sopranstimmen sich selbst darstellt. Der berühmte Autor Fritz Grünbaum hatte dies damals offenbar zeitgeistig im richtigen Trend getextet. Wobei die unverwechselbare Grünbaumsche Ironie dabei sogar etwas Gesellschaftskritik

Frauenarbeit unter männlicher Kontrolle, Telefonvermittlung um 1900

aufblitzen läßt. Denn seine Schreibmaschinenmädel sitzen zwar mit »geschäft'ger Miene an der Schreibmaschine«, müssen aber »schnell die Hände rühren« und dürfen »keine Müdigkeit verspüren«, was die Arbeitsbelastung der Frauen im Büro recht konkret beschreibt. Die Frauen in den Büros hatten nämlich ihre gegenüber den Fabriksarbeiterinnen scheinbar privilegierten Arbeitsplätze vor allem deshalb erhalten, weil sie billiger, gefügiger und ihren männlichen Vorgesetzten gegenüber wesentlich gehorsamer waren als die männlichen Kollegen. Auch erwiesen sie sich dem zunehmenden Streß und der mechanisierten Hektik des Bürolebens gegenüber wesentlich belastbarer. Ein Schlager der fünfziger Jahre huldigt einer »Biene an der Schreibmaschine«, was auch erotische Assoziationen erlaubt, wohl aber symbolhaft für unermüdlichen Fleiß und Ausdauer steht.

Vor der Zwischenkriegszeit war es gängige Praxis und gesellschaftliche Konvention, daß in den Büros nur unverheiratete Frauen arbeiteten. Bei Eheschließung traten sie, obwohl längst hochqualifizierte Fachkräfte geworden, geradezu selbstverständlich wieder ins bürgerliche oder später kleinbürgerliche Ehefrauenleben zurück.

Der Erste Weltkrieg brachte in Deutschland und Österreich den in Büros arbeitenden Frauen dann eine starke Konkurrenz. Anders als in den Werkshallen der Fabriken, wo die Frauen die Industriearbeiter, die als Soldaten an der Front standen, ersetzen mußten, wurden im Verlauf des Kriegs die Frauen aus den Büros wieder hinausgedrängt. Und zwar aufgrund der immer größer werdenden Zahl von verwundeten Soldaten. Viele von diesen Invaliden, die nicht mehr militärisch einsetzbar waren, aber für »Innendienstarbeiten« physisch und psychisch für tauglich eingestuft waren, wurden in »Schnellsiedekursen« zu – wie es militärisch hieß – Bürohengsten umgeschult. Männer, die also vielleicht ein Bein verloren, aber noch zwei gesunde Hände an den Armen hatten, begannen die Schreibmaschinenmädel in den Büros zu ersetzen. Eine Entwicklung, die nach dem Krieg sofort gebremst wurde, denn diese Männer konnten die bereits hoch geschätzte, wenn auch noch immer minder bezahlte Arbeitsleistung der Schreibmaschinendamen kaum erbringen.

Bubikopf und Technikboom

Die Turbulenzen der Zwischenkriegszeit, die gesellschaftlichen Veränderungen und Umwälzungen nach dem Zusammenbruch der alten Weltordnung am Ende des Ersten Weltkriegs haben in mehreren – sogar einander widersprüchlichen – Faktoren und Aspekten letztendlich die absolute Verfestigung des Rollenbilds der modernen weiblichen Büroangestellten gebracht. Zuerst war es die wirtschaftliche Not und Verarmung des Kleinbürgertums, die die jungen Frauen dazu bewegten, nicht in einer Eheschließung die Sicherung ihrer Existenz zu sehen,

Telefonbeamtin mit Kopfhörer und Brustmikrofon

Telefonapparat, 1885

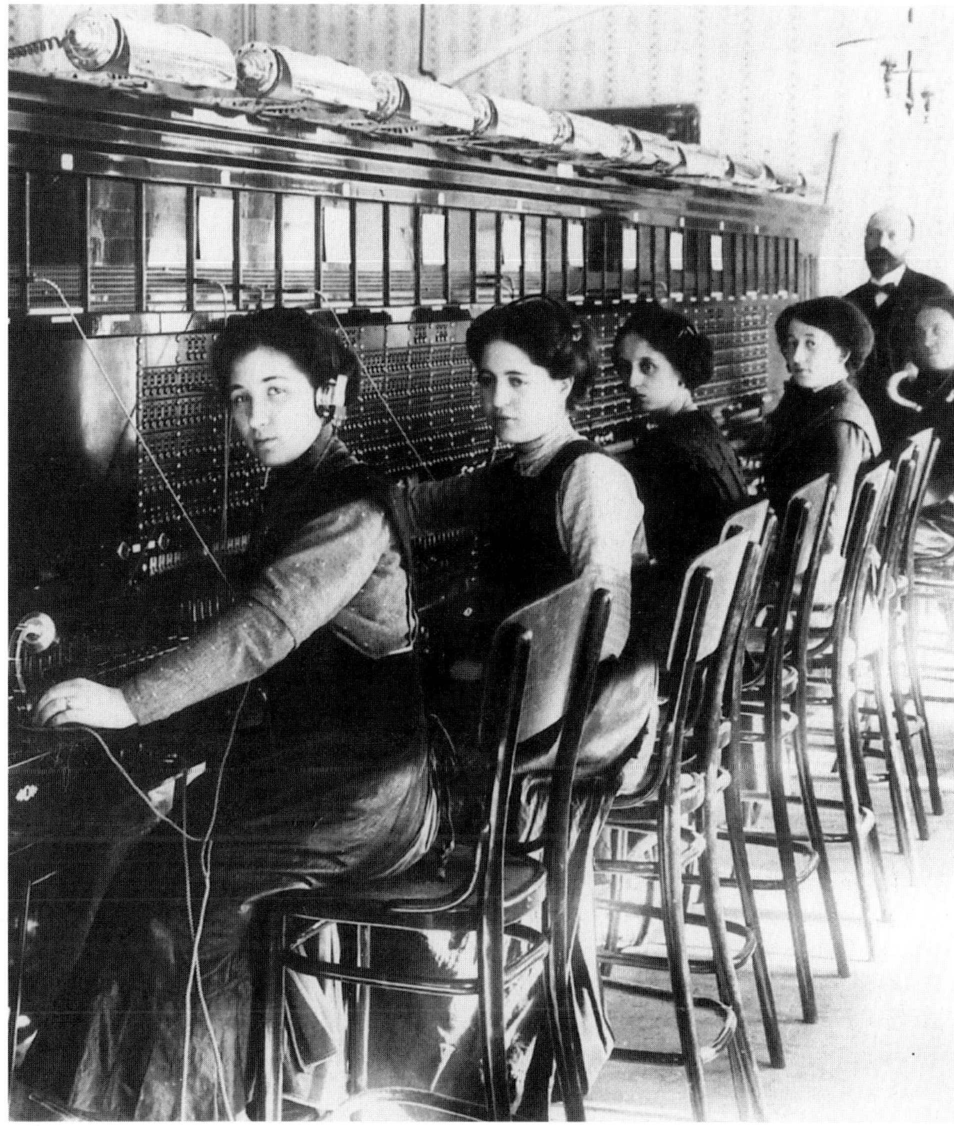

Telefonvermittlung durch das Fräulein vom Amt

sondern in einer eigenen – im Prinzip immer noch standesgemäßen – Berufstätigkeit. Daneben entwickelte sich in den zwanziger Jahren das über die Werbung und die Unterhaltungsfilmindustrie vor allem aus den USA importierte neue Frauenbild. Selbständigkeit, Ehelosigkeit, ja sogar freie Liebe, Mobilität und vor allem ein stets topaktuelles modisches Outfit wurden hier als Vorbild für das Frauenleben transportiert. Bubikopf und Zigarettenspitze mögen hier nur als Details zum Gesamtbild angeführt werden. Diese geradezu revolutionären neuen Frauenklischees hatten zwar mit der Wirklichkeit der österreichischen und deutschen Lebenssituation der arbeitenden Frauen wenig zu tun, verfestigten sich aber zumindest als ein latentes Wunschbild. Sie hatten auch wenig mit den Vorstellungen über die moderne Frau aus Sicht der nun starken sozialdemokratischen Bewegung gemein. Denn im Kern war die Linke der damaligen Zeit zwar für eine ideologisch begründete Befreiung der Frau, aber im Prinzip noch lange nicht für eine praktische Gleichstellung.

Telefonvermittlung im Postamt Dreihufeisengasse in Wien, um 1914

Die technische Entwicklung brachte in die Büros eine Flut an neuen Einrichtungen, Arbeitsmaschinen, Buchhaltungssystemen. Diese neue Rationalisierung führte zwar Ende der zwanziger Jahre durch den »neuen Taylorismus« sogar zu einem Verlust von ehemals qualifizierten Arbeitsplätzen, andererseits aber zu einer vermehrten Einstellung von angelernten weiblichen Arbeitskräften. Damals kam auch das Schlagwort von der »Verproletarisierung« der Büroarbeitskräfte auf. In Wirklichkeit waren es aber überwiegend die Frauen des Kleinbürgertums, die in diese neuen »Arbeitsnischen« eintraten. Wenn auch noch immer mit dem Ziel, nur bis zu einer allfälligen Verehelichung entweder die elterliche Familie zu unterstützen oder sich eine finanzielle Grundlage für die Heirat zu schaffen. Es sollte sich aber zeigen, daß die zukünftigen Männer aufgrund der niederen Angestelltengehälter doch auf die Weiterbeschäftigung und das Einkommen ihrer zukünftigen Ehefrauen mit angewiesen waren.

Auf jeden Fall ging eine gesellschaftliche Schere im Büro immer deutlicher auf. Die Anzahl männlicher Büroangestellter mit höherer Qualifikation wurde geringer, jene der Vorgesetzten stieg. Ins Büroleben ein- und nachgeschulte Arbeitskräfte, die an vielen neuen Maschinen arbeiteten, tippten, lochten, sortierten, wurden zu typischen weiblichen Tippmamsellen. Das bis heute wirkende Klischee von männlichen Chefs und weiblichen Schreibfräulein, von mächtigen Bossen und schicken Sekretärinnen, von männlichen EDV-Gurus und weiblichen Datatypistinnen, war damit geschaffen.

Das »Handy« gab es noch lange nicht. Telefonzentrale am Beginn unseres Jahrhunderts.

Das Fräulein vom Amt

Hallo! Du süße Klingelfee! Hallo!
Wenn ich so lang hier steh,
dann frißt mich schier der Kummer:
Ich komm' zu keiner Nummer,
wie gern wär ich verbunden
auf Stunden mit dir! Hallo!
Du machst mich desperat. Hallo!
Bei mir da streikst du grad.
Laß mich hinein, du Schlanke, Schmale
mal in die Zentrale!
Du, du, du, du, hast mich am Draht!

Dieses 1919 von Robert Stolz komponierte und von Arthur Rebner und Kurt Hertha getextete Schlagerlied kann fast als Modell für den Unterhaltungssong der kommenden zwanziger Jahre gesehen werden. Schmissiger Rhythmus, inhaltlich modern, die technischen Errungenschaften kommentierend und zeitgeistig krypto-erotisch und doppelbödig. Das Fräulein vom Amt war 1919 also populär genug, um in humoristische Männerphantasien eingebunden zu werden. Denn neben den Schreibfräulein, Stenotypistinnen, Tippmamsellen gab es noch einen jungen Berufsstand, in den fast ausschließlich Frauen drängten: die Telefonistinnen.
Interessant ist, daß auch hier beim Zurückverfolgen der technischen Entwicklung schon von Anfang an

Frauen in den kommenden Kommunikationsberufen arbeiteten. Der Vorläufer der Telefonie war die stimmlose Telegraphie, zuerst die klassische Morsetelegraphie. Der erste Morse-Telegraph in den USA war 1846 – eine Morse-Telegraphistin namens Sarah Bayley. In den Jahrzehnten danach, als auch in den USA noch sehr wenige Frauen in den Büros arbeiteten, war die Zahl der Frauen unter den Tausenden in dieser Berufssparte bereits sehr hoch. Die in allen Wildwest-Filmen geradezu klassische Nebenrolle des männlichen Morse-Telegraphisten, der, mit Schirmkappe und Ärmelschoner ausgestattet, in dramatischen Handlungssituationen die Hiobsbotschaften von anreisenden Revolverhelden oder angegriffenen Armeeforts mit heißem Finger über die endlosen Telegraphenleitungen »durchtastet«, bis der in der nächsten Filmeinstellung randalierende Indianerstamm die »singenden Drähte« wieder einmal kappt, entspricht also nicht den historischen Tatsachen. Es könnte ohne weiters einmal in einem progressiven Western eine Schauspielerin diese Nebenrolle verkörpern.

Mit dem Beginn der Telefonie zeigte sich diese Entwicklung nun verstärkt. 1878 wurde in den USA, in Connecticut, die erste kommerzielle Telefonvermittlung errichtet. Schon kurz nach der Eröffnung wurden die männlichen Telefonisten von jungen Frauen ersetzt, die rascher, geschickter, vor allem aber billiger arbeiteten. Schon zwölf Jahr später waren beinahe alle, die im Tagdienst in der Telefonvermittlung arbeiteten, Frauen. In England wurde zuerst ein anderes Modell versucht. Als Telefonisten wurden junge Männer eingesetzt, die bezüglich des Gehalts genauso kostengünstig waren wie Frauen. Aber der Versuch ging schief. Denn abgesehen von der Wirtschaftlichkeit zeigte sich, daß die jungen Männer die entscheidenden Eigenschaften für diese Arbeit nicht hatten: Ausdauer und Geduld. Dies schafften offensichtlich nur Frauen, die auch unter der großen Anspannung, die die Arbeit erforderte, immer noch das freundliche und höfliche Fräulein vom Amt blieben. Auch in der Berliner Telefonzentrale war die Einstellung von Frauen so zufriedenstellend, daß schon nach einem Jahr 65 Prozent aller Telefonisten Frauen waren. In Wien wurden zu Beginn des Jahres 1872 die ersten »Telephonistinnen« aufgenommen. Aus den 40 Pionierinnen wurden bald 163. Im Jahr 1897 waren dann in den Telefonzentralen der Post 2 063 Frauen beschäftigt. Allein im Wiener Fernsprechamt arbeiteten 1899 siebenhundert »Telephonmanipulantinnen«.

Wahrscheinlich steht hinter dieser eindeutigen »Weiblichkeit« des Berufs auch ein psychologischer und gesellschaftlicher Hintergrund. Die Mehrzahl der geschäftlich oder dienstlich Telefonierenden dieser »Frühzeit« waren Männer. Die nun an den Klappenschränken die Verbindung herstellenden Frauen mit ihren meist helleren und besser verständlicheren Stimmen waren auch im Verständnis der erbrachten Dienstleistung den männlichen Telefonierenden angenehmer, obwohl oder vielleicht gerade weil es keinen optischen

Beim Telephon- und Telegraphendienste wirkt die andauernde Tätigkeit ungünstig auf die Nerven zurück; ferner hat das viele Sprechen beim Telephon häufig Halsleiden zur Folge. Die Manipulantinnen beklagen sich über die sogenannten Ohrensignale, die dadurch entstehen, daß der Benützer läutet, wenn die Manipulantin den Apparat am Kopfe hat, und sie so einen elektrischen Schlag ins Ohr bekommt. Anfänglich verursachte auch das Tragen der neueingeführten Kopfapparate vielfach Kopfschmerzen, allmählich aber scheint man sich daran zu gewöhnen.

Die Arbeitsleistung, welche die einzelne Manipulantin zu verrichten hat, sind natürlich sehr wenig abwechslungsreich und ermüden infolge ihrer Eintönigkeit geistig stark. Besonders bezüglich des Fernsprechdienstes versichern die Aufsichtsbeamten wiederholt, daß sie denselben nicht aushalten würden.

Aus der Publikation: Die Frauen im Österreichischen Staatsdienst. Von Hans Nawiasky. Wien 1902 über die Arbeit der Telegraphistinnen und Telefonistinnen

Telefonzentrale in Triest, 1903

Statt Handvermittlung gab es 1911 in einem fortschrittlichen Postamt bereits Wählmaschinen

Telefonische Telegrammvermittlung in einer Wiener Telegrafenzentrale

Kontakt gab. Die samtweiche Stimme eines Fräuleins vom Amt wurde eben sympathischer rezipiert als der rein funktionelle Ton eines männlichen Telefon-Operateurs. Außerdem schienen, den Berichten zufolge, die Frauen eine beinahe unendliche Geduld zu haben. Telefonistinnen kamen also in jeder Beziehung dem männlich-chauvinistischen Empfinden der Zeit entgegen. Für die Frauen in diesem Beruf bedeutete diese Arbeit aber große Anforderungen und körperlich schwere Belastungen. In einem Bericht aus dem Jahr 1899 über die Eröffnung einer neuen Telefonzentrale in der Hahngasse in Wien werden die schweren Arbeitsbedingungen der Telefonistinnen beschrieben.

»Die armen Telephonistinnen müssen einen umfangreichen Hörapparat tragen, der Brust und Kopf umschließt und auf Ohr und Schläfen einen derart empfindlichen Druck ausübt, daß am ersten starken Geschäftstag drei Ohnmachtsanfälle vorkamen, und die Betroffenen nach Hause transportiert werden mußten. Jeder Tag hat bisher eine Anzahl neuer Opfer gefordert. Es treten nämlich häufig heftige Übelkeiten bei den Beamtinnen auf und selbst die Widerstandsfähigsten leiden an intensivem Kopfschmerz, der sie am Schlafen hindert und sich an jedem Diensttag verstärkt.«
150 Mädchen arbeiteten an langen Tischen, durch das große Glasdach brannte die Sonne in den großen Saal. Das Sonnenlicht, gemischt mit dem Licht der aufleuchtenden Glühlampen, ließ die Augen der Frauen stark ermüden. Die Stimmung in der neuen, noch nicht wirklich funktionierenden Zentrale war gereizt, nervöse männliche Beamte stritten mit den fehlersuchenden, manchmal auch ratlosen Technikern, daneben taten die Telefonistinnen ihre Arbeit und mußten sich den berechtigten Unmut ungeduldiger Kunden anhören. Aber weiter im Bericht: »Das Unerhörteste aber besteht darin, daß die Frauen jetzt auch während eines Gewitters an den elektrischen Apparaten gefesselt bleiben und weiter manipulieren müssen, und das, ehe man die volle Sicherheit gewonnen hat, ob die Schutzvorrichtungen auch wirklich hinreichend sind und gut funktionieren … – Welche schwere Fehler denselben noch anhaften, ersieht man auch daraus, daß der Hörer am Kopfapparat plötzlich heiß wird und von der betreffenden Beamtin weggeschleudert werden muß – es ist unverantwortlich, daß solche Werkzeuge, welche die Gesundheit so gravierend zu verletzen im Stande sind, nicht vorher einer ärztlichen Untersuchung unterzogen werden, es ist mit einem Worte unverantwortlich, daß diese hilflosen, schlecht bezahlten Arbeitssclavinnen des Staates einfach als Versuchskaninchen verwendet werden, während die Ingenieure und Beamten nur ab- und zulaufen, Zurechtweisungen erteilen oder beschwichtigen, sich aber wohl hüten, sich selbst längere Zeit an den Apparat zu setzen.«
Die Telegraphistinnen, um die Jahrhundertwende auch Telegraphen-Manipulantinnen genannt, hatten

1922 funktionierte auch schon die interurbane Telefonzentrale

sogar noch härtere Umwelt- und Arbeitsbedingungen. Im Prinzip genauso schlecht bezahlt wie ihre telefonverbindenden Kolleginnen, litten sie zwar weniger an der Gefahr der noch jungen Elektrotechnik und der Telefonausstattung, dafür aber umso mehr an dem ungeheuren Lärm, der in einem Telegraphensaal durch die vielen gleichzeitig arbeitenden Telegraphenapparate entstand. Zeitgenössische Berichte sprechen von »nervenerschütterndem Lärm«, in dem die Frauen sieben Stunden lang eine Tätigkeit von höchster Konzentration ausüben mußten.

Und trotzdem verstanden sich damals die »Arbeitssclavinnen« der jungen Telefonie und der Telegraphie als Angehörige von Berufen der höheren Stände. Ein Auswahlkriterium für Telegraphistinnen im Postdienst von 1871 läßt dies erkennen.

»Versuchsweise Verwendung von Frauenspersonen im Staatstelegraphendienste.

1. Zur Verwendung im Staatstelegraphendienste als Telegraphistinnen können nur solche unverheiratete Frauenspersonen (Mädchen oder Witwen) aufgenommen werden, welche das siebzehnte Lebensjahr überschritten haben, sich einer guten Gesundheit erfreuen, mit gesundem Gehöre und Gesichte ausgestattet sind, sich über ein moralisches Vorleben ausweisen können und eine Prüfung, welche sich auf Schön-, Schnell- und Rechtschreiben, ferner die Fachkenntnisse (Apparatdienst und Dienstvorschriften) zu erstrecken hat, mit gutem Erfolge abgelegt haben.«

Töchter und Frauen aus der Arbeiterschicht hatten damals so gut wie keine Chance, in diese neuen Dienstleistungsberufe einzutreten. In Untersuchungen aus der Zeit um 1900 wird auch – wenn auch nicht im Detail – darauf hingewiesen, daß von den

Auf das „Fräulein vom Amt“ konnte man auch noch 1963 nicht verzichten

männlichen Post- und Telegraphenbeamten das Einsetzen von Frauen als Telefonistinnen und Telegraphistinnen nicht kritiklos hingenommen wurde, ja daß es sogar starke Widerstände gegeben habe. Diese schliffen sich aber rasch ab. Denn die in ohnehin höheren Verwendungsklassen stehenden männlichen Kollegen erkannten bald, daß sie mit dem Streß der den Frauen zugemuteten Arbeit nur schwer fertig geworden wären. Aufsichthabende Beamte äußerten sich sogar so weit, daß sie selbst nicht bereit wären, den ermüdenden und monotonen Dienst der Frauen zu leisten. Andererseits erkannten die Männer bald, daß für ihre weiblichen Familienangehörigen hier ein sehr gutes Arbeitsfeld geschaffen worden war. Sie konnten nämlich als Protegés ihre Frauen und Töchter in jenen staatlichen Dienst »hineinbringen«, den sie selbst gar nicht hätten machen wollen.

In einer Zeit, in der sowohl regional wie auch international der Telefonverkehr elektronisch und vollautomatisch abläuft, in der über digitalisierte Netze und die Erde umkreisende Kommunikationssatelliten nicht nur die Sprache, sondern in wahlweiser Kombination auch geschriebene Texte und elektronische Daten von Kontinent zu Kontinent in Sekundenschnelle ausgetauscht werden können, scheint die Zeit der vormaligen Klingelfee, dann des sprichwörtlichen Fräuleins vom Amt schon lang, lang zurückzuliegen. Dabei ist es erst rund dreißig Jahre her, daß in peripheren Regionen die Telefonverbindungen noch immer händisch von einer Beamtin an einem sogenannten Klappenschrank gestöpselt wurden. Bis Ende der sechziger Jahre gab es also noch das klassische Telefonfräulein. Der Dichter Bertolt Brecht hat in seinem Stück vom Herrn Puntila und seinem Knecht Matti einer ländlichen Telefonistin ein kleines Denkmal gesetzt. Wenn die Handlung des Dramas auch in Finnland angesetzt ist, so schrieb Brecht auch in der Emigration natürlich über die ihm bekannten deutschen Verhältnisse. Die Telefonistin stellt sich hier als eine »Alleswissende« dar, weshalb auch niemand sie heiraten wolle. Erinnerungen an die letzten Telefonistinnen im Bereich ländlicher Kleinstädte zeigen verblüffend ähnliche Muster. Auch hier erzählen Zeitzeugen von resoluten Damen im Postbüro, die einfach über alles und jeden jederzeit Bescheid wußten. Und woher? Das Mithören von Gesprächen war doch von der Dienstvorschrift her verboten ...? Es war jedenfalls empfehlenswert, berichten noch die Alten, sich mit einer solchen »Amtsdame« nicht zu verfeinden.

Eine der letzten allgemeinen Erinnerungen an diese heute scheinbar vorsintflutliche Technik der Telefonverbindung von Frauenhand steckt noch in der österreichischen Sprache, die im deutschen Raum in diesem Detail zu lustigen Mißverständnissen führt. In Österreich wird nämlich noch immer eine Telefonnebenstelle als »Klappe« beziehungsweise mit einer Klappennummer bezeichnet. Das erinnert an die großen Vermittlungseinheiten, an denen die Telefonistinnen die Telefonverbindungen durch Steckkontakte herstellten, was durch Anzeigeklappen in den Zentralen angezeigt wurde. Man sprach also vom Klappenschrank, und obwohl heute eine Nebenstellenverbindung rein mikroelektronisch funktioniert, lebt die gute alte Zeit noch in der typisch österreichischen Bezeichnung: »Ich verbinde Sie mit der zuständigen Klappe ...« oder »Die Klappe ist besetzt« weiter.

Abgesang

Die Epoche der Kanzleien, der Schreibstuben in Verwaltung, Industrie und Wirtschaft scheint vorübergegangen zu sein. Zumindest hat sie sich in andere Formen des Büros gewandelt. Wesentlich dabei war die technische Entwicklung. Die Faxgeräte, die im Telefon integrierten Fernkopiergeräte, haben auch die großen Telegraphenämter und die dort ehemals emsigen Telegraphistinnen fast endgültig abgelöst. Auch den klassischen Satz »Fräulein, bitte zum Diktat« gibt es heute fast nicht mehr, denn im Zeitalter der Diktiergeräte ist die hohe Kunst der Stenographie im Aussterben begriffen. Und während an den alten mechanischen Schreibmaschinen ein Schreibfräulein pro Tag in Summe an die dreitausend Kilogramm Anschlagskraft über die Fingerspitzen aufbringen mußte, gleiten heute die Finger tänzerisch leicht über die Computerkeyboards. Aus den Tippmamsellen sind Datatypistinnen geworden. Ein Berufsbild, das neue gesundheitliche Belastungen und Probleme bringt – Strahlenbelastung und Augenerkrankungen. Und aus den ehemaligen Kanzleien ist das Kohlepapier verschwunden, das die Finger der Schreibfräulein geschwärzt hatte. Laserdrucker und Kopiergeräte machen die Arbeit spielerisch leicht, bringen dafür aber andere Gefahren, zum Beispiel steigende Ozonbelastung an den supermodernen PC-Arbeitsplätzen. Die Remingtons, die Underwoods, die Smiths, die Adlers und Olympias stehen heute entweder im technischen Museum oder – liebevioll arrangiert mit einer Blumenvase – als historisches Schmuckstück in einem vollelektronischen Büroraum.

LITERATUR UND QUELLEN

Hermine Aigner
Mägde
Diplomarbeit Universität Wien 1988

Erna Appelt
Von Ladenmädchen, Schreibfräulein und Gouvernanten
Verlag für Gesellschaftskritik 1985

Sigrun Bohle
Hebammen
Diplomarbeit Universität Wien 1985

Christiane Dillinger
Lebenssituation des ländlichen Gesindes
Diplomarbeit Universität Wien 1993

Ute Frevert
Frauengeschichte zwischen Bürgerlicher Verbesserung und Neuer Weiblichkeit
Suhrkamp 1986

Helene Grünn
Wäsche Waschen – Volkskunde aus dem Lebensraum der Donau
Verlag des NÖ Heimatwerkes 1978

Wolfgang Gubalke
Die Hebamme im Wandel der Zeiten
Elwin Staude Verlag Hannover 1985

Christa Hämmerle
Hebammen und Ärzte
Diplomarbeit Universität Wien 1986

Gabriella Hauch
Frau Biedermeier auf den Barrikaden. Frauenleben in der Wiener Revolution 1848
Verlag für Gesellschaftskritik 1990

Edith Hörandner
Herd und Ofen
Katalogbeitrag 1984

Sonia Horn
Hebammen in Wien
Wissenschaftsstipendium Wien 1992

Sonia Horn
Wiener Hebammen 1700-1750
Diplomarbeit Universität Wien 1995

Jürg-Peter Huber
Griffel Feder Bildschirmschrift
AT Verlag 1985

Friedrich G. Kürbisch / Richard Klucsarits
Arbeiterinnen kämpfen um ihr Recht
Peter Hammer Verlag 1981

Carola Lipp
Schimpfende Weiber und Patriotische Jungfrauen
Elster Verlag 1986

Robert-Jean Longuet
Karl Marx mein Urgroßvater
Dietz Verlag Berlin 1982

Karin Lüsebrink
Büro via Fabrik
Edition Sigma 1986

Franz Maier-Bruck
Das große Sacher Kochbuch
Verlag Schuler 1984

Ina Merkl
... und Du, Frau an der Werkbank
Elefanten Press, Berlin 1990

Michael Mitterauer und Reinhard Sieder
Historische Familienforschung
Suhrkamp 1982

Norbert Ortmayr
Beim Bauern im Dienst
Dissertation Universität Wien 1986

Reinhard Pohanka
Hinter den Mauern der Stadt
Herold 1987

Adelheid Popp
Jugend einer Arbeiterin
Verlag J. H. W. Dietz Nachf. 1983

Eileen Power
Als Adam grub und Eva spann – Das Leben der Frau im Mittelalter
Karin Kramer Verlag Berlin 1982

Fritz J. Raddatz
Karl Marx
Hoffmann und Campe 1975

Gerhard Schilt
Frauenarbeit im 19. Jahrhundert
Centaurus Verlagsgesellschaft Pfaffenweiler 1993

Marina Tichy
Alltag und Traum. Leben und Lektüre der Dienstmädchen im Wien der Jahrhundertwende
Kulturstudien bei Böhlau 1984

H. J. Urstöger
Hallstatt – Chronik
Musealverein Hallstatt 1984

Georges Vigarello
Wasser und Seife, Puder und Parfüm. Geschichte der Körperhygiene seit dem Mittelalter
Verlag Campus 1985

Karin Walser
Dienstmädchen, Frauenarbeit und Weiblichkeitsbilder um 1900
Verlag Neue Kritik Frankfurt 1986

Karin Walzel
Wiener Ärzte, Chirurgen und Hebammen im 18. Jahrhundert
Wissenschaftsstipendium 1994

Walter Zitzenbacher
Wie's früher war in Kärnten und der Steiermark
Rosenheimer Verlagshaus

Arbeit Mensch Maschine
Der Weg in die Industriegesellschaft.
Ausstellungskatalog der Oberösterreichischen Landesausstellung 1987

Frauen und Bergbau
Ausstellungskatalog des Deutschen Bergbau Museums Bochum 1989

Hexen und Zauberer
Ausstellungskatalog der Steirischen Landesausstellung 1987

Bildnachweis

AZ Foto- und Bildarchiv, Verein für Geschichte der Arbeiterbewegung 26, 30, 83, 84, 87, 97, 98 unten, 105 oben und unten, 123, 130, 133, 134 unten, 164 unten, 204
Bildarchiv der österreichischen Nationalbibliothek 9, 12 (Aufnahme Pichier), 13 rechts, 14 rechts, 21, 23, 24, 27, 40, 54, 61, 62, 64, 68 links, 81, 89, 90, 91 links, 106, 107 links und rechts, 109, 110, 112 links und rechts, 113 links und rechts, 114, 115, 118, 119, 125, 129, 154, 156, 169, 181, 182, 183, 186, 199
Dienstbotenzeitung 73, 74, 86 rechts
Gubalke, Die großen Hebammen (Justine Siegemundin) 33, 41 links
Henkel Austria Gruppe 31 links und rechts, 32
Historisches Museum der Stadt Wien 10, 11 links, 17, 63, 134 oben, 135 oben
Franz Hubmann 153, 157
Barbara James/Walter Moßmann, Glasbruch 1848, S. 68
Joanneum Graz 55 links
Robert-Jean Longuet, Karl Marx mein Urgroßvater 76
Miele, Entwicklungsgeschichte der Waschmaschine 28, 29 rechts
Eva M. Mühlberger-Ortner, Graz 148, 178
NÖ. Kulturforum St. Pölten 69, 70 links, 95, 102 links und rechts, 104, 120, 121, 122, 124 rechts, 132, 158 oben und unten, 159, 161 oben und unten, 162 links und rechts, 163 links, 164 oben, 165 oben und unten, 166, 167, 168 oben und unten, 170 links, 171, 172, 175 links und rechts, 177
Österreichisches Institut für Zeitgeschichte, Bildarchiv 136, 179 links, 184, 188 oben und unten, 189, 190, 191
Prähistorisches Museum Hallstatt, Foto F. Zahler 139
Privatarchiv 36, 44, 53, 55 rechts, 56, 57, 58, 59, 60, 94, 179, 187, 192 links, 195
Postarchiv (Post & Telekom Austria) 196, 197 links und rechts, 198
Renner-Institut, Fotoarchiv, 15, 91 links, 92, 93, 201 oben und unten
Siemens Archiv Wien 31 links und rechts, 32, 86 links, 98 oben, 99, 100, 108, 193
Maximilian Singer, Hallstatt, 141 links und rechts, 145, 147, 151, 202, 203, 205
Wäschepflegemuseum Rainbach 11 rechts, 14 links, 19, 29 links
Wiener Stadt- und Landesbibliothek, Plakatsammlung 6, 66 rechts, 117, 126

Die Autoren und der Verlag bedanken sich bei allen angeführten Rechteinhabern für die gute Zusammenarbeit. In jenen Fällen, wo es nicht möglich war, die Rechteinhaber zu eruieren, bleiben selbstverständlich alle berechtigten Ansprüche gewahrt.

Die Autoren danken für Hilfe, Unterstützung und Beratung

Heidi Achter

Dr. Gerda Barth, Wiener Stadt- und Landesbibliothek

Dr. Fritz Eckhart Barth, Naturhistorisches Museum Wien

Richard Bauer

Barbara und Christiane Berger

Dr. Peter Eppl, Historisches Museum der Stadt Wien

Mag. Michaela Gaunerstorfer, Institut für Zeitgeschichte der Universität Wien

Dr. Andrea Jung

Helmut Knogler, Wäschepflege-Museum Rainbach, O.Ö.

Christine Kohlhofer, Direktorin der Hebammenschule der Stadt Wien

Peter Kopetzky, Niederösterreichisches Kulturform St.Pölten

Dr. Wolfgang Maderthaner, Verein für Geschichte der Arbeiterbewegung, Wien

Eva Mühlberger

Christina Prantl

Dr. Karl Renner Institut Wien

Gabriele Riedl

Hanna Schmalzl

Siemens Forum Wien

Max Singer, Hallstatt

Maria Soyka

OSR Hubert Unterberger, Hallstatt

Mag. Eva Wiesinger, Dokumentation der Post & Telekom Austria

Ludmilla und Karl Wirobal, Hallstatt